古代歷史文化研究輯刊

七編
王明蓀 主編

第21冊

從學術交涉談六朝史學的形成與延展

游千慧 著

國家圖書館出版品預行編目資料

從學術交涉談六朝史學的形成與延展／游千慧 著 — 初版 —
新北市：花木蘭文化出版社，2012〔民101〕
目 4+200 面；19×26 公分
（古代歷史文化研究輯刊 七編；第 21 冊）
ISBN：978-986-254-831-8（精裝）
1. 魏晉南北朝史　2. 史學
618　　　　　　　　　　　　　　　　101002896

ISBN-978-986-254-831-8

9 789862 548318

古代歷史文化研究輯刊
七　編　第二一冊　　　　　　ISBN：978-986-254-831-8

從學術交涉談六朝史學的形成與延展

作　　　者　游千慧
主　　　編　王明蓀
總 編 輯　杜潔祥
出　　　版　花木蘭文化出版社
發 行 所　花木蘭文化出版社
發 行 人　高小娟
聯 絡 地 址　新北市永和區中正路五九五號七樓
　　　　　　電話：02-2923-1455／傳眞：02-2923-1452
網　　　址　http://www.huamulan.tw 信箱 sut81518@gmail.com
印　　　刷　普羅文化出版廣告事業
初　　　版　2012 年 3 月
定　　　價　七編 24 冊（精裝）新台幣 38,000 元

從學術交涉談六朝史學的形成與延展

游千慧　著

作者簡介

游千慧，臺灣大學中國文學研究所碩士班畢業，現任教於臺北市立中山女高。

提　　要

　　六朝史學之大盛，歷來頗受注意。面對這一重要的學術史現象，本文關注的焦點在於：六朝史學究竟以什麼樣的面貌，確立它在當時的學術價值？同處一個時代，學術之間本當互涉，六朝時期，各種學術俱成氣候，當時整個學術環境亦煥發著一種彼此交涉、互有進退的活潑氛圍。史學之所以能在這樣的學術環境中蔚為大觀，其運會之形成，與其他三種學術的交涉互動，必是一個重要的學術因緣。史學不但在與他種學術的交涉中益發確立其學術面貌，同時也延展觸角，影響其他學術。故本文取徑「學術交涉」，期能藉由分別鉤稽史學與經學、子學及文學之互動狀況，進而豁顯史學所以能卓然自立於六朝的因緣際會，此言其「形成」。同時，也觀察史學對於其它學術的影響，此言其「延展」。簡言之，本文的討論以六朝史學內蘊為核心焦點，取徑學術交涉，以觀其形成與延展，希望能進一步了解六朝史學大盛現象的諸般因果。

　　研究方法上，本文分於二、三、四章中，討論史學與經學、子學及文學的交涉及互動。第二章談經學與史學的交涉。本章先討論經與經學的原始性質，見出經與經學的歷史意蘊。其後，探究經史交涉在兩漢以至晉代的進展，並結合當世的玄學風尚及政治情況，看出史學所展現的經世之用，以明史繼經起的學術大勢。第三章談子學與史學的分合轉化。本章先溯源司馬遷「成一家之言」所樹立的亦「子」亦「史」的典範，比觀六朝時人「立言不朽」心態之承襲及其轉變；同時，並討論六朝著作於子、史取徑間的變化，說明六朝時期子的滑落與史之繼起。其後，以「子不離史」與「史不離子」兩方面對立而言，更進一步探討子學與史學學術性質的複雜糾葛，並提呈史學轉承失落之子家精神的積極意義。第四章談文學與史學的互動。本章先檢討劉知幾與蕭統不同的文史區隔觀，於此，文史看來混淆的界限，在不同角度的辯證下便顯得清晰。接著，以史家擅文之例證說明文之於史的關涉，又以文學作品的歷史性，說明史學觸角的延展。最後，則以史學作品為例，申論其中的文學意涵，總觀文學寄跡於史學的新發展。藉由上述的討論，本文希望能將史學的面貌在與經學、子學及文學的互動中，有什麼樣的繼承、轉化與延展，作一清楚的交代；冀能從學術交涉的角度上，嘗試提出史學何以大盛於此時，而又能輻射其學術影響的現象與原因。

目次

第一章　緒　論

第一節　研究動機與目的

　　歷來的史學史著作多視六朝爲一史學極盛的時代，[註1] 由《隋書‧經籍志》史部體裁之廣泛與書籍之紛繁觀之，史學在當時學術中的份量可見一斑。[註2] 面對此一突出的學術現象，史學研究者對其成因多有分析，且切入問題的角度亦各不同，此處略分四點概述其要。

　　其一，就「世變」言之。一種學術的興起，必然與其所處之時代有密切的關係。[註3] 因此，既欲探求其形成的根本原因，便須將學術演進之現象置於大時代變動的脈絡中觀之，才能得其眞實。論者或以爲，自三國至隋時期，學人因爲受到政治、經濟、社會各方面大變特變的影響與新文化的刺激，遂使史學獲得突邁的發展；[註4] 或在深究魏晉南北朝史學極盛之原因時，借引

〔註1〕　如杜維運、金毓黻、白壽彝、瞿林東等人所著之史學史都有這個說法。

〔註2〕　錢穆先生在〈綜論東漢到隋的史學演進〉一文中提到，僅就所存書籍而言，《隋書‧經籍志》總書目共有一萬四千四百六十六部，八萬九千六百六十六卷，其中史部所收共八百一十七部，一萬三千二百六十四卷，史部卷數約佔《隋志》總卷數的七分之一，可見，史學在當時學術界所佔份量已相當的大。〈綜論東漢到隋的史學演進〉，《中國史學名著》（臺北：三民書局，2002年），頁111。

〔註3〕　此意前人多有言之者，如錢穆先生便說：「時代和學術互相發生作用。爲什麽這時代會產生這許多書，此是時代影響了學術。但這些書對這時代又發生了什麽影響，這是學術影響了時代。」這裡所說，史學研究者由「世變」切入來說明史學興起的原因，大概就屬於前者。

〔註4〕　沈剛伯，《史學與世變》。

《隋志》「靈獻之世，天下大亂，史官失其守常，博達之士，愍其廢絕，各記聞見，以備遺亡。是後群才景慕，作者甚眾」的論述，以證明其時史學之盛確實深受社會環境變動的影響。〔註5〕此外，亦有將當時私家修史所以蔚爲風氣，以及在野史家所以大量湧出，歸因於歷史之急劇變動者。〔註6〕

其二，就相應於世變的史學特質言之。這一點可與前項合觀並爲之補充。所謂「世變」之影響學術的形成，乃就學術環境外圍的架構言之。但是，學術之所以能應運而起，其本身的學術性格必具有某種能夠適切回應世變的特質；是則，關注史學特質如何回應世變，及其在這個過程中又發揮了什麼樣的學術功能，乃是在外圍環境的了解之外，從內在動力的進路來研究史學何以能夠與時俱進，以至大盛於六朝。因此，論者或者總括史學「以史制君」〔註7〕、「以史懲勸」的特性，並論證史學「君舉必書，懲勸斯在」〔註8〕的學術方法在當時所發揮的制裁與教化功能；〔註9〕或著眼於史書的垂世功能，分析士人著史留名以求不朽的心態，作爲史學興盛的一種解釋。〔註10〕亦有論者將《隋志》史部中各種史學體裁的特色一一與當時政治社會的現實需求扣合言之，〔註11〕藉由史學體裁與社會實況的媒合，內外兼顧地說明了六朝史學所以興盛的某些原因。這雖然是從細部的史學體裁所作的分析，但未嘗不是理解六朝史學繁榮現象的一條進路。

其三，就史學傳統的賡續〔註12〕言之。大凡學術發展之趨勢，少有未經積累便能一朝突地而起者；因此，研究學術所以興盛的原因，應以學術本身由微而顯的發皇過程作爲背景，而非只是截斷式地考察學術興起當下的刺激因素。換言之，惟其回到學術本身的脈絡來觀察其因何而興？因何而衰？學術明晦交界處的意義始能更加凸顯。因此，論者或以《左傳》、《史記》、《漢書》、《漢紀》等前代史學典範影響了六朝如紀傳、編年等體裁之史學作品的大量產生，說明

〔註5〕 杜維運，《中國史學史》，冊2（臺北：三民書局，2002 年），頁8。《隋志》原文見《隋書‧經籍志》史部總序。

〔註6〕 瞿林東，《中國史學史綱》（臺北：五南圖書出版有限公司，2002 年），頁 217。

〔註7〕 「以史制君」，說見雷家驥《中古史學觀念史》。

〔註8〕 《隋志》史部總序。

〔註9〕 杜維運，《中國史學史》，冊2，頁 16～21。

〔註10〕 杜維運，《中國史學史》，冊2，頁 26～27。

〔註11〕 如郝潤華在《六朝史籍與史學》一書裡，便認爲譜牒之產生與發展，與六朝盛行的門閥制度和世族文化之影響關係密切。

〔註12〕 語見杜維運《中國史學史》，冊2，頁 12。

史學傳統的延續確實在六朝史學發展中舉足輕重；〔註13〕或遠溯司馬遷欲「成一家之言」的理想，究明其於強調和提高史學家的自覺意識上所發生的積極作用，為六朝史學所以形成泱泱大國尋得一個源頭性的動力。〔註14〕

　　其四，就當時學術之影響言之。史學的興盛雖是六朝學術中一個突出的學術現象，但其「發展不會是孤立的，它總是與其他學術領域、與一定時代的學術思潮、社會思潮存在著密切的關係。」〔註15〕六朝是一個在學術文化各方面都頗有進展的時期，惟有將其他同時並存的學術亦納入問題的考慮中，觀察學術互動的情形，則史學在這樣的時期裡蓬勃發展的意義才能來得更加深刻。因此，論者或以為魏晉南北朝因為君主提倡文學，故進而帶動了歷史之風潮；同時，當時文、史並盛，文學家與史學家的角色難以清楚區別，有文學者可以刊校經史，亦顯示了當時文學帶動史學發展的彰明事實。〔註16〕此外，亦有研究以史學猶為經學之轉化〔註17〕為說，指出史學之於經學猶如榕樹的老幹生出新枝，又再落地生根；並以為「經學在此一時代已呈疲態，不再能切實的經世致用，則藉由史學的記錄和批判，多少還可以得經學之彷彿；這便是史學繼兩漢經學之後大興的理由。」〔註18〕此外，還有人認為史學受到當代玄學思潮之影響，時人因其思辨論理之風氣培養出細膩的思維方式，進而形成著書立說的文化傳統。〔註19〕先不論這些關於學術互動的意見是否正確，〔註20〕這些前輩學者所揭示的這個考察角度，實際上在我們探究

〔註13〕郝潤華，《六朝史籍與史學》（北京：中華書局，2005年）。又，杜維運亦以六朝史家紛紛模仿《史》、《漢》寫作實況，說明史學傳統在六朝的賡續發展。杜維運，《中國史學史》，冊2，頁13。

〔註14〕瞿林東，《中國史學史綱》（臺北：五南圖書出版股份有限公司，2002年），頁219。

〔註15〕胡寶國，《漢唐間史學的發展》（北京：商務印書館，2003年），頁2。

〔註16〕杜維運，《中國史學史》第二冊，頁22～24。

〔註17〕張蓓蓓，〈錢穆先生論魏晉南北朝學術〉，《六朝學刊》第一期（臺南市：國立成功大學中國文學系，2004年），頁103。

〔註18〕張蓓蓓，〈錢穆先生論魏晉南北朝學術〉，頁104。

〔註19〕郝潤華，《六朝史籍與史學》，頁52。同時，如周一良先生亦認為東晉南朝史家裴子野、何之元及干寶的三篇史論之所以能行之以「總論」的形式，乃是反映了南方玄學盛行後，史家思辨能力提高，故有可能宏觀地觀察一代的發展變化。說見周一良，〈魏晉南北朝史學著作的幾個問題〉，《魏晉南北朝史論集續編》，頁87。

〔註20〕如史學受玄學影響的看法，張蓓蓓先生在〈袁宏新論〉一文討論袁宏之思想內蘊時，以《後漢紀》史論為材料，對此問題已作駁正，見張蓓蓓，《魏晉學

六朝史學興盛的原因時，都提醒了值得思考的面向。

　　一種學術現象的形成，其原因本是多方面的，上述四種意見，正好提供了多元的思考角度。就世變言之，是從學術發展必定無法斷絕外在時代環境的影響入手，討論其形成的原因。就史學特質相應於世變言之，提醒了學術內蘊在學術發展中的重要意義，是關於史學本身以什麼樣的價值、功能而得以大行其道的討論；就史學傳統的賡續言之，乃從縱向的學術史角度，回溯式地揭櫫史學大盛前的發展伏流，討論史學大興的遠因。而就同期學術的影響言之，則是在學術史的橫剖面上，討論了史學興起時，因為對於其他學術有所吸收，而更能成其壯盛的面貌。由這些意見出發，還可以進一步思考的是，史學在受到「世變」的刺激而興起的同時，是否也反向地促成了時代的某些改變？而也正因為這種影響力，更確定其於當時大放異采的學術價值。〔註21〕再者，學術價值的確立應回到學術本身的內蘊觀之。前述第二點提及，許多學者都注意到了史學體裁與社會實況的呼應關係，如譜牒之於門第世族〔註22〕、雜傳之於人物品評，〔註23〕顯示出史學內涵之豐富性及時代性兩種意義。那麼，史學這種豐富的內蘊是從來有之但隱而未顯的，還是在與時俱進的學術發展中因為開放的吸收，而逐漸匯聚出愈見多元的學術性格？簡言之，六朝史學那些林立的類別與內容〔註24〕如何形成？

　　本文研究動機在於探討六朝史學大盛之因因果果，前輩學者對於這個問題的意見多有可參之處，上述討論便是在這個基礎上，從史學大盛的現象出發所做的回溯思考；而最終將問題的焦點歸結在：六朝史學以什麼樣的內蘊在當時確立其學術價值，同時，其豐富的內蘊又是如何形成？有何延展？由前述史學傳統的賡續和當時學術的影響立論，可以在學術史縱向的承繼及橫向的學術影響兩方面解答這個問題，但那同時又再啟發的想法是：如果不這

　　　　術人物新研》（臺北：大安出版社，2001 年）。此外，胡寶國在《漢唐間史學的發展》的「史論」一節亦對此提出許多反證。

〔註21〕錢穆先生曾說，「這許多史書出在當時，定有一種意義，以及其實際的作用與影響。」所謂「作用與影響」乃就史學大盛的結果面看，若反就其原因面看，則亦表示了六朝史學在當時必然有其學術價值。亦見〈綜論東漢到隋的史學演進〉，《中國史學名著》，頁 112。

〔註22〕郝潤華，《六朝史籍與史學》，頁 43。

〔註23〕胡寶國《漢唐間史學的發展》以此為一細目。

〔註24〕《隋志》史部共分正史、古史、雜史、霸史、起居注、舊事、職官、儀注、刑法、雜傳、地理之記、譜系、簿錄十三類來總括當時史學的內容。

樣單線式地分別理解，而以學術傳承爲經，學術交涉爲緯，合其二者而言之，能不能有一更爲完整的觀照？因爲學術傳統的延續與學術之間的互動，似乎不應是截然無關的兩種演進路線。史學傳統的賡續不是典範原封不動的移植，所以六朝史學所展現出來的內蘊應不止是單純的由微而顯的自我發展，其「傳統」中同樣有著與其他學術互動後的遺跡。並且，學術互動也不應是在靜止的時段中單向地接受影響，所以六朝史學所展現出來的特質亦不止是單純吸收式的從無到有漸變之後的結果，而是在與其他學術歷時性的雙向互動之後所形成的複雜學術面貌。

　　故本文以「學術交涉」爲題，意在由此入手觀察六朝史學在長時間與其他學術的互動中，因爲怎麼樣的關涉而影響其面貌與時俱進的改變？並同時探討史學如何以其自身獨特的方式呈現交集裡的同中之異，進而展現其於當代的特殊價值。至於「形成」，乃就其受到何種影響而決定其內蘊言之。同時，因爲學術間的互動是雙向的，史學除了吸收其他學術的某些特質外，亦可能在學術交涉中影響其他學術或主動收攝某些相近的特質，進而模糊了彼此的界線，並使彼此的學術內蘊也在此交涉過程中產生細微的變化。故，本文亦擬論及其「延展」。簡言之，本文討論以六朝史學內蘊爲核心焦點，取徑學術交涉以觀其形成與延展，希望藉此對六朝史學大盛之諸般因果有更進一步的了解。

第二節　研究方法

　　本文既擬由學術交涉入手探討六朝史學內蘊之形成與延展，則首要之務便在於確定將以哪些學術與史學交涉的情況作爲觀察的對象。魏晉南北朝時期的目錄，自荀勗總別書籍爲甲乙丙丁四部，〔註 25〕李充調換乙丙之書使成經史子集之次，至阮孝緒《七錄》又在經典、記傳、子兵、文集四錄下詳分其類目。其間除宋王儉私撰之《七志》因據《七略》分法，又合史記、雜傳與六藝、小學爲「經典志」之外，經史子集四部分類的規模〔註 26〕可說已大

〔註25〕據阮孝緒《七錄》序，荀勗乃「因魏中經，更著《新簿》，分爲十有餘卷，而總以四部別之。」今不得見鄭默《中經》如何區類，故或以爲「《七錄》序及《隋志》不言其體例有所變更，想必沿襲《七略》之分類」。見昌彼得、潘美月合著《中國目錄學》（臺北：文史哲出版社，1986 年），頁 106。

〔註26〕此處只稱規模，乃就其內容言之，至於經史子集作爲部名，則要到侯景之亂以後，梁元帝命周弘正等分別以經、史、子、集整理校勘秘閣舊書八萬卷，才正式出現。前人多以爲經史子集爲四部之名乃起於唐時《隋志》之編纂，

抵確立。然而，這些分類彼此之間的界線明確嗎？我們可以進一步觀察這些目錄究竟以什麼作爲分類之依據。

據《隋志》記載，荀勗《中經新簿》「但錄題及言，盛以縹囊，書用緗素；至於作者之意，無所論辯」，〔註27〕可見，其整理典籍「重在收藏檢點」，「是一部收藏的簿錄」。〔註28〕他置「汲冢書」與詩賦、圖贊爲丁部，合類輯的皇覽與史記、舊事爲丙部，則可見部與部之間或略有經史子集之區別，但分類意識並不嚴謹。李充作《四部書目》，《晉書》本傳說他因爲有鑑於典籍之混亂，故「刪除繁重，以類相從，分作四部。」〔註29〕而阮孝緒《七錄》序則稱其「因荀勗舊部四部之法，而換其乙丙之書」。〔註30〕「四部書目」的意義在於確立後世的四部順序，然是否改動荀勗分部中的細目則未可知。至於阮孝緒之《七錄》，他在自序中說明，爲因應「眾家記傳倍於經典」的實況，故依擬《七略》別分詩賦爲一略的舊例，分眾史於春秋而使記傳之書自成一錄。他雖也說「譜記注記之類，宜與史體相參，故載之於記傳之末」，〔註31〕並於記傳錄中設「譜狀」一目，且《隋志》亦認其「分部題目，頗有次序」；但觀其出記傳於經典的理由，似仍較從書籍多寡的情況出發，而並不以書籍性質的差異爲慮。當然，某種書籍的增多或已可作爲一種學術將興的前兆，據書籍之多寡所作的分類，可能暗與即將形成的學術分野相合；但就上述目錄分類的情況言之，儘管這些目錄的分類顯示出經史子集四學分立，不過成其如此的既不能說是強烈的學術分界意識，則經史子集之分也許只能視爲一種變動中的學術分野。在這樣的情況下，史學與經、子、文學的互動交涉想必亦多；故本文觀察學術交涉，便以經史、子史及文史，作爲重要的觀察取徑。

由目錄所呈現的六朝學術分野之變動狀態，是本文探討當時學術交涉所帶給史學之影響時的重要背景。正是在這種學術情況下，史學慢慢地在與經學、子學與文學的互動中，形成其特殊的內蘊，並在學術特色慢慢凝聚後，展現自己獨特的學術價值。因此，本文便擬就經學與史學、子學與史學、文學與史學三部份，分別討論其學術交涉情況，從中觀察六朝史學內蘊之形成

實誤。說見昌彼得、潘美月合著《中國目錄學》，頁 117。

〔註27〕見《隋志》大序。

〔註28〕昌彼得、潘美月合著《中國目錄學》，頁 117。

〔註29〕《晉書・李充傳》。

〔註30〕阮孝緒《七錄》序。收於《廣弘明集》卷三，亦見《中國目錄學》，頁 130。

〔註31〕阮孝緒《七錄》序。

與延展。以下按章節進行略述內容與方法。

　　第二章談經史交涉的漫長歷程與經衰史盛的演變大勢。史從經出的觀念，論學術演變者均言之。本章擬先就經與經學的原始性質加以討論，藉「六經皆史」觀念的釐析及西漢經生「通經致用」的作爲，見出經與經學的歷史意蘊。又，錢穆先生曾云東漢古文經學，「在經學中根據古代史實的趨勢，益盛過了憑空闡發義理的趨勢之上。」〔註32〕是則，由劉歆看重古文經典的心態，及後來古文經學的興起，亦都提示了更了解史學的學術路徑；故本節關於經學性質的討論，亦及於東漢古文經學中轉趨濃厚的歷史性。兩漢以後以至兩晉史書中「經史」一詞的用法，就其語境觀之，一方面可見史的觀念越顯清晰，透露了學術上經衰史盛的消息；同時亦可見在經學已較疏離政治時，史學適時繼起，並於社會政治中成爲重要的角色，某種程度上維持了社會秩序的安定平穩。故本章於第二節、第三節中，分別探究經史交涉在兩漢以後及晉代的進展，以及在當世的玄學風尚中，史學的經世之用展現了什麼樣的因應面貌。本章第四節則討論南朝經史地位的變化，結合其時政治情況，以看出經史之學愈成爲士人之一藝。總體而言，本章乃著眼於豁顯史繼經起的學術大勢。

　　第三章談子學與史學之分合轉化。立言不朽的想望，是六朝著作中很常見到的基本情調；往前溯之，司馬遷亦「子」亦「史」的「成一家之言」理想，其實就已樹立了成家立言的典範精神與高度。此亦所以我們可見六朝著作中，兼及子、史的立言取徑。故第一節就時人「立言」的想望及其取徑子、史的變化入手談之。第二節談「子不離史」，此與第三節所談之「史不離子」對立而言。「子不離史」一節，就先秦子書的「假事證道」之法，申論子、史學術特色原有的牽繫；並藉劉向《說苑》、《新序》、《列女傳》三書在子史目錄間的游移，來討論他「依興古事」的立論方法所引起的子、史之辨。於此同時，並呈現子學太過工於事實，當其精神不能復振時，便成其類似史事堆疊的面貌；這主要談子衰而爲史的變化。第三節，則以「論」體爲綱領，探究「史論」承繼「子論」因事抒議之精神。其時「史論」展現以一種類似「子家之嘉言」的面貌，凡此正可見出史繼子起的積極意義。

　　第四章談文學與史學的互動。文學與史學在六朝時期，都發展得頗爲興盛；兩者之間的互動交涉，也相當頻繁。本章第一節，討論劉知幾與蕭統的文史區隔觀。此處檢討史家與文家的文史區隔意見，不僅欲看出文史必有其

〔註32〕錢穆，《中國學術通義》，頁13。

需要加以梳理的糾結，也希望可以看出他們如何澄清文史界線，又呈現什麼意義。第二節談文才之於著史的輔助，以見文之於史的關涉。第三節談史學對文學的潛在影響，藉由文學作品的歷史性，說明史學觸角的延展。第四節則以史學作品爲例，申論其中的文學意涵；從傳記虛構性質的轉進以至地理類史書中的山水描寫，總觀文學寄跡於史學的新發展。此節並談詠史詩，雖則這原本不是史學的形式，但因其中牽涉歷史舊事的援用，表象上有類似史學之處，故亦擬連及之。

第五章爲結論。總上所述，將史學在與經學、子學及文學的互動中，有什麼樣的繼承、轉化與延展，作一清楚的交代；希望可以從學術交涉的角度上，嘗試提出史學何以大盛於此時，而又能輻射其學術影響的現象與原因

第二章　經史交涉的漫長歷程與經衰史盛的演變大勢

　　歷來的目錄學者談及六朝史部之獨立，總是就《太史公》等著作由《漢志》六藝略轉列於《隋志》史部的脈絡，說明史部的「出附庸而成大國」，〔註1〕此可以阮孝緒《七錄‧序》作爲代表，其說云：

> 今所撰《七錄》，斟酌王劉。……劉王並以眾史合於《春秋》。劉氏之世，史書甚寡，附見《春秋》，誠得其例。今眾家記傳，倍於經典，猶從此志，實爲繁蕪；且七略詩賦，不從六藝詩部，蓋由其書既多，所以別爲一略，今依擬斯例，分出眾史，序記傳錄爲內篇第二。〔註2〕

阮孝緒《七略》「記傳錄」所收者十二類，包括國史、注曆、舊事、職官、儀典、法制、僞史、雜傳、鬼神、土地、譜狀及簿錄等門類，《隋志》史部與之多所相似，《七略》此錄可說已經具有後來史部的雛型。「其書既多，所以別爲一略」，是則就阮孝緒而言，「記傳錄」所以能夠另成一錄，乃因當時史書

〔註1〕昌彼得先生與潘美月先生合著的《中國目錄學》中，論及魏晉以下學術愈歧而典籍愈多，指出如魏代所創的類輯之書，或是晉朝開始的鈔輯體裁，有經有史，有儒有墨，已無法遵從《漢書‧經籍志》的七略分類法，故別用概括之法。書中以「出附庸爲大國，納細流於巨川」之語，來形容書籍部次之分合，而四部分類法亦於此時應運而生。見其書頁105。又，《文心雕龍‧詮賦》有「六義附庸，蔚爲大國」之語，昌、潘二先生之語或正脫胎自此。

〔註2〕收於《廣弘明集》卷三，亦見《中國目錄學》，頁130。

陡然增多，故另錄存之，以免繁蕪。然而，如此一來，則觀史學從「經部附庸」到「史部大國」的部次改動，便只能知其書籍數量大有增加，而未能再進一步凸顯經、史於此離合之際，是否暗藏學術精神的轉承或過渡；那麼，目錄改動的意義便恐稍嫌扁平。章學誠即曾檢討這種說法，他認爲，「若謂史籍浩繁，《春秋》附庸，蔚成大國；……以謂《七略》之勢，不得不變爲四部，是又淺之乎論著錄之道者矣。」〔註3〕他「《七略》流而爲四部，是師失其傳也」的意見，提醒了在數量變化的表面現象以外，還應從學術精神之傳承與失落來討論目錄的改變，如此才能較爲深刻地發現其意義；否則，書籍只因數量繁富便須另列一部的說法，實則太過簡單而籠統。〔註4〕

　　除了目錄學者以爲史部自經部「出附庸而成大國」的意見之外，史學史著作在考辨史學發展之源流時，亦往往認爲《尚書》與《春秋》，爲史官記言與記事的傳統標誌了源頭，是史學萌芽的發端。這樣的說法實本自《漢志》及《隋志》。《漢志》「六藝略」大序云，「古之王者世有史官，……左史記言，右史記事，事爲《春秋》，言爲《尚書》，帝王靡不同之」；〔註5〕而《隋志》古史類小序亦謂魏晉學者「以爲《春秋》則古史記之正法」。自此以下，史學史著作便往往自《尚書》、《春秋》來敘明史學之源起。從《尚書》、《春秋》屬於六經的角度看來，這樣的意見似已隱然化蘊了史部脫離經部附庸而自成大國的意思。

　　然而，前述的這兩種意見雖都點明了史與經之間有密切的關係，但究其所以仍然略顯模糊。前者說史部出經部附庸而自成大國，但對於這樣的轉變是否隱涵了什麼樣的原因與意義，並未眞正釐清；而史學史著作只就史而論史，雖從《尚書》與《春秋》敘起史學的發展，卻沒有交代《尚書》與《春秋》在漢代實屬經學的性質，何以能夠啓示後來的史學。因此，經史之間關係密切云云，應該還能在上述的基本印象上，多所討論與考究。

〔註3〕 章學誠，〈和州志藝文書序例〉，見葉瑛，《文史通義校注》（北京：中華書局，2004年），頁651。

〔註4〕 章學誠，〈和州志藝文書序例〉，《文史通義校注》，頁652。他尋繹斷史爲部的子目中，不應屬史而置之於史的著作，釐清了史部書目之屬性，是一對學術源流清晰的辨察。但《隋志》既已如此分之，則其後必有一值得深究的原因，則在考鏡源流、復其原本之外，注意此種流變的現象並究明其原因，或亦有助於對六朝經史交涉情況的了解。

〔註5〕 《漢書‧經籍志》（北京：中華書局，2002年），頁1715。

第一節　關於經與經學原始性質的思考

一、經典的歷史性質

史自經出的意見，說明經之中，原應就有史的胚胎。所以，經典究竟含有什麼樣的歷史性質，便值得加以觀察討論。經學在漢朝地位崇高，以《易》、《書》、《詩》、《禮》、《樂》、《春秋》六經作爲核心的內容，並由此開展出「昌明」的經學時代。〔註6〕至漢武帝罷黜百家獨尊五經，以董仲舒爲首的《春秋》公羊學便更加起著以學術領導政治的作用，「通經致用」遂成經生學問的精神寫照。雖則學者之間「雖曰承師，亦別名家」，〔註7〕彼此之間以不同的師法、家法形成微妙的對立；同時，增設博士弟子員以後，說經之事也越發顯現出以仕進利祿爲考量的氣息，〔註8〕但總的來說，在章句的鑽研之餘，經學仍然在政治中發揮著極大的作用。例如，好學明經的王吉對於宣帝「頗修武帝故事，宮室車服盛於昭帝」〔註9〕的作爲，便上疏言其得失，疏云：

> 《春秋》所以大一統者，六合同風，九州共貫也。今俗吏所以牧民者，非有禮義科旨可世世通行者也，獨設刑法以守之。其欲治者，不知所繇，以意穿鑿，各取一切，權譎自在，故一變之後不可復修也。是以百里不同風，千里不同俗，戶異教，人殊服，詐僞萌生，刑罰亡極，質樸日銷，恩愛寖薄。孔子曰「安上治民，莫上於禮」，非空言也。王者未制禮之時，引先王禮宜於今者而用之。〔註10〕

「王者未制禮之時，引先王禮宜於今者用之。」由此可見，西漢經生的經世思想其實與孔子所言「殷因於夏禮，所損益可知也；周因於殷禮，所損益可知也」〔註11〕的精神相通。被漢人看作前代先王之法的「經學」，其學術價值正在提供面對當下社會的一種憑藉。觀察漢代經生這種「通經致用」的學術方法，我們會注意到的是，那些前代實跡都富含歷史性質，借鑒先王之道一事也隱涵深刻的歷史意識。那麼，雖然漢代以「王官學」與「百家言」對舉

〔註6〕 皮錫瑞，《經學歷史》（臺北：藝文印書館，2004年），頁60。
〔註7〕 語見《後漢書·肅宗孝章帝紀》，是章帝於白虎觀所下之詔書。時楊終起議，以爲「章句之徒破壞大體」，並以此語點出其師說與家法林立的實情。
〔註8〕 《漢書·韋賢傳》引民間諺語說「遺子黃金滿籯不如一經」，頁3177。
〔註9〕 《漢書·王貢兩龔鮑傳》，頁3062。
〔註10〕 《漢書·王貢兩龔鮑傳》，頁3063。
〔註11〕 《論語·爲政》，《四書章句集注》（臺北，大安出版社，1999年），頁78。

的學術分野中，尚無獨立的史部，但以後視前籠統地說，能否視其爲經史相關之例？經學之中，是否原已具有史學的成分？此外，上面所引的孔子之語，既已可見他注意到朝代更迭之間制度的因革損益，且王吉的觀念又與之頗爲相近，那麼，我們所謂經史關係之牽連，是否不必等到漢代經學昌明的時候才開始，而能早於儒家的學術傳統中就尋得其淵源？

關於經典的「史」性質，在王陽明提出「六經皆史」的意見後，有章學誠深刻地推闡其義。章氏《文史通義》〈史釋〉一篇專就「史」字討論，並對六經著作的意義多所著墨、釐清，其意對於我們關於經史關係的疑問深有啓發，故以下先就此討論之。〈史釋〉篇說：

> 夫子曰：「俎豆之事，則嘗聞之矣。」……子貢曰：「文武之道，未墜於地，在人。夫子焉不學，亦何常師之有？」「入太廟，每事問。」則有師賤役，巫祝百工，皆夫子之所師矣。問禮問官，豈非學於掌故者哉？故道不可以空銓，文不可以空著。三代以前未嘗以道名教，而道無不存者，無空理也。三代以前未嘗以文爲著作，而文爲後世不可及者，無空言也。蓋自官師治教分，而文字始有私門之著述，於是文章學問，乃與官司掌故爲分途，而立教者可得離法而言道體矣。……學者崇奉六經，以謂聖人立言以垂教，不知三代盛時，各守專官之掌故，而非聖人有意爲文章也。〔註12〕

古時官師治教合而爲一，文章學問不爲私人的著作，而以公家的官司掌故之事作爲記錄的主體，所以說「文不可以空著」；但當時的文章憑什麼樹立它在後世不可企及的高度？那就要回到文章所承載的「官司掌故」之內容來探究。同樣的，「道」既不可以空銓，意指道作爲一典範性的圭臬，必有某種憑藉可資傳達，以立其教。如果官師治教分，而文章學問與官司掌故分途，然後「立教者可得離法而言道體」，則由此逆推官師治教合一之時的著作情況，可知古時立教者必「即法而言道體」，有所依據而不空言立說。所謂「法」，指的正是尚未與文章學問的載體分道揚鑣的「官司掌故」之事。簡言之，官司掌故之事因爲文章學問的記錄、發明，而能呈顯其內蘊的先王之道，同時，聖人之道的實理亦因此顯得言之有據。面對官司掌故之事，文不空言而記其事，道不空銓而據其法，它們共同描繪出古代著作「即事見理」的面貌來。因此，從這個意義上來說，「六經」這些經典的價值並不在於聖人立言的神聖性，而

〔註12〕章學誠，〈史釋〉，《文史通義校注》，頁 231。

在於它們能在文字記錄的官司掌故上，如實地反映先王聖人的治教實情。章學誠說「六經皆史」的「史」字，正應從「官司掌故」一義來理解，明說六經著作型態之「即事」，而暗指六經著作之「見理」。章氏又云：

> 《傳》曰：「禮，時為大。」又曰：「書同文。」蓋言貴時王之制度也。學者但誦先聖之遺言，而不達時王之制度，是以文為鑿悅締繡之玩，而學為鬥奇射覆之資，不復計其實用也。故道隱而難知，士大夫之學問文章，未必足備國家用也。法顯而易守，書吏所存之掌故，實國家制度之所存，亦即堯、舜以來，因革損益之實迹也。故無志於學則已，君子苟有志於學，則必求當代典章，以切於人倫日用；必求官司掌故，而通於經術精微；則學為實事，而文非空言，所謂有體必有用也。〔註13〕

前面說過，先王之道乃是在官司掌故的記錄上呈顯其理蘊，而這裡則更清楚地說明了官司掌故所代表的意義：「書吏所存之掌故，實國家制度之所存，亦即堯、舜以來，因革損益之實迹也。」合此二者言之，則掌故所揭示的因革損益之實迹，就是一種理據的支持，使先王之道更為鮮明。然則，這種撥明先王之道的意義何在？章學誠說「道不可以空銓」，現在既然有官司掌故之實迹作為依據而能銓之，那麼所欲銓者為何？也就是，作為一種圭臬，它向什麼對象樹立這種典範？章氏批評了「學者但誦先聖之遺言，而不達時王之制度」這種「不復計其實用」的學術表現，是則可知，先王之道本來既非聖人有意為之的文章，它典範性的意義，並不在純粹展示美好的先王聖人時代。學者若能誦習先聖之遺言，並通達其道，而以之作為面對當世社會的資產，這種通古以治今的應用才是它的意義所在。換句話說，學者一方面須在官司掌故的記錄上，察知經術背後精微的聖人之心，另一方面，又須嫻熟典章並使其切於當代人倫日用，先王之道才能在這種古今的因革損益中，更加煥發其價值。故章氏云：「則學為實事，而文非空言，所謂有體必有用也。」我們也可以說，以官司掌故之實迹撥明先王之道的意義，在於澄清道體，而這道體又在學者通古視今的學問中，成為一種崇高的典型：以時推移地作為一種銓衡世事的典範，向後來者展示一條可以依循的王道，其用燦然。

　　先王之道能「以時推移」，而並非一個絕對的、不可變動的典型，章氏亦有說明：

〔註13〕章學誠，〈史釋〉，《文史通義校注》，頁231。

孔子曰:「生乎今之世,反古之道,裁及其身者也。」李斯請禁《詩》、
《書》,以謂儒者是古而非今,其言若相近,而其意乃大悖。後之君
子,不可不察也。夫三王不襲禮,五帝不沿樂。不知禮時為大,而
動言好古,必非真知古制者也。是不守法之亂民也,故夫子惡之。
若夫殷因夏禮,百世可知。損益雖曰隨時,未有薄堯、舜,而詆斥
禹、湯、文、武、周公而可以為治者。……要其一朝典制,可以垂
奕世而致一時之治平者,未有不合於古先聖王之道,得其彷彿者也。
〔註14〕

孔子說,「殷因於夏禮,所損益可知也;周因於殷禮,所損益可知也。其或繼
周者,雖百世可知也。」〔註15〕「百世可知」,指出先王之道有亙久不衰的永
續歷史價值。而代代相沿,有所因革損益的這種應用,則說明「禮,時為大」
的觀念,無論如何不能守株待兔,死板地援古例今。於此,能夠「損益隨時」
的先王之道也才能更顯一種活潑的生命力。故如漢元帝時貢禹即曾上疏云:
「臣愚以為盡如太古難,宜少放古以自節焉。」〔註16〕同時更針砭宣帝時社
會上「內多怨女,外多曠夫」的情況,乃「過自上生,皆在大臣循故事之辜
也。」〔註17〕可見,「故事」的可參性不是必然的,而須在合於規範的前提上
有以節之,才能發揮最好的效用;所以貢禹也對元帝說:「唯陛下深察古道」。
〔註18〕古道之所以待察,正說明單純地「守經據古」,〔註19〕並不是一種面對
過去與現在最好的方式。

　　而章氏「要其一朝典制,可以垂奕世而致一時之治平者,未有不合於古
先聖王之道,得其彷彿者也」之語,更點明了學者究習六經這些「官司掌故」
的根本目的所在:從官司掌故的文字記錄中,窺見先王聖人累世相沿,因革
損益的實迹;並在這樣的學問資產上關懷當代人倫日用,並有所調整而為當
世立典制。能「得古先聖王之道之彷彿」,故一朝典制可以「垂奕世而致一時
之治平」,這種學術的途徑,簡言之實即漢代經學的「通經致用」;而同時還

〔註14〕章學誠,〈史釋〉,《文史通義校注》,頁232。
〔註15〕《論語・為政》,頁78。
〔註16〕《漢書・王貢兩龔鮑傳》,頁3070。
〔註17〕《漢書・王貢兩龔鮑傳》,頁3071。
〔註18〕《漢書・王貢兩龔鮑傳》,頁3072。
〔註19〕元帝報貢禹之語,自云「生有伯夷之廉,史魚之直,守經據古,不阿當世……。」
　　　　《漢書・王貢兩龔鮑傳》,頁3074。

可注意的是，古代學者既已在六經這些官司掌故的歷史實迹中考察先王之道，則經史之牽連實不必到漢代經學才開始。釐清了古代學術本已以借鏡先王之道爲法，現在我們可以再來看漢代經生的治學方法。

二、西漢經生「通經致用」的歷史意蘊

自五帝立五經博士，經學成爲仕進的通道，雖或漸有人鼓吹師法、家法，鑽研章句，但亦多有人以天下國家爲關懷，在經學的基礎上不僅思考個人立身處世之道，也爲朝爲君梳理其道。宣帝時，欲「選博士諫大夫通政事者補郡國守相」，蕭望之則以爲內朝若治，則外郡不足憂，故上疏請選諫官云：

> 陛下哀愍百姓，恐德化之不究，悉出諫官以補郡吏，所謂憂其末而忘其本者也。朝無爭臣則不知過，國無達士則不聞善。願陛下選明經術，溫故知新，通於幾微謀慮之士以爲內臣，與參政事。諸侯聞之，則知國家納諫憂政，亡有闕遺。若此不怠，成康之道其庶幾乎！
>
> 外郡不治，豈足憂哉？〔註20〕

朝中須有直言極諫之諍臣，國內須有達於政事的賢士，蕭望之認爲這兩種人才都可從明於經術的士人裡來揀選；若能以其爲內臣而參與政事，則庶幾近於成康之道。明經術所以能諍諫、能達政事，乃因經典中記載著許多前代的舊事實迹，等於是一種寫就的後事之師，故使潛研經典者能成爲輔治社稷的大材。經術之重要性便由此可知。

蕭望之歷位朝廷將相，曾援引《春秋》之晉士匄聞齊侯卒故引師還，君子大其不伐喪，遂致恩服孝子、誼動諸侯之義，勸諫天子不乘亂幸災，並諫止其以不義動兵而欲征伐匈奴的舉動。〔註21〕宣帝雖不甚從儒術，〔註22〕仍從其議而止兵。且前此地節三年京師雨雹，蕭望之因之上疏，宣帝亦因在民間即聞其名，故云：「此東海蕭生邪？下少府宋畸問狀，無有所諱。」〔註23〕凡此除了再次說明儒士經生往往能在經學的基礎上，爲現實政治謀求一條可由、可行之路；也顯示了明經之士在社會上口耳相傳所累積的聲望，正是因爲他們能通經致用，並在國家政事上展現一種清楚而足堪導政的理念。因此，

〔註20〕《漢書・蕭望之傳》，頁 3274。
〔註21〕《漢書・蕭望之傳》，頁 3279。
〔註22〕《漢書・蕭望之傳》，頁 3284。亦見〈匡衡傳〉頁 3332，「宣帝不甚用儒。」
〔註23〕《漢書・蕭望之傳》，頁 3273。

即便如宣帝主張漢家制度王霸雜用，卻也知道經學與經生對於國家政事，同樣有著不可或缺的重要性。所以班固贊蕭望之曰：「身爲儒宗，有輔佐之能，近古社稷臣也。」〔註24〕望之少時因爲直諫霍光秉政，「士見者皆先露所挾持，恐非周公相成王躬吐握之禮，致白屋之意」，〔註25〕因之不見用而補署小苑東門候；但他對於旁人「不肯錄錄，反抱關爲」的譏評，仍意氣昂揚地以「各從其志」答之。後來，他被弘恭、石顯等宦豎所圖害，也不苟求生，飲鴆而死。〔註26〕徐復觀在《中國經學史的基礎》一書中說，「兩漢經學，除死守章句的小儒外，乃是由竹帛進入到他們的生命，再由生命展現爲奏議，展現爲名節的經學。」〔註27〕只蕭望之一例，便已甚可瞭然此語，並可見到漢代經生名節的嚴正與志氣的浩然。

此外，還值得注意的是漢代經生看待經學的眼光。匡衡在〈勸經學威儀之則疏〉中說：

> 臣聞六經者，聖人所以統天地之心，著善惡之歸，明吉凶之分，通人道之正，使不悖於其本性者也。故審六藝之指，則人天之理可得而和，草木昆蟲可得而育，此永永不易之道也。及《論語》、《孝經》，聖人言行之要，宜究其意。〔註28〕

前面談到，章學誠點出六經對於古人而言，實爲古代先王官司掌故之記錄，六經在那樣的眼光裡被看作「古代政治文化之總結」。〔註29〕相較之下，匡衡的說法明顯的不同是，他所以推崇六經，並不取其作爲古代政治因革之實迹的具體意義；而是從形上的層次來建立六經的威嚴。他認爲聖人資藉六經以統天地之心，爲讀者示現事情的善惡吉凶，且其大用在於使人不悖離於其本性。簡言之，審六藝之指則可以和人天之理，育草木昆蟲。這樣的六經所揭示的一方面是人道之正軌，一方面更重要的，則是放寬眼界所注意到的天人和睦之理。故他也說：

> 臣聞天人之際，精祲有以相盪，善惡有以相推，事作乎下者象動乎

〔註24〕《漢書・蕭望之傳》，頁 3292。
〔註25〕《漢書・蕭望之傳》，頁 3272。
〔註26〕事見《漢書・蕭望之傳》，頁 3288。
〔註27〕徐復觀，〈中國經學史的基礎〉，《徐復觀論經學史二種》（上海：上海書店出版社，2002 年），頁 176。
〔註28〕《漢書・匡張孔馬傳》，頁 3343。
〔註29〕徐復觀，〈中國經學史的基礎〉，《徐復觀論經學史二種》，頁 186。

上，陰陽之理各應其感，陰變則靜者動，陽蔽則明者晻，水旱之災
隨類而至。今關東連年饑饉，百姓乏困，或至相食，此皆生於賦斂
多，民所共者大，而吏安集之不稱效也。……宜遂減宮室之度，省
靡麗之飾，考制度，修外内，近忠正，遠巧佞，放鄭衛，進雅頌，
舉異材，開直言，任溫良之人，退刻薄之吏，顯絜白之士，昭無欲
之路，覽六藝之意，察上世之務，明自然之道，博和睦之化，以崇
至仁，匡失俗，易民視，……然後大化可成，禮讓可興也。〔註30〕

面對關東連年饑饉，匡衡歸因於人事上賦斂過多，故百姓困乏至於相食；他
並在天人之際陰陽相感，故水旱之災乃隨類而至的認識上，實事求是地提出
針砭補救之建議。前面引過他曾說六經乃聖人所以統天地之心，故「審六藝
之指」則人天之理可得而和。而這裡，他又說「覽六藝之意，察上世之務，
明自然之道，博和睦之化，以崇至仁，匡失俗，易民視」；可以說，重視天人
相應的經學趨勢，一定程度地影響了他從大範圍的天地自然之和睦來考量政
治問題，其胸襟氣魄不可謂不大。他所謂「六藝之意」、「上世之務」、「自然
之道」與「和睦之化」，其實全都指向一種天人之間的和諧關係，以此為基礎
最終才能達成他所預期的禮樂之興、大化之成。在這種解讀之下的六藝，實
已超越了足資取法之歷史故實的層次，其意義更在於展現天人之理所應然的
情狀，並進而積極地指點出人道所應因循的正軌。

「西漢儒生常把經安放到與天同等的地位，其源實啓自陸賈和賈誼。」
〔註31〕徐復觀先生曾分析，陸賈將五經、六藝中「仁義」的基源意義，鮮活
而懇切地應用在日常人倫事物之中；賈誼更以為修五經之道，即能合於創造
陰陽天地、人與萬物之德。直到董仲舒以陰陽言天道，使天道之影響範圍廣
大無所不包，才算是「天的哲學的完成」。〔註32〕但因注意到天人之際的陰
陽交感，對於吉凶妖祥之事的種種判斷，很容易便會走往災異的路上去。董
仲舒主要藉《春秋》來發揮其陰陽災異之說，以為自《春秋》之中視前世已
行之事，觀天人相與之際，甚為可畏；結果幾乎將經典「定性為神秘的預言
和占卜之書」，〔註33〕使「《春秋》或其他儒家經典成了歷史預測性和啓示性

〔註30〕《漢書・匡張孔馬傳》，頁 3335。
〔註31〕徐復觀，〈中國經學史的基礎〉，《徐復觀論經學史二種》頁 168。
〔註32〕以上說法見《中國經學史的基礎》〈漢初的經學思想〉一節，頁 165〜172。
〔註33〕雷家驥，《中古史學觀念史》，頁 63。

的聖經。」〔註34〕例如元帝時石顯用事，京房欲諫所任非人時便說：

> 《春秋》紀二百四十二年災異，以視萬世之君。今陛下即位已來，
> 日月失明，星辰逆行，山崩泉涌，地震石隕，夏霜冬靁，春凋秋榮，
> 隕霜不殺，水旱螟蟲，民人飢疫，盜賊不禁，刑人滿市，《春秋》所
> 記災異盡備。〔註35〕

就京房所言，《春秋》以災異之記事「視萬世之君」，這種「以不變應萬變」的
應用，使得《春秋》像是一種可供翻找的百科全書。京房陳諫此語之前，針就
幽厲之所以危亡與元帝討論之；元帝時云「唯有道者能以往知來耳」，〔註36〕
意謂自己能知幽、厲之失，雖專任石顯，但不會重蹈所任非人的失誤。如果細
加推敲，則「以往知來」其實是當時一種習慣的思路，也是在「後之視今猶今
之視前」的連綿意識上，對於歷史「同理可證」的相信。而京房順著「以往知
來」的理路，從當時《春秋》災異盡備的實況提出警示；就經生學者而言，這
正是經學的致用模式。若這種詮釋災異的風氣越演越烈，儘管仍是以經治世的
學術路徑，經典的意義卻可能成為一種動輒得咎的束縛，令人無法泰然處之。
但反而言之，若能從對於天人關係的注意中，省察出務實的補救之道，則災異
之示現實則也能在天人相應的觀念中，積極推動著致治的努力。從西漢經生的
奏議中亦常能見此傾向，故徐復觀先生說，「雖然其中多緣災異以立言，但若稍
稍落實地去了解，則災異只是外衣，外衣裡的現實政治社會的利弊是非，才是
他們奏議中的實質。」〔註37〕

　　簡言之，西漢經學可說總以通經致用為其特色。可以思考的是，應用經
典可以直從經典本身獲取指導政治之資；或更高明地以經典中所涵括的天人
和睦之理，來點明人道之正途；又或者，可以從《春秋》災異之示現來提出
警示，以針砭時政。凡此，應用的理路雖異，但有所取鑒於故事之實迹則一。
但若要即此便說經學中本就蘊涵著史學發展的契機，強度卻又稍嫌不足。畢
竟，前面「六經皆史」的討論，以及孔子對於朝代之間，禮制互有因革損益
的認識，都說明了：無論是因事明理，或自歷史中尋找可以依準的前鑑，都
是儒家本有的重視歷史的傳統。因此，雖能說漢代經學承繼了這種學術方法，

〔註34〕 雷家驥，《中古史學觀念史》，頁68。
〔註35〕 《漢書·眭兩夏侯京翼李傳》，頁3162。
〔註36〕 《漢書·眭兩夏侯京翼李傳》，頁3162。
〔註37〕 徐復觀，《中國經學史的基礎》，《徐復觀論經學史二種》，頁176。

卻不能單以此即作爲史學在漢代，已漸自經學發展出來的有力證據。因爲，六經所包蘊的政治實迹，在經學中是借證其事的論理之資，亦即，歷史仍須於經學的光環之下，才能顯現它的份量。

三、歷史性轉趨濃厚的東漢古文經學

錢穆先生曾說，劉歆提倡《左傳》、《古文尚書》、《逸禮》、《毛詩》等古文諸經，可以見其較爲偏重於史實的經學傾向；錢先生並云「在漢代，由今文經學擴及古文經學，實是經學中之歷史性越趨濃重的見證。其趨勢至東漢而益顯，即是在經學中根據古代史實的趨勢，益盛過了憑空闡發義理的趨勢之上。」〔註38〕究竟自劉歆以下，漢代經學中的歷史性如何「越趨濃重」？以下由此論之。

《漢書》說劉歆：

> 初《左氏傳》多古字古言，學者傳訓故而已，及歆治《左氏》，引傳文以解經，轉相發明，由是章句義理備焉。……歆以爲左丘明好惡與聖人同，親見夫子，而《公羊》、《穀梁》在七十子後，傳聞之與親見之，其詳略不同。〔註39〕

首先，劉歆從左丘明親見聖人而能存眞、傳眞的角度來肯定《左氏傳》的價值。他在經典的詮釋上，先考慮「傳」的「傳聞之略」或「親見之詳」，則其內心或已有一種將經典視爲「可信的歷史」的傾向。大膽一點地說，在他的想法中，經之義理若有可靠性高的歷史記載以爲輔佐，才能更有力地證成經典的崇高地位。另外，在劉歆責讓太常博士的移書中，我們可以了解他對於當時經學弊端的意見；而對於他爭立《左傳》、《古文尚書》、《逸禮》、《毛詩》等經典的原因，亦可藉此察其原委始末。以下先錄其文：

> 昔唐虞既衰，而三代迭興，聖帝明王，累起相襲，其道甚著，周室既微而禮樂不正，道之難全也如此。是故孔子憂道不行，歷國應聘。自衛反魯，然後樂正，《雅》、《頌》各得其所；修《易》，序《書》，制作《春秋》，以紀帝王之道。及夫子沒而微言絕，七十子終而大義乖。重遭戰國，棄籩豆之禮，理軍旅之陳，孔氏之道抑，而孫吳之術興。陵夷至於暴秦，燔經書，殺儒士，設挾書之法，行是古之

〔註38〕錢穆，《中國學術通義》，頁 13。
〔註39〕《漢書‧楚元王傳第六》，頁 1967。

罪，道術由是泯滅。漢興，去聖帝明王邈遠，仲尼之道又絕，法度
無所因襲。……至孝武皇帝，然後鄒、魯、梁、趙頗有《詩》、《禮》、
《春秋》先師，皆起於建元之間。當此之時，一人不能獨盡其經，
或爲《雅》，或爲《頌》，相合而成。《泰誓》後得，博士集而讀之。
故詔書稱曰：「禮壞樂崩，書缺簡脫，朕甚閔焉。」時漢興已七八
十年，離於全經，固已遠矣。及魯恭王壞孔子宅，欲以爲宮，而得
古文於壞壁之中，逸《禮》有三十九，《書》十六篇。天漢以後，
孔安國獻之，遭巫蠱倉促之難，未及施行。及《春秋》左氏丘明所
修，皆古文舊書，多者二十餘通，臧於秘府，伏而未發。孝成皇帝
閔學殘文缺，稍離其眞，乃陳發秘臧，校理舊文，得此三事，以考
學官所傳，經或簡脫，傳或間編。傳問民間，則有魯國柏（桓）公、
趙國貫公，膠東庸生之遺學與此同，抑而未施。此乃有識者之所惜
閔，士君子之所嗟痛也。往者綴學之士不思廢絕之闕，苟因陋就寡，
分文析字，煩言碎辭，學者罷老且不能究一藝。信口説而背傳記，
是末師而非往古，至於國家將有大事，若立辟雍、封禪、巡狩之儀，
則幽冥而莫知其原。猶欲抱殘守闕，挾恐見破之私意，而無從善服
義之公心，或懷妒嫉，不考情實，雷同相從，隨聲是非，抑此三學，
以《尚書》爲備，謂左氏爲不傳《春秋》，豈不哀哉！……夫禮失
而求之於野，古文不猶愈於野乎？……今此數家之言，所以兼包大
小之義，豈可偏絕哉！若必專己守殘，黨同門，妒道眞，違明詔，
失聖意，以陷於文吏之議，甚爲二三君子不取也。〔註40〕

「其道甚著」、「道之難全也如此」、「道術由是泯滅」、「學殘文缺，稍離其眞」、
「妒道眞」，由這些字句可見，劉歆移書全篇，幾乎是圍繞著聖帝明王累起相
襲的「道」，理應求其全且求其眞來發論的。孔子修《易》，序《書》，制作《春
秋》，劉歆將這些修治經典之舉視作「紀帝王之道」，是則孔子是「道」的保
存者；左氏作《春秋》既親見孔子而好惡同之，故其價值乃更在《公》、《穀》
之上。然而，當時大多數學者的意見與此相牴，面對「經或簡脫，傳或間編」
的經典，反而形成「因陋就寡，分文析字，煩言碎辭，學者罷老且不能究一
藝。信口説而背傳記，是末師而非往古」的風氣。當時，經學成爲一種利祿
之途，而「分文析字，煩言碎辭」既成常態，則章句之割裂、細究和鑽研也

〔註40〕《漢書‧楚元王傳》，頁 1969～1971。

就成了不可避免的發展。當時學者夏侯勝與夏侯建的這一段對話，就凸顯了這一點。《漢書‧眭兩夏侯京翼李傳》記載：「勝非之日：『章句小儒，破碎大道。』建亦非勝爲學疏略，難以應敵。」〔註41〕這裡除了可見其時經生師法、家法分際森嚴外，夏侯建自名其「章句之學」爲「應敵」，即如劉歆狀其私意曰「恐見破」；經學各門戶之間爲了維護自己的地位，實處於一種戰戰兢兢的緊張氛圍。於是，他們說一經至數十萬言，但道的本意反爲章句的鑽研所掩蓋。當時經生面對殘闕的文本，「不思廢絕之闕」，卻專致於文字上錙銖必較的爭勝；是則經典本應在國家大事上有所施用的本色，反而未受到應有的認知，因小失大，此劉歆所痛責之深者也。

劉歆說今文博士們「至於國家將有大事，若立辟雍、封禪、巡狩之儀，則幽冥而莫知其原。」反而言之，則可知劉歆對於古聖帝明王之道有一種實用的追求，他認爲應當清楚地從較爲全備的經典中考察帝王之道，並應用於當世政事之上，此道之所用也。在此意識上，學殘文闕的經典實際上會因其中歷史情實的虧缺，導致無法全面照見道之實然；道之「眞」若無法呈現，要將經典應用到現實政治上時，也就無法貼近經典所以如此的眞意。此所以今文博上會有「幽冥而莫知其原」的問題。換言之，劉歆將這表面上看來「章句小儒破碎大道」的經學偏向問題歸因於道術之失眞，而使人注意到古文經典親見聖人，存眞紀實的重要性。錢穆先生說自此以下至東漢，經學的歷史性轉而越趨濃厚，求其本意，錢先生或許正是注意到了，劉歆這種「欲廣道術」〔註42〕的作爲，實際上是越來越在歷史的紀實性上肯定那些古文經典的價值。若眞如此，那麼由此類推，則表面上看來《左氏傳》的價值雖在於親見聖人而能得其詳，但其價值所以超越《公》、《穀》，背後眞正的理由卻是因爲孔子修治並保持了帝王之道。因此，越接近孔子便等於越接近古代聖帝明王的政治實況。那麼，《逸禮》、《古文尚書》等書籍，定自周公，更在孔子之前，豈非更可信據？所以錢先生也說，「若眞要廣道術，則孔子僅是古代聖人中之一聖，於是由孔子上推至周公，一家言的重量，更會轉移到歷史的大傳統上去。」〔註43〕如此一來，史便不再只是作爲一種傳達經學意旨的媒介。

〔註41〕《漢書‧眭兩夏侯京翼李傳》，頁 3159。
〔註42〕哀帝云「歆欲廣道術，亦何以爲非毀哉？」，《漢書‧楚元王傳》，1972。
〔註43〕〈孔子與春秋〉，《兩漢經學今古文平議》（臺北：東大圖書公司，2003 年），頁 254。

因為，道在經前，但史中既可見道，則其地位反而高過經學，而能以其記錄先王實跡的權威來決定經學的價值。

　　時至東漢，章帝建初四年，楊終起議於白虎觀，所言亦針就「章句之徒破壞大體」〔註44〕而發，正與劉歆批評「因陋就寡，分文析字」的意見相同。白虎議後，章帝於建初八年所下之詔書中，古文經典如《左氏》、《古文尚書》等都獲提倡；其中原因，亦與它們更為接近「道真」的特質有關。是則章帝對於經學的期待，亦合於劉歆對於「道」求全責真的要求。章帝建初八年詔書云：

> 五經剖判，去聖彌遠，章句遺辭，乖疑難正，恐先師微言將遂廢絕，非所以重稽古，求道真也。其令群儒選高才生，受學《左氏》、《穀梁春秋》、《古文尚書》、《毛詩》，以扶微學，廣異義焉。〔註45〕

「章句遺辭，乖疑難正」，「非所以重稽古，求道真也」，這裡再一次點出了若果經典有所廢闕，便很難如實地呈現先王之道的實情。所以，這裡肯定了《左氏》等古文經典的價值，而意欲改革章句之學弊病的轍跡亦已可見。此外，所謂「先師」，據錢穆先生解釋，即「景、武之際的五經先師」，〔註46〕亦即劉歆所云起於建元之間的「《詩》、《禮》、《春秋》先師」；其所說之經學乃六藝王官之學，更能以其「古代官司掌故」的本色貼近古道。凡此，都可見到在劉歆倡言古文經學以「求道真」、「廣道術」之後，東漢古文經學不僅漸興，且也越顯露出一種看重歷史的意味了。在古文經學漸興的同時，專致於章句家法的今文經學風氣則越顯衰靡。如樊準上疏云「今學者益少，遠方尤甚，博士倚席不講，儒者競論浮麗」，〔註47〕指出講授章句的博士官學已漸露疲態。另一方面，章句家法的權威性也開始解構，當時如徐防便批評博士弟子「不依章句，妄生穿鑿，以遵師為非議，意說為得理」的情形。〔註48〕簡而言之，可見東漢古文經學漸興，所重更在考究道之情實，以豁顯先王之道的真意；而今文經學不能復振，乃因「說一經至數十萬言」的學術路徑，已使「碎義逃難，便辭巧說」〔註49〕之陋習，自西漢以來益發變本加厲。究其意

〔註44〕《後漢書・楊李翟應霍爰徐傳》（北京：中華書局，2001年），頁1599。
〔註45〕《後漢書・肅宗孝章帝紀》，頁145。
〔註46〕〈兩漢博士家法考〉，《兩漢經學今古文平議》，頁217。
〔註47〕《後漢書・樊宏陰識傳》，頁1126。
〔註48〕和帝時徐防上疏以為「五經久遠，聖意難明，宜為章句，以悟後學。」故上此疏批評當時博士弟子的闕失。見《後漢書・鄧張徐張胡傳》，頁1500。
〔註49〕《漢書・經籍志》，頁1723。

義，則今古經學的互爲盛衰，正可說是歷史性的要求壓過了對於經典之章句文義「因陋就簡」的細瑣探究。

第二節　兩漢之後經史交涉的進展

一、自後漢到三國儒學的衰微

東漢末期政治動盪，權臣專擅之事層出不窮，而國勢日漸陵替。當此之時，經學仍發揮了維繫世道人心的功用，減緩了禍亂敗亡的速度，如范曄在《後漢書・儒林傳論》便對此加以肯定。文曰：

> 自光武中年以後，干戈稍戢，專事經學，自是其風世篤焉。其服儒衣，稱先王，遊庠序，聚橫塾者，蓋布之於邦域矣。若乃經生所處，不遠萬里之路，精廬暫建，贏糧動有千百，其耆名高義開門受徒者，編牒不下萬人，皆專相傳祖，莫或訛雜。至有分爭王庭，樹朋私里，繁其章條，穿求崖穴，以合一家之說。故揚雄曰：「今之學者，非獨爲之華藻，又從而繡其鞶帨。」夫書理無二，義歸有宗，而碩學之徒，莫之或徙，故通人鄙其固焉，又雄所謂「譊譊之學，各習其師」也。且觀成名高第，終能遠至者，蓋亦寡焉，而迂滯若是矣。然所談者仁義，所傳者聖法也。故人識君臣父子之綱，家知違邪歸正之路。自桓、靈之間，君道秕僻，朝綱日陵，國隙屢啓，自中智以下，靡不審其崩離；而權強之臣，息其闚盜之謀，豪俊之夫，屈於鄙生之議者，人誦先王言也，下畏逆順勢也。至如張溫、皇甫嵩之徒，功定天下之半，聲馳四海之表，俯仰顧眄，則天業可移，猶鞠躬昏主之下，狼狽折札之命，散成兵，就繩約，而無悔心。暨乎剝橈自極，人神數盡，然後群英乘其運，世德終其祚。跡衰敝之所由致，而能多歷年所者，斯豈非學之效乎？故先師垂典文，褒勵學者之功，篤矣切矣。不循《春秋》，至乃比於殺逆，其將有意乎！〔註50〕

這一段文字指出了儒學在漢代社會文化上的功用，雖其發展日久，因爲學者多固守家法門戶而難免迂滯之失；但在東漢末年的兵馬倥傯之際，卻也正有賴於長久以來濡染人心的經學大義，無形中羈絆了亂臣賊子的野心，才使漢

〔註50〕《後漢書・儒林傳》，頁 2588。

末國家傾頹之勢可以稍歇。「所談者仁義，所傳者聖法也。故人識君臣父子之綱，家知違邪歸正之路。」是則經學雖或成為利祿之途，而師法、家法彼此對峙；但在學術的弊病之外，這種學問的繁榮發展，卻也無形中穩定了社會的秩序，在國勢漸趨衰敝之時，起著一點力挽狂瀾的作用。

但時至三國，從魚豢在《魏略》中的論述可見，曹魏時期太學之中的博士以及弟子們治學的情況似乎是幡然改轍了。其文云：

> 從初平之元，至建安之末，天下分崩，人懷苟且，綱紀既衰，儒道尤甚。至黃初元年以後，新主乃復始掃除太學之灰炭，補舊石碑之缺壞，備博士之員錄，依漢甲乙以考課。申告州郡，有欲學者，皆遣詣太學。太學始開，有弟子數百人。至太和、青龍中，中外多事，人懷避就。雖性非解學，多求詣太學。太學諸生有千數，而博士率皆籠疏，無以教弟子。弟子本亦避役，竟無能習學，冬來春去，歲歲如是。又雖有精者，而臺閣舉格太高，加不念統其大義，而問字指墨法點注之間，百人同試，度者未十。是以志學之士，遂復陵遲，而末求浮虛者各競逐也。正始中，有詔議圜丘，普延學士。是時郎官及司徒領吏二萬餘人，雖復分布，見在京師尚且萬人，而應書與議者略無幾人。又是時朝堂公卿以下四百餘人，其能操筆者未有十人，多皆相從飽食而退。嗟夫！學業沉隕，乃至於此。〔註51〕

漢武帝時增設博士弟子員，曾經使得經學因為提供了士人仕進的階梯而成為「利祿之途」。如《漢書・韋賢傳》引民間諺語說「遺子黃金滿籯不如一經」，〔註52〕指的正是熟習經學以後，依經從政所可能帶來的巨大利益。這樣的通經致用，究其初心，儘管不是純粹的關懷世情，但經學畢竟沒有離開政治場域太遠。然而，在魏初的多事之秋，士人不思振廢起敝，卻反避就於太學，則此時的經學顯然已經無法擔負指導政治的責任。相較於從前的經學，這個時期的士人更以一種視而不見的逃避姿態，拉開了他們與政治世亂的距離。經學的精神，原本在於通經致用，而須通過面對社會、指導政治才能真正付之實行；當這種精神一旦萎靡，則經學本身作為一種學術的典正性，便會失去它的支點而顯得疲軟無力。究其實情，正始中「應書與議者略無幾人」，原因似乎可以歸咎於：太學之中博士無以教、弟子不能學的傳習情況；博士無

〔註51〕 《三國志・魏書》，〈鍾繇華歆王朗傳〉，注引魚豢《魏略》，頁420～421。
〔註52〕 《漢書・韋賢傳》，頁3177。

能傳講經學大義，故弟子無得而聞焉，遂只能求精於字指墨法點注等枝微末節的學問。此所以當時已少有人能針就時政，提出一番格局不同之大識見與大議論。但除此之外，這種經生學士「學業沈隕」、對於時政無能為力的窘況，實則更應該溯源自他們求詣太學之初，便是懷抱著避就之情。「至太和、青龍中，中外多事，人懷避就。雖性非解學，多求詣太學。」由此觀之，學問之不精和用世之消極這些經學精神失落的表現，實際上只是如實反映了他們與政治保持距離，避世全身的初心而已。

　　魚豢在描廓了漢魏之交的儒學情形後，以董遇、賈洪、邯鄲淳、薛夏、隗禧、蘇林、樂詳等七人為當時儒宗，他說：「今此數賢者，略余所識也。檢其事能，誠不多也。但以守學不輟，乃上為帝王所嘉，下為國家名儒，非由學乎？由是觀之，學其胡可以已哉！」〔註53〕其所嘉美者，在於這些賢者「守學不輟」的表現；但若對照前述漢魏之際經學沉淪的實況觀之，則這樣不求其用世之事能的讚許，適足以反映出在經學整體精神降低之後，只能肯定其學業之精，是一種退而求其次的褒美。所以，如史書記載，隗禧雖然「既明經，又善星官，常仰瞻天文，歎息謂魚豢曰：『天下兵戈尚猶未息，如之何？』」〔註54〕他這種似亦以世事經懷，但憂心忡忡卻無能治之的經生形象，正說明了這些受到推崇的「儒宗」學者，實則缺少一種入世經生能夠力挽狂瀾的格局氣度。前文曾敘范曄肯定了經學在東漢末年國勢破落之際，仍發揮了一定的影響力，延緩了崩壞的速度與傷害的程度；但此處則見魚豢面對儒生無能「應書與議」國家大事的情況，不得不發「學業沉隕」的慨嘆。是則范曄雖能看出經學在社會上所發揮的積極意義，但整體而言，漢末魏初之時，經學的積極精神已是較為頹敝，而經學的作用也益顯低迷了。魚豢有感於當時儒學的沉淪，一如前云劉歆批評經生讀經卻不知儀制之原的憂心，都反映了他們對於經生應能「通經致用」的前理解。當經學已漸無法承擔起指導政治的社會責任時，經學本身也開始有了一些變化。前云劉歆從經學典籍的殘闕，與治學方法的細碎兩方面，指陳當世經生之失；並因此積極地爭立《左氏春秋》等較為接近先聖明王的古文經典。他的用意在於：藉由較能存真紀實的古代經典，俾使經生貼近先王之道的實情，從而能夠發揮經學「通經致用」的輔政本色。「存真紀實」的特色原就近「史」，雖則原本劉歆爭的是經典，但到後來則不只是幾本古經典之爭；而是，古文經

〔註53〕《三國志・魏書》，〈鍾繇華歆王朗傳〉，注引魚豢《魏略》，頁422。
〔註54〕《三國志・魏書》，〈鍾繇華歆王朗傳〉，注引魚豢《魏略》，頁422。

學自此以下，亦便展現了越來越濃厚的「史」的特質。就在這個魚豢多所感嘆儒學沉隕的三國時期，經學看來轉衰，但古文經典較爲接近「史」的性質，卻也在劉歆以後，獲得了更多的注意。

二、尹默「通諸經史」

使多數人感受到經史關係相近的因素之一，便是在翻閱史書的過程中，屢屢可見「經史」一詞。史書中「經史」作爲一個成詞使用的情況，兩《漢書》中爲例仍少，至《晉書》中則屢見不鮮；往後至南朝諸正史中，出現的次數又減。簡而言之，自兩漢以至南朝，此語使用的頻率大致以《晉書》爲頂點，呈現一種拋物線的走勢。「經史」一詞，透露了幾個訊息。其一，就其分立而言，可見時人對於兩者之不同已略有所感。史的地位由原本附庸於經轉爲與經並列，此間應牽涉了「史」觀念的逐漸清晰，或者「經」地位的鬆動。其二，就其合爲一個連詞觀之，則雖然兩者已有分別，但整體而言，經、史之間仍有某種相近的學術特質，是其可分而不能全分的聯繫。再者，自漢至晉，「經史」一詞在史書中使用次數愈見頻繁，這與它們所面對的學術環境是否有關？而自晉以下，「經史」之詞又因爲什麼樣的原因而愈少見用？經、史之間的分立或合言，以及「經史」使用次數的屢增或轉少，其背後的原因究竟如何？前述的這些推測與疑問，應就「經史」一詞出現的情境加以觀察，方能對「經史」在六朝發展的情況有一概略綜合的掌握。以下主要藉史書中「經史」使用的情況來加以討論。

在一般的觀念中，史在漢朝乃屬經的附庸，但經史關係之變動，如前所述，實已於西漢劉歆「廣道術」的意見中見其端倪。劉歆主張「廣道術」，不拘泥於當時已然殘闕不全的經典，有其看重古文經典更能備存古道之眞實的眼光；他所優先考量者乃在於，經典能否完整地呈現先王之道，故云：「禮失而求之於野，古文不猶愈於野乎！」。推擴其意，則歷史的大傳統因爲能以信實的史來印證經學與道之「眞」，故其地位愈高。更進一步說，經學雖和典型的儒家傳統一樣，本來就有借鑒歷史舊事的學術傾向，但在劉歆意見中所展現的對於經學歷史性的要求，卻不完全與之相同。細究劉歆的想法，後來的經典之所以能有其價值，歷史乃成爲其中決定性的因素了。在經的歷史性越見看重的時候，「經史」一詞也開始出現在史書當中。《三國志·蜀書》〈尹默傳〉在敘述尹默的學問時，以「通諸經史」形容之，「經史」一詞於焉出現。其文如下：

尹默字思潛，梓潼涪人也。益部多貴今文而不崇章句，默知其不博，乃遠游荊州，從司馬德操、宋仲子等受古學。皆通諸經史，又專精於《左氏春秋》，自劉歆條例，鄭眾、賈逵父子、陳元、服虔注說，咸略誦述，不復按本。先主定益州，領牧，以爲勸學從事，及立太子，以默爲僕，以《左氏傳》授後主。後主踐阼，拜諫議大夫。丞相亮住漢中，請爲軍祭酒。亮卒，還成都，拜太中大夫，卒。子宗傳其業，爲博士。〔註55〕

尹默知益部所貴之今文「不博」，故至荊州求受古學。既云古學，又說他們「通諸經史」，這就不免使人直接聯想到錢穆先生所說，自劉歆以下至東漢，經學中的歷史性轉而越趨濃厚的意見。而《三國志》此處首見分立而連言的「經史」一詞，意義又大：「史」被提出而連綴於「經」之後，不啻都代表了一個新趨的開始。東漢以來，歷史性已漸於經學的討論中佔有一席之地，這裡，更可以解讀的是：歷史已不只是如傳統儒家視爲舊事實迹，以備取鑒而能借證先王之道而已；亦不只如劉歆雖未明言，但意識到它保存了較多歷史實情，益發接近道之眞實的特質。而是，到了三國尹默此時，歷史獨特的眞實記錄的學術性質，已被清楚地認識，故有必要表而出之。然而，雖云有別，但經、史仍有關聯而非全然無涉。

上段引文中可見，尹默「通諸經史」而「又專精於《左氏春秋》」，並「以《左氏傳》傳後主。」《左氏春秋》以《春秋》爲根柢，作爲釋經的傳，它補足了《春秋》經所記歷史事件的始末因由，更具體地凸顯經之大義；兩者共同呈現了一段事義分明的春秋史實。由此觀之，則尹默於《左氏傳》用力之深刻，說明了他的史學修養恐怕還是偏長於歷史知識，尤其是卜古的歷史知識；故其所謂「史」，仍然與經學保持了一定的關係。因此，經、史雖可分而言之，但兩者基本上仍是一種相近相關的狀態；史有了自己的定位，但史仍然沒有完全脫離作爲歷史知識，可以與經一同作用的角色。除了尹默此例外，我們可以再看看《三國志》史文中，是否還有其他可見經史關係之變化的線索。

三、譙周「據經考史」

《三國志》有關於譙周的記載，文云：

〔註55〕　《三國志‧蜀書》，〈杜周杜許孟來尹李譙郤傳〉，頁1026。

（譙周）耽古篤學，……研精六經，尤善書札。頗曉天文，而不以留意；諸子文章非心所存，不悉徧視也。身長八尺，體貌素樸，性推誠不飾，無造次辯論之才，然潛識內敏。〔註56〕

就此觀之，他的學問傾向是經學的。揚雄曾說「五經爲眾說郛」，〔註57〕並說「棄常珍而嗜乎異饌者，惡睹其識味也；委大聖而好乎諸子者，惡睹其識道也。」〔註58〕譙周的作風正可爲揚說之實證。史書又說他「雖不與政事，以儒行見禮，時訪大議，輒據經以對，而後生好事者亦咨問所疑焉。」〔註59〕雖然對於經學頗稱熟習，且能據經以對朝廷大議，但他「不與政事」的形象卻與傳統出仕輔政的經學家有所區別。他的著作《古史考》亦頗堪注意。

《晉書·司馬彪傳》言及此書云：「初，譙周以司馬遷《史記》書周秦以上，或採俗語百家之言，不專據正經，周於是作《古史考》二十五篇，皆憑舊典，以糾遷之謬誤。」〔註60〕逯耀東先生認爲，譙周的《古史考》利用經學作爲材料，「所堅持的雖是經學的立場，但所進行的卻是史學評論的工作」。〔註61〕這是就其著作在經史分途過程中的地位所作的分析，凸顯史學評論萌芽初期，因爲經史界限尚未完全清晰，所以產生這樣「據經考史」之特殊現象。這裡可以再進一步思考的是：在譙周「據經考史」的現象背後，又蘊藏了什麼樣的看待經、史的眼光？

譙周認爲《史記》「書周秦以上」，卻「採俗語百家之言」而「不專據正經」，他所非議的是《史記》材料來源的駁雜。同時，這種認爲史應「專據正經」以爲材料的意見，實際上是從另一個角度承認了，「經」這種學術的材料本身就是一種可以相信的歷史；這其中，不能說沒有劉歆「廣道術」的意見所帶來的影響。因爲，劉歆的意見把經學的尊嚴轉到歷史大傳統的權威上去，使人注意到信實性高的歷史記載才能支持經學中道之真實，於是，認爲經學本身的材料就是一種信史的想法，就暗暗形成了。以下到了譙周，更是直接把正經拿來作爲檢驗《史記》的標準。此外，前云譙周尊經而非諸子的意見前有所承於揚雄，

〔註56〕《三國志·蜀書》，〈杜周杜許孟來尹李譙郤傳〉，頁1027。
〔註57〕《法言·問神》。
〔註58〕《法言·吾子》。
〔註59〕《三國志·蜀書》，〈杜周杜許孟來尹李譙郤傳〉，頁1030。
〔註60〕《晉書·司馬彪傳》，頁2141。
〔註61〕逯耀東，《魏晉史學的思想與社會基礎》（臺北：東大圖書公司，2000年），頁268。

而這裡他指《史記》「採俗語百家言，不專據正經」的缺失，實際上也有揚雄批評《史記》「不與聖人同，是非頗謬於經」的影子在內。〔註62〕

　　不過，雖然他們兩人的評論看似都以地位崇高的「正經」爲規準，來權衡《史記》之缺失，但揚雄的評論卻是著眼於另一個面向。揚雄說《史記》「是非頗謬於經」，則經典所承載的，乃是一套依從於聖人的價值標準；因此，《史記》作爲一種著作，其中的是非評斷也不能與經典中的義理有所違越。由此觀之，揚雄雖肯定司馬遷有「良史之材」，〔註63〕但他批判《史記》事理的紕謬，則凸顯了經典在義理是非的標準上，是一不可撼動的權威。相較於此，譙周不滿《史記》以「俗語百家之言」作爲材料，則是從歷史記載的信實性上看到了《史記》的謬誤、肯定了經典的價值。那麼，同樣是「依經論史」的學術路徑，雖然他們的評論似都有著經史特質混淆的情形，而凸顯了經史界限之尚未明晰，但兩者之內涵卻不能同日而語了。因爲，在從揚雄到譙周的評論之中，經雖然都看似凌駕於史之上，但論其實際，經所代表的標準由義理轉爲信史，則學術特質被混淆的主體卻是經而非史。

　　換言之，前面劉歆指摘經生之失責與經學之誤入歧途，本來有著復興經學精神與經生形象的期待；但是，他認爲經學必須完整而且近於原貌才愈可信，這卻無形中使人開始意識到經學實際上就是一種歷史的記錄，而且經學權威的建立也需要由歷史的見證來輔成。爾後，當揚雄所期待的經學與經生通經致用的本色無法眞正復原時，經學的精神無法重振，大家就越來越注意到，當經學作爲一種純粹的學術時，其中記載的歷史舊事所具有的存眞信實的權威性。同時，又因經學雖在其學術精神上有所虧缺，但「經」的本身仍留有凌駕於其他學術之上的地位；因此，它所具有的信史之權威性，便又被拿來當作是一個檢驗其他學術的標準。如果經學是以一種類似於「史」的學術特質受到譙周的看重，則可以說，譙周「據經考史」的意見實則轉變了經

〔註62〕《漢書・揚雄傳》，頁3580。譙周曾告訴陳壽，「昔孔子七十二、劉向、揚雄七十一而沒，今吾年過七十，庶慕孔子遺風，可與劉、揚同軌，恐不出後歲，必便長逝，不復相見矣。」姑且不論譙周是否以術預知命數，從他欽慕孔子遺風而願與劉、揚同軌的自白看來，他的學術路徑有所依循於揚雄是可以相信的。如《隋志》史部地理類收有譙周的《三巴記》，在目錄之中，《三巴記》之前的書即爲揚雄的《蜀王本紀》，二人之學術氣味相近此又可爲一例。

〔註63〕《漢書・司馬遷傳》，頁2738。其文云：「然自劉向、揚雄博極群書，皆稱遷有良史之材，服其善序事理，辨而不華，質而不俚，其文質，其事核，不虛美，不隱惡，故謂之實錄。」

的標準，這也便暗暗地讓史離經越遠，而越凝聚出它自己的學術特色來。這未嘗不是三國時期經史交涉中的一個進展。

　　除了從譙周評論《史記》的例子來揣摩三國時候的經史關係，還值得注意的是《三國志·吳書》中的這條資料。〈周瑜魯肅呂蒙傳第九〉注引《江表傳》云：

> 初，權謂蒙及蔣欽曰：「卿今並當塗掌事，宜學問以自開益。」蒙曰：「在軍中常苦多務，恐不容復讀書。」權曰：「孤豈欲卿治經爲博士邪？但當令涉獵見往事耳。卿言多務孰若孤，孤少時歷《詩》、《書》、《禮記》、《左傳》、《國語》，惟不讀《易》。至統事以來，省三史、諸家兵書，自以爲大有所益。如卿二人，意性朗悟，學必得之，寧當不爲乎？宜急讀《孫子》、《六韜》、《左傳》、《國語》及三史。……」蒙始就學，篤志不倦，其所覽見，舊儒不勝。〔註64〕

作爲三國鼎立時期的一方政權，孫權與呂蒙等人所面臨的局勢無疑是緊張而急迫的。呂蒙「當塗掌事」而自言「軍苦多務」、「不容復讀書」；孫權統事東吳而自認無人多務若己，這些言論都呈現了他們在位謀政的戰兢與冗忙。而在此背景下孫權還建議呂蒙「多學問以自開益」，其中原因誠堪玩味。孫權自云所以希望呂蒙等人讀書，原因乃在：「豈欲卿治經爲博士邪？但當令涉獵見往事耳。」孫權自己少時便歷讀諸書，並在統事以後因爲省讀三史及諸家兵書，而自覺大有所益；那麼，這句話或許正是他長久以來博涉群書，所領悟出的一種最有效率的讀書方法。同時，涉獵書籍時所見的「往事」，實際上亦大有益於幫助他們處理所面對的軍務國事。所以孫權也希望其子孫登「讀《漢書》，習知近代之事。」並「以張昭有師法，重煩勞之，乃令（張）休從昭受讀，還以授登。」〔註65〕對於歷史往事的熟習在這個時候看來，似乎是一不得不備的才能了。

　　而如果從孫權自云的所讀書目來看，從三史、諸家兵書、《孫子》、《六韜》及《國語》等史書中來「涉獵見往事」，實屬理所當然。但當他面對《詩》、《書》、《禮記》、《左傳》等經書，仍在「治經爲博士」和「涉獵見往事」兩種治學方法中選擇了後者，甚至表明「惟不讀《易》」時，顯而可見的是，經學承載往事的性質受到了更多的注意。孫權以「治經爲博士」和「涉獵見往事」對舉，作

〔註64〕《三國志·吳書》〈周瑜魯肅呂蒙傳〉注引《江表傳》，頁1274～1275。
〔註65〕《三國志·吳書》〈吳主五子傳〉，頁1363。

為面對經書的兩種方法，實際上是對經學一種愈發淺薄簡化的認識。經學的價值似乎只能一分為二：一是作為一種純粹的學問，俾使深入研治的學者成為巨擘；另一則是以它所記錄、承載的往事，提供足資參看的前車之鑑，其用同於史書。而二者之中，後者又以其可資於今的實用性略勝一籌。經學曾經可以指導政治的學術精神，至此幾乎可以說是被遺忘的了。當它只以記錄了「往事」受到看重，則它本來最耀眼的「通經致用」的特質也就相形失色；而更純粹地記錄著歷史舊事的史籍，也就能夠在鑒古知今的實用性上漸漸地取代了經的地位。以上所談，都反映了經書的史學性益發見重的事實。

第三節　兩晉時期的經史交涉及其所面對的新形勢

一、譙周《古史考》的再檢視

前面說，譙周曾以「不專據正經」為由，糾正《史記》之謬誤而著《古史考》一書。時至晉代，《晉書·司馬彪傳》記云：「彪復以為周未盡善也，條《古史考》中凡百二十事為不當，多據《汲冢紀年》之義，亦行於世。」〔註 66〕譙周和司馬彪都是在注意到前作的謬誤之後，著書以發舉其失。那麼，如果譙周是注意到了《史記》史料來源之不純，而欲以正經校之，則司馬彪之所以認為譙周之作「未盡善也」，並據《汲冢紀年》以條述《古史考》之不當，又是所為何來？

討論這個問題之前，我們可以先了解《汲冢紀年》是一部怎麼樣的書。《汲冢紀年》，是晉太康時人在魏襄王冢中所發現的一部古竹簡書；《隋志》說它所記之事多與《春秋》、《左氏》符同，且其編年相次的體例也近似《春秋》，故時人視其為一部信實性極高的魏國史記。後來，更因當時學者大量仿作這種「古史記之正體」，下開《隋志》史部中的古史一類。〔註 67〕簡而言之，譙周之論考《史記》雖據正經，然其關注的焦點乃在提出一些更為有力、可信的史料證據。

〔註 66〕《晉書·司馬彪傳》，頁 2142。
〔註 67〕《隋志》古史類小序云：「至晉太康元年，汲郡人發魏襄王冢，得古竹簡書，字皆科斗。……《紀年》皆用夏正建寅之月為歲首，起自夏、殷、周三代王事，無諸侯國別。唯特記晉國，……盡晉國滅。獨記魏事，下至魏哀王，謂之『今王』。蓋魏國之史記也。其著書皆編年相次，文意大似《春秋經》。諸所記事，多與《春秋》、《左氏》扶同。學者因之，以為《春秋》古史記之正法，有所著述，多依《春秋》之體。……」見《隋書·經籍志》，頁 959。

而司馬彪根據新出土的《汲冢竹書》以駁譙周之不當，無疑更是看重了它與《春秋》、《左傳》意近事同，故有一史料的權威性。從他們二人皆留心《史記》中歷史舊事的層面看來，其本意並無太大的差別；若論其異，或許便是在解決問題的路徑上，譙周「專據正經」，而司馬彪則是引新出之「史」以為論據了。譙周的作法，不自覺地產生了「據經考史」的經史淆亂，經典記錄中所承載的歷史舊事亦便受到更多的注目。因為，在那樣的方法中，歷史舊事擺脫了原本藉證其道的角色，而躍升成為經典所以受到看重的要領所在。這樣的改變，將經的特質越帶往史的方向去，所以才會在整齊史料的要求上，卻形成「據經考史」的現象。而司馬彪認為《古史考》「未盡善」而有所「不當」，則是直接從以新出土的史書《汲冢紀年》來糾正其誤。逆臆其初衷，司馬彪或並不是察覺譙周作法的「經史淆亂」，而只是精益求精地想要使其書愈善；但他「以史論史」的作法卻恰好擺脫了「以經論史」的經史混淆，而顯得眉目清晰。

　　同樣拿《汲冢紀年》來檢驗《史記》的，除了司馬彪之外，還有注《山海經》的郭璞。郭璞《山海經》序云：

> 世之覽《山海經》者，皆以其閎誕迂夸，多奇怪俶儻之言，莫不疑焉。……世之所謂異，未知其所以異；世之所謂不異，未知其所以不異。何者？物不自異，待我而後異，異果在我，非物異也。……及談《山海經》所載，而咸怪之，是不怪所可怪，而怪所不可怪也。……案汲郡《竹書》及《穆天子傳》，穆王西征，見西王母，執璧帛之好，獻錦組之屬，穆王享王母於瑤池之上，賦詩往來，辭義可觀。遂襲崑崙之丘，游軒轅之宮，眺鍾山之靈，玩帝者之寶，勒石王母之山，紀迹玄圃之上。乃取其嘉木豔草，奇鳥怪獸，玉石珍瑰之器，金銀燭銀之寶，歸而殖養於中國。穆王駕八駿之乘，右服盜驪，左驂騄耳，造父為御，奔戎為右，萬里長騖，以周歷四荒，名山大川，靡不登濟。東升大人之堂，西燕王母之廬，南轢黿鼉之梁，北躡積羽之衢，窮歡極娛，然後旋歸。案《史記》說穆王得盜驪騄耳驊騮之驥，使造父御之以西巡狩，見西王母，樂而忘歸，亦與《竹書》同。《左傳》曰：穆王欲肆其心，使天下皆有車轍馬迹焉。《竹書》所載，則是其事也。而譙周之徒，足為通識瑰儒，而雅不平此。驗之史考，以著其妄。司馬遷敘《大宛傳》，亦云自張騫使大夏之後，窮河源，惡睹所謂崑崙者乎？至《禹本紀》《山海經》所有怪物，余不敢言也。

> 不亦悲夫！若《竹書》不潛出於千載，以作證於今日者，則《山海》
> 之言，其幾乎廢矣。……非天下之至通，難與言山海之義矣。嗚呼，
> 達觀博物之客，其鑒之哉！〔註68〕

《穆天子傳》是新出汲冢古書中的一部，《隋志》史部置其爲起居注類之首。
〔註69〕而《竹書》即前述《汲冢紀年》。在這裡，郭璞以這兩部書作爲證據，
說明《山海經》所記雖「閎誕迂夸」，但實仍可信而不可怪。郭璞之所以如此
肯定《汲冢紀年》，乃因其記事與《左傳》相同，故證成了《汲冢紀年》本身
史料的價值。再由此以觀郭璞對於《山海經》的定位，則可見他倚賴《汲冢
紀年》和《穆天子傳》這些後出而可信的歷史材料對於《山海經》內容的認
可，故云：「若《竹書》不潛出於千載，以作證於今日者，則《山海》之言，
其幾乎廢矣。」《山海經》便因爲這樣的重新認定，於是轉而成爲時人心中一
種可信的歷史記錄；這一點，可以自六朝時期的《史記》三家注多引據《山
海經》的情形，見其一斑。

　　此外還可以注意的是，郭璞這裡還連帶地談及譙周無法辨明《史記》關於
穆天子之事所記不假，甚至反以《史記》爲妄的謬誤。若將此意見與前述司馬
彪糾舉譙書之不當的言論合而觀之，則不論司馬彪或郭璞之評《古史考》，甚而
是譙周之不滿《史記》不專據正經爲說，都是在史料的權威性上所產生的一連
串反駁論考。司馬彪以爲譙作未盡善，透露著由史料來檢驗史料才更能貼合實
際；而郭璞用《汲冢紀年》來指摘《史記》，也用《汲冢紀年》來印證《史記》，
等於又更清楚地演示了司馬彪並未直言的「就史論史」之意見。

　　由此看來，《汲冢紀年》不但可以檢驗前此史書是否失實，還可以肯定書
籍的史書性格；因此，它的風靡一時，似乎說明了當時所累積暗藏的對於史
料的需求，乃隨著它的出土引爆開來。而如果史書能加強其自身本具的史料
價值，那麼經典雖亦有歷史舊事的記錄，似乎也無法與之抗衡了。從這裡來
看「據經考史」到「以史論史」的進展，可以說雖然經典的歷史性質受到注
意，而越向眞正的史靠近；但一旦史能「反求諸己」地建立自己的學術權威，
也就能越發凝聚史的特質而脫離了經的範疇，史於此獲得了一種和經切割得
比較清楚的學術地位。不過，晉代經史連詞的用法，還透露了其他的消息。

〔註68〕《全晉文》（北京：商務印書館，2006年），頁1290～1291。
〔註69〕起居注類小序云：「晉時，又得汲冢書，有《穆天子傳》，體制與今起居注正
　　　　同，蓋周時內史所記王命之副也。」見《隋書·經籍志》，頁966。

二、經史之學與玄學的頡頏

《晉書・儒林傳》云：

> 有晉始自中朝，迄於江左，莫不崇飾華競，祖述虛玄，攕闕里之典經，習正始之餘論，指禮法爲流俗，目縱誕以清高，遂使憲章弛廢，名教頹毀，五胡乘間而競逐，二京繼踵以淪胥，運極道消，可爲長歎息者矣。……〔註70〕

這幾句話扼要地指陳了正始玄風在晉代蔚爲風尙的情況。大致說來，至此，經典在大部份士人心裡的地位是遠落於正始玄論之後了。玄風既起，老莊代興；經典既見輕，仕宦亦見棄，如《晉書・鄧粲傳》即云：

> （鄧粲）本與南陽劉驎之、南郡劉尚工同志友善，並不應州郡辟命。荊州刺史桓沖卑辭厚禮請粲爲別駕，粲嘉其好賢，乃起應召。驎之、尚公謂之曰：「卿道廣學深，眾所推懷，忽然改節，誠失所望。」粲笑答曰：「足下可謂有志於隱而未知隱。夫隱之爲道，朝亦可隱，市亦可隱。隱初在我，不在於物。」尚公等無以難之，然粲亦於此名譽減半矣。」〔註71〕

起而應召竟見稱「改節」，並因此而「名譽減半」，這除了可能是政治好尙不同，更表露出當時士人群體有志於隱，鄙棄仕進的心態。但在這種時風之下，仍有士人欲起而矯之。如惠帝永寧初舉秀才，在多數人意興闌珊的時候，王接即云：「今世道交喪，將遂剝亂，而識智之士鉗口饕筆，禍敗日深，如火之燎原，其可救乎？非榮斯行，欲及陳所見，冀有覺悟耳。」〔註72〕此外，亦仍有一部份的士人想要資藉「經史之學」來與玄虛的時風相抗衡，如庾峻。《晉書・庾峻傳》云：

> （庾峻）歷郡功曹，舉計掾，州辟從事。太常鄭袤見峻，大奇之，舉爲博士。時重莊老而輕經史，峻懼雅道陵遲，乃潛心儒典。屬高貴鄉公幸太學，問尚書義於峻，峻援引師說，發明經旨，申暢疑滯，對答詳悉，遷祕書丞。長安有大獄，久不決，拜峻侍御史，往斷之，朝野稱允。武帝踐阼，賜爵關中侯，遷司空長史，轉祕書監、御史中丞，拜侍中，加諫議大夫。常侍帝講《詩》，中庶子何劭論風雅正變之義，

〔註70〕《晉書・儒林傳》，頁2346。
〔註71〕《晉書・鄧粲傳》，頁2151。
〔註72〕《晉書・儒林傳》，頁1434。

峻起難往反，四坐莫能屈之。是時風俗趣競，禮讓陵遲。峻上疏曰：
「……夫人之性陵上，猶水之趣下也，益而不已必決，升而不已必
困。……下人并心進趣，上宜以退讓去其甚者。退讓不可以刑罰使，
莫若聽朝士時時從志，山林往往間出。無使入者不能復出，往者不能
復反。然後出處交泰，提衡而立，時靡有爭，天下可得而化矣。」又
疾世浮華，不修名實，著論以非之，文繁不載。〔註73〕

「時重莊老而輕經史」，莊老之學與經史之學似乎被放到同一個學術天平上
來衡量；這一點，在虞預身上也同樣可以看到：「（虞）預雅好經史，憎疾玄
虛，其論阮籍裸袒，比之伊川被髮，所以胡虜遍於中國，以爲過衰周之時。」
〔註74〕我們從庾峻「懼雅道陵遲，乃潛心儒典」的思路觀之，「經史之學」
指的是在傳統儒學的基礎上所發展起來的發明正道之學。當時時俗所尚的
是，如王衍「不治經史，唯以莊老虛談惑眾」〔註75〕這種望白署空的玄學
形象，相較於此，「經史之學」所勾勒出的學者樣貌似乎就與漢代經生類似。
如庾峻援引師說以申暢《尚書》義之疑滯、以經斷獄、侍帝講《詩》等行爲，
對於經學在義理上和政治實用上的發揮，都儼然帶有一種漢代經生通經致用
的意味。巧的是漢世傳《禮》學的慶普，其後代子孫賀循，同樣也在草創初
建的東晉開國時期，扮演了朝廷政事中重要的角色。《晉書》本傳稱他：「善
屬文，博覽眾書，尤精禮傳。」〔註76〕因此在朝廷「宗廟始建，舊儀多闕」
〔註77〕的情況下，「朝廷疑滯皆諮之於循，循輒依經禮而對，爲當世儒宗。」
〔註78〕之所以見稱爲「儒宗」，除了他「言行以禮，乃時之望，俗之表也」
〔註79〕以自我修持呈現儒生氣質外，更重要的著眼是在他嫻熟朝事，學以
致用所形成的學者風範之上。

　　然而，經史之學面對玄學思潮的方興未艾，似也無法自外於它所帶來的影
響。如果從庾峻針就「風俗趣競，禮讓陵遲」之弊所上的疏奏看來，其與漢代
經生的用世思想實已稍有距離。面對「文士競智而務入，武夫恃力而爭先」、「國

〔註73〕　《晉書》，頁 1392～1394。
〔註74〕　《晉書・虞預傳》，頁 2143。
〔註75〕　《九家舊晉書輯本》，王隱《晉書》，頁 275。
〔註76〕　《晉書・賀循傳》，頁 1830。
〔註77〕　《晉書・賀循傳》，頁 1828。
〔註78〕　《晉書・賀循傳》，頁 1830。
〔註79〕　《晉書・賀循傳》，頁 1828。

無隨才任官之制，俗無難進易退之恥」〔註80〕的時俗，庾峻主張「上宜以退讓去其甚者」，並以爲「靡爭而天下能化」。這一以釋爭爲主的思考角度，便暗示了他雖浸淫儒典，以捍衛雅道爲任，但仍無可避免地受到當時道家退讓思想之影響。往前追溯，其實從蘇林對庾峻先祖庾乘的評語就已能察其家風之一二：「尊祖高才而性退讓，慈和汎愛，清靜寡欲，不營當世，惟修德行而已。」〔註81〕才高而清靜寡欲，不營當世，可見當時，學術的涵養對於知識分子而言，並不直接與政治產生關聯，甚而轉變成爲個人修養的一環而已。這種學術與政治脫鉤的情況，也就使得晉代經史學者與漢代學術領導政治，士人通經致用的常態有所區別。如《晉書・鄭沖傳》亦云：

> 鄭沖字文和，滎陽開封人也。起自寒微，卓爾立操，清恬寡欲，耽玩經史，遂博究儒術及百家之言。有姿望，動必循禮，任眞自守，不要鄉曲之譽，由是州郡久不加禮。……及高貴鄉公講《尚書》，沖執經親授，與侍中鄭小同俱被賞賜。……常道鄉公即位，……沖雖位階台輔，而不預世事。時文帝輔政，平蜀之後，命賈充、羊祜等分定禮儀、律令，皆先諮於沖，然後施行。〔註82〕

鄭沖「耽玩經史」、「動必循禮」，然卻「任眞自守」，雖嫻熟經典能執經授學，但卻「位階台輔而不預世事」；學術所面對的不再是可以有所施爲的政治場域，而是反向地限縮到自身之修持上。因此，儘管鄭沖可以提供對禮儀、律令等政治實務的諮詢，但因爲學術與政治的聯繫不再緊密，經史之學於此便只像空懸的高文典冊，雖非不能用世，但也已慢慢褪去關懷社會的色彩。所以如董景道雖身爲〈儒林傳〉中的人物，頗明經學，但惠帝時知天下將亂，卻只是「隱於商洛山，衣木葉，食樹果，彈琴歌笑以自娛。」〔註83〕前面〈庾峻傳〉說時俗「重莊老而輕經史」，莊老與經史似乎是兩塊壁壘分明的學術範疇。然而研習經史儒學的士人亦不免沾染莊老之學的氣息；而莊老釋爭退讓之思想，又明明因其風尚之延展，表現爲士人浸淫經史卻不涉世務的「變態」，則所謂「經史之學」，實已不能被簡單地等同於「經學」來看待。

經史之學相較於傳統經學，其本質已有所不同。因此，在《晉書・儒林

〔註80〕《晉書・庾峻傳》，頁1393。
〔註81〕《晉書・庾峻傳》，頁1392。
〔註82〕《晉書・鄭沖傳》，頁191。
〔註83〕《晉書・儒林傳》，頁2355。

傳》中也出現了「儒素」一詞，可見當時已將代表經史之學的「儒」，與代表玄風的「素樸」連而視之。如劉兆「儒德道素」，〔註84〕三徵博士不就，安貧樂道，潛心著述；如氾毓「奕世儒素」；〔註85〕甚至連史家王隱都是「以儒素自守，不交勢援」。〔註86〕當時士人的學行以傳統儒生標準來看雖然顯得矛盾，但其實或許也從反面說明了他們擺盪在經史之學和時俗玄風之間的實情；而「儒德」與「道素」可以如此相容，經史之學的性質正如前述，必已有所轉變。又，前面曾說賀循因為能夠以經禮指導朝政疑滯之事，遂見稱「儒宗」。但同為「儒宗」，〈儒林傳〉中的徐苗，史書未著其用世之事跡，只說他「就博士濟南宋鈞受業」便說「遂為儒宗」；又有孟陋，其人入於〈隱逸傳〉，簡文帝輔政，命為參軍，他稱疾不起，嗣桓溫當權，親自拜訪，人亦謂溫曰：「孟陋高行，學為儒宗，宜引在府，以和鼎味。」〔註87〕徐苗和孟陋既皆可稱「儒宗」，那麼前面將賀循之見譽「儒宗」解讀為對於學者經世致用之功的稱揚，便值得商榷。因為並非深刻地入世參與政治，學者才會受到推崇，反之，只要學有所成，儘管未嘗入仕，但素樸自持的形象仍然可以成為時人肯定的儒生。如處士杜夷，便在惠帝時，與儒宗賀循同蒙刺史王敦之舉薦，以賀循為賢良，夷為方正，王敦上疏云：

> ……伏見太孫舍人會稽賀循、處士廬江杜夷履道彌高，清操絕俗，思學融通，才經王務。循宰二縣，皆有名績，備僚東宮，忠恪允著。夷清虛沖淡，與俗異軌，考槃空谷，肥遯匿跡。蓋經國之良寶，聘命之所急。若得待詔公車，承對冊問，必有忠讜良謨，弘益政道矣。

〔註88〕

元帝為丞相時，亦曾以為「今大義虧替，禮典無宗，朝廷滯義莫能攸正，宜特立儒林祭酒官，以弘其事。處士杜夷棲情遺遠，確然絕俗，才學精博，道行優備，其以夷為祭酒。」〔註89〕王敦對於在朝的重臣與僻居的處士一視同仁，考核的標準在於能對朝廷初建時尚未穩定的政局有所貢獻，所以，重要的在於是否學有專精、是否行高天下，而不在於其人之仕隱。經史之學性質

〔註84〕《晉書・儒林傳》，頁 2350。
〔註85〕《晉書・儒林傳》，頁 2350。
〔註86〕《晉書・王隱傳》，頁 2142。
〔註87〕《晉書・儒林傳》，頁 2443。
〔註88〕《晉書・儒林傳》，頁 2352。
〔註89〕《晉書・儒林傳》，頁 1671。

的轉變也帶動了經生儒士之性格及標準的改轍。不過,雖說時俗崇尚玄風,但經史之學畢竟沒有因為這樣的排擠而完全消失;且儒生雖多避世,但仍熟習經史,則由經學所發展出來的面對政治、關懷社會之精神雖或有變,但其涓涓細流並未中絕。

至此,可先對經史之學的變化作一簡略的說明。前面曾說,《三國志》以「通諸經史」描繪尹默的形象,「經史」二字分立而連言,代表了一個新趨的開始,時人開始注意到了經、史之間的有同有異。當時「史」雖被標出,然尹默所重在《左氏傳》,是解《春秋經》之作,則當時所謂「史」,其性質仍與經學相近相關,尚不具有一獨立的學術地位。其後,自譙周、孫權以至司馬彪等人的言談及著書意識中,我們卻越來越看到,「經」被看重的特質益發轉往「史」的方向去。經學或被當成是信史的標準,故能據經以考史;或被當成歷史的載體,故能讀經以見往事。於是,「經史」一詞所指涉的,竟更在於其承載歷史舊事的內涵;而經學原本面對社會,著眼事君美政的學術特質,則愈見遺落於這樣的學術眼光之中。然雖如此,時至晉朝,方玄風熾盛而莊老朋興,有志矯之的當代士人,儘管不能全然自外於玄風的濡染而較為關注士人自身,他們終究還是以研精經史之學的形象,成為與之抗衡的主體。

三、經史之學與政治的牽繫

田漢雲先生討論六朝經學時亦已注意到玄學的薰陶對於當時經學學者所產生的影響,但他說,「『獨善其身』和『貴柔守雌』雖然是來源於不同思想體系的人生理念,在疏離政治、規避紛爭方面確有相似之處。但是學術宗旨不同的士大夫,其社會實踐還是有所不同。真正忘懷世事的玄學家,或蔑視禮法,或崇尚自然,儒者則不然,他們一般不會無視禮法。……區分學者基本思想面貌的依據是,他們在講論獨善其身的同時,是否放棄兼濟天下的理想。」〔註90〕當時學者對於禮法儀文、故事舊例,的確尚有關懷,亦有述作,在《隋志》中著錄不少。值得關注的是,這些述作,在當時政局中究竟擔當什麼樣的角色?發揮了什麼樣的作用?而《隋志》將這些著作全部列入史部,不歸經部,這又代表了什麼樣的意義?反映了什麼樣的變化?章學誠在《校讎通義》中說「儀注乃《儀禮》之支流,職官乃《周官》之族屬,則史而經矣。」〔註91〕而《隋

〔註90〕田漢雲,《六朝經學與玄學》(南京:南京出版社,2003年),頁122。
〔註91〕章學誠,〈宗劉第二〉《文史通義校注·校讎通義》二之二,頁956。

志》史部中除儀注、職官兩類外，如舊事、刑法也都有從經學分支而出的影子。故以下便從《隋志》史部中的這類著作開始談起，究其作用並同時考察作者在當時的投入情形，以期能對上述的經史問題獲得更進一步的了解。

　　《晉書・文帝本紀》云：「（魏咸熙元年）秋七月，帝奏司空荀顗定禮儀，中護軍賈充正法律，尚書僕射裴秀議官制，太保鄭沖總而裁焉。」〔註92〕而《隋志》史部舊事類小序說得更清楚，云：

　　　漢時蕭何定律令，張蒼制章程，叔孫通定儀法，條流派別，制度漸廣。晉初，甲令已下，至九百餘卷。晉武帝命車騎將軍賈充博引群儒，刪采其要，增律十篇，其餘不足經遠者爲法令，施行制度者爲令，品式章程者爲故事，各還其官府，搢紳之士，撰而錄之，遂成篇卷。〔註93〕

其時晉國初建，這些舉動明顯是希望模仿大亂甫定的漢代初期，定律法、立章程，爲剛剛建立的國家立下一些規矩，從而使其漸漸步入運作之正軌。所以《晉書・儒林傳》記當時儒生的貢獻，也著重在他們襄助朝廷立典定儀的這一方面，如：「荀顗以制度贊維新，鄭沖以儒宗登保傅，茂先以博物參朝政，子眞以好禮居秩宗，雖媿明揚，亦非遐棄。」〔註94〕他們各自不同的專長，在當時大晉初定的時局中，都成爲輔定朝廷政局的才能；當時朝中要臣便多如是。故如《隋志》史部舊事類有《晉故事》四十三卷，《晉書・刑法志》曰：「賈充等撰律令，兼刪定當時制詔之條爲故事三十卷，與律令並行。」此外，在史書的記載中，亦多可考見這種立典定儀的情事，如《晉書・刁協傳》云：「中興建拜尚書左僕射，於時朝廷草創，憲章未立，朝臣無習舊儀者，協久在中朝，諳練舊事，凡所制度，皆稟於協焉，深爲當時所稱許。」〔註95〕又《晉書・荀崧傳》云：「元帝踐阼，徵拜尚書僕射，使崧與刁協共定中興禮儀。」〔註96〕或如《晉書・蔡謨傳》云：「謨博學於禮儀，宗廟制度多所議定。」〔註97〕這些史文，在在都表現了朝廷甫定時，有待經史學者議定各種典章制度，以奠定大局的需求。

　　但是，六朝政權輪替迅速，國家方興旋廢而運祚不長，每個朝代幾乎都

〔註92〕　《晉書・文帝本紀》，頁44。
〔註93〕　《隋書・經籍志》，頁967。
〔註94〕　《晉書・儒林傳》，頁2346。
〔註95〕　《晉書・刁協傳》，頁1842。
〔註96〕　《晉書・荀崧傳》，頁1976。
〔註97〕　《晉書・蔡謨傳》，頁2041。

必須面對大局甫定時，規畫立基的問題；因此，《隋志》史部中便也多能見到南朝許多與典章制度相關的著作。只是，在朝代更迭頻仍的狀況下，河清未極，這些著作雖然在當下不可或缺，但卻沒有太多導政輔治的作用，終究不能成為長治久安的大經大法。以「舊事類」為例，《隋志》史部有《晉朝雜事》二卷，據姚振宗考證為梁時處士庾詵所作。〔註98〕《梁書・處士傳》中說庾詵「經史百家無不該綜」，〔註99〕但也「性託夷簡，特愛林泉。十畝之宅，山池居半。蔬食弊衣，不治產業。」〔註100〕形象頗同前云晉代玄風興起之後的經史學者，故他在梁武帝普通中被詔為黃門侍郎時，亦「稱疾不赴」。〔註101〕這樣的學者，看似與政治保持一定的距離，但究其所撰「《帝歷》二十卷」、「《晉朝雜事》五卷」等〔註102〕著作的性質，則在他不往赴詔的同時，仍有關懷朝政的心志；只是，他雖多所通習經史文藝卻堅持栖退僻處，那麼，儘管著作或許關涉朝廷典章，其用之不能彰著亦可想見。這些著作，是庾詵學有專精則以為文的心血，我們藉此得以見到一個經史學者對於社會政治的關懷，但也見到了他始終都與政治保持距離的淡漠。

再看南朝宋時曾撰注「儀注」之學者的事蹟，更可詳見這種關於朝儀、朝軌的著作，在當時蔚為大觀的另一面向。《隋志》史部儀注類著錄《宋儀注》，雖未著撰人，但姚振宗考證時舉南朝宋人王准之為說，其撰儀注頗得益於家學淵源，可以注意。《宋書・王准之傳》云：

> 准之曾祖彪之，位尚書令，祖臨之，父納之，並御史中丞。彪之博聞多識，練悉朝儀，自是家世相傳，並諳江左舊事，緘之青箱，世人謂之「王氏青箱學」。……准之兼明禮傳，贍於文辭……准之究識舊儀，問無不對，時大將軍彭城王義康錄尚書事，每歎曰：「何須高論玄虛，正得如王准之兩三人天下便治矣。」撰儀注，朝廷至今遵用之。〔註103〕

「王氏青箱學」以朝儀、舊事作為世代相傳的學問，又再一次說明了這類書

〔註98〕姚振宗，《隋書經籍志考證》，頁11。
〔註99〕《梁書・處士傳》，頁750。
〔註100〕《梁書・處士傳》，頁751。
〔註101〕《梁書・處士傳》，頁751。
〔註102〕《梁書・處士傳》，頁751。史文云其撰「《帝歷》二十卷，《易林》二十卷，《續伍端休江陵記》一卷，《晉朝雜事》五卷，總抄八十卷行於世。」
〔註103〕《宋書・王准之傳》，頁1623～1625。

籍在當時政治社會中的重要性。在漢代經學昌明之際，民間俗諺有云「遺子黃金滿籯不如一經」，〔註104〕熟習經學似便預示了未來的利祿榮寵；那麼，南朝此時代代相沿儀注舊事之學，則能撰儀注、熟諳舊事，就幾乎是這個時代足以晉身榮華的象徵了。可注意的是，《隋志》收儀注、舊事類書於史部，則輔政的學問已有了由經而史的轉變。再看引文中義康所歎，以爲「何須高論玄虛，正得如王准之兩三人天下便治矣。」他這樣的慨歎，一方面反映了時局並不如此，其時熟諳舊儀者雖有之，但高談玄虛者亦有之，且玄風熾盛之勢有過之而無不及；另一方面，他認爲熟諳舊儀則可治天下，但實際上卻不如此，王准之「性峭急，頗失縉紳之望」，〔註105〕且「寡乏風素，不爲時流所重」，〔註106〕並未顯露一種眾望所歸，而能事君美政的氣度來。換言之，他所擅長的儀注舊事之學，雖頗受推崇而能被沿用，但他本身的人格特質既不近於典重的經生形象，而舊事儀注等學問，在擘建新朝的初基和架構之外，又無法真正成爲興王致治的常經大法；因此整體而言，其熟諳舊儀的學問與足治天下的事能之間，仍是有距離的。

　　猶有甚者，南朝之時，儀注竟也只成個人事功的表現場域。《宋書・恩倖傳》說徐爰在當時世祖將即大位時，有其穩定政局的貢獻，文曰：

> 時世祖將即大位，軍府造次，不曉朝章，爰素諳其事，既至，莫不喜悅，以兼太常丞，撰立儀注。……爰頗涉書傳，尤悉朝儀，元嘉初便入侍左右，預參顧問，既長於附會，又飾以典文，故爲太祖所任，遇大明世，委寄尤重。朝廷大禮儀非爰議不行，雖復當世碩學所解過人者，既不敢立異議，所言亦不見從。〔註107〕

徐爰既至而眾人「莫不喜悅」，可見在新的朝代建立之際，「撰立儀注」是刻不容緩的大事，此所以世祖即位之際，對他倚重甚深。但可注意的是：《宋書》乃將徐爰置於〈恩倖傳〉中，其人形象頗可再議。同時，史文雖以「頗涉書傳，尤悉朝儀」說他諳熟於擘畫朝儀之事，卻也說他「長於附會，又飾以典文」，所議時人不敢有異。是則他對於朝廷大禮儀的主導權，所鞏固的竟不是一個邁向穩定的政局，而是他作爲權臣、寵臣的崇高地位。如果儀注的撰立

〔註104〕《漢書・韋賢傳》，頁 3177。

〔註105〕《宋書・王准之傳》，頁 1624。

〔註106〕《宋書・王准之傳》，頁 1624。

〔註107〕《宋書・恩倖傳》，頁 2310。

原本是爲了在新朝甫成時，紮下穩固的初基，那麼這裡所說當世碩學雖「所解過人」卻「不敢立異議」的情況，竟是諷刺地顛覆了所謂儀注的作用。更進一步說，徐爰所撰立的儀注，其實或並無眞正有益於時局的效用；他以典文附會之、文飾之的作法，更使之只成爲一種妝點新朝門面的「具文」而已。

上面以庾詵和王准之爲例，討論了南朝學者雖熟習舊事儀文，卻仍與當世政治有所疏離的情況；又從徐爰作爲恩倖之寵臣，看到他雖擅朝儀卻不見眞正輔治之功的表現。南朝的這些學者雖熟諳舊事經史，卻無法即以此致治天下，此與漢代經學以學術領導政治大相逕庭；這一點，從南朝史文往往也只凸顯學者博學待問的形象，亦可知其一二。當時學者面對世亂，內心或仍蘊有知識分子憂君憂民的關懷意向，同時，政權甫興也需其襄助，以奠定禮儀制度之初基；但時局之動盪與時風之尚玄，卻都已大異於儒者可以經世致用的漢代政治環境。因此，或有人退處山林而心懷社稷，撰作與政治密切相關而可以助治的書籍，如庾詵；或有人以其家學、以其專精，提供禮儀具文的學問，盡可能地滿足政治上的需要，如王准之。而徐爰雖屢屢經手朝廷大禮儀的決策，位高權重卻無甚輔治之功的表現更不必多言。簡言之，我們可以從史文中模塑他們博學多藝的形象，但卻無法看見他們改革政治的熱情。漢代經生的經世致用，實際上攙進了他們由生命內層所發出的致治想望，相較於此，六朝學者只在儀典舊事上用力，則層次已然有別。

而六朝儀注舊事這類書籍的性質究竟如何？章學誠認爲這些著作，是「《周官》之族屬」，論其性質則爲「史而經」。那麼，這種在六朝蔚爲大觀的著作，在經史分部之間的變化，又有何意義？章氏的說法，其著眼點在於，書籍表現的體裁不論如何翻新，若能從古人立言之本旨來尋討其學術源流，則仍然可以在《七略》分法中依其倫類而各歸其部次。反之，若直接以「史部」的大類囊括這些著作，則未免抹煞其學術流變的軌轍；因爲，那樣的分法簡易卻籠統，亦將模糊學術的面目。不過，經學典籍本應有一種典範地位，雖損益隨時但歷久彌新，而上述的這些儀注、舊事之著作，卻是在朝代更迭迅速的時局下應運而起，它們針對當代的意味更大於成爲一部永垂後世的經典，此所以《隋志》入之於史。這麼看來，便像是將源出於經但已不能屬經的著作，從經部之中清楚地切割出來了。前面討論過，經學本已愈來愈以其記載歷史舊事的性質受到看重，但在史學能夠凝聚其自身的學術特色後，以經論史的角度受到了批判，經學看來是遭受了一次排擠；但反過來說，它也

就停止了越往史學靠近的傾向。而在晉代以下，雖則經史之學能與玄學形成抗衡的態勢，共同指向一個比較接近傳統儒學的範疇，但是，時人畢竟也已注意到二者之間的分際。當時的經史學者自身多選擇不預世事，而需才孔急的朝廷則聚焦於學者熟諳舊事、練悉禮儀，可以擬定宗廟禮制及朝廷儀軌，具有立刻為朝廷鞏固政權的能力，因此特別禮遇這樣的學者。於是，在經學本身受到玄風的影響，轉而更往考辨義理的方向發展時，史學卻正好從經學的職官儀注之學裡，發展出一套合於世用的學問，並在更迭迅速的時局中蔚為大觀。雖然它不像從前的經學具有歷久彌新的典範地位，但從通經致用的角度來看，史學卻正好轉承了經學面對社會與政治的精神。因此，《隋志》將這幾類著作入之於史，或許我們亦可以注意，在它們的定位由經轉移到史的同時，那些原屬於經學的精神也轉而由它們連帶地繼承起來了。前面考察了此類著作在當時的需要，與作者在當時的投入之後，可以發現的是，舊事儀注之作雖關乎時政，卻有點「具文」的性質，不是什麼長治久安的大經大法；而參與者也缺乏望治心切的熱情。此類東西，論性質則如章氏所言近於經，但在當時勿寧更近於史。《隋志》置於史部乃是合乎事實的作法。不過，無論如何，「史」的確開始承擔了一部分經學的舊精神。

關於《隋志》入儀注等著作於史部的問題，還可從另一個角度來討論。吳麗娛先生在談到梁以後一些為朝廷制定的禮儀書籍如《陳吉禮》、《陳賓禮》，都見收於史部儀注類，而不收於經部禮類時，亦曾就此加以分析。她認為，大約從梁武帝定五禮以附會周官之名開始，「三禮」乃禮中之經，而「五禮」乃禮中之史這種學術上的定位已經明確。所以，普通中阮孝緒著《七錄》時，便已將「儀典部」與內含三禮著作的「經典部」分別部之。且如《隋志》儀注類小序云：

> 後漢又使曹褒定漢儀，是後相承，世有制作。然猶以舊章殘闕，各遵所見，彼此紛爭，盈篇滿牘。而後世多故，事在通變，或一時之制，非長久之道，載筆之士，刪其大綱，編於史志。而或傷於淺近，或失於未達，不能盡其旨要。遺文餘事，亦多散亡。今聚見其存，以為儀注篇。〔註108〕

吳先生據此加以說明，認為儀注類的五禮之作由於一味適應現實，而有一種臨時性和不確定性，不足為萬古之訓，並因此而與作為一貫和根本指導的禮經，

〔註108〕《隋書‧經籍志》，頁 971～972。

有著截然不同的體用之分。「儀注類」書籍的出現，只有史的意義，而無經的價值；換言之，它們淺近而未達，只能備當代之需，並不具有如同「三禮」那樣永久的權威性。〔註109〕前面的討論以史為主動的角色來觀察經史分際不同，而這裡吳先生的意見，則從史無法達到經之高度的經學權威角度，來看待經史之分部。這所啟發我們的是：若說經學的經世致用精神轉落於史學上發揮，但較之於原來經學的標準，史學之繼承卻又高度不足的話，這是否正代表了史學畢竟無法全然取代經學？反言之，經學仍可以其作為隨時制宜之常道的權威，來確立其無可取代的學術地位。而另一方面，如果這樣的史學在當代蔚為風尚，有其存在的需求，並能夠適時地補上了經學著眼政治的空缺，那麼，這種由經而出的史或許也能看作是經學合於時變的一種脫胎換骨。

第四節　南朝經史地位的變化

一、士人在兩種人生路徑間的擺盪

　　《晉書》以下，「經史」連用的情況相形減少，但亦頗有可見學術流變者。南朝梁時，許懋見號為「經史笥」，《梁書》說他：

> 篤志好學，為州黨所稱。十四入太學，受〈毛詩〉，旦領師說，晚而覆講，座下聽者常數十百人，因撰〈風雅比興義〉十五卷，盛行於世。尤曉故事，稱為儀注之學。〔註110〕

從《隋志》史部目錄可知，儀注之學乃六朝史學發展之一支，許懋這裡既授《詩》學，又曉儀注，經史雙修的學術表現極富時代意義。所謂「經史笥」，生動地指出其嫻熟經史典籍的淵博學問，能作為帝王政治施為的備詢之資。當時有請封會稽禪國山的議論，許懋歷數三皇、五帝以至漢武帝封禪之義，以為封禪之事「不出正經，惟左傳說『禹會諸侯於塗山，執玉帛者萬國』，亦不謂為封禪」；〔註111〕並援引《禮》、《書》、《易》等經典，以佐論其事不能行，終於使高祖納之，「請者由是遂停」。許懋十四即入太學，嫻熟經史，其言行云云，仍頗有傳統經生之影像；但相較於此，南齊時同樣究學經史的徐伯珍，

〔註109〕吳麗娛，《唐禮摭遺》（北京：商務印書館：2002年），頁474～476。
〔註110〕《梁書‧許懋傳》，頁575。
〔註111〕《梁書‧許懋傳》，頁577。

表現卻大相逕庭。

《南齊書》記高逸之士徐伯珍云：

> 伯珍少孤貧，書竹葉及地學書。……叔父璠之與顏延之友善，還祛
> 蒙山立精舍講授，伯珍往從學，積十年，究尋經史，遊學者多依
> 之。……徵士沈儼造膝談論，申以素交。吳郡顧歡摘出《尚書》滯
> 義，伯珍訓答甚有條理，儒者宗之。〔註112〕

在這裡，前述經史之士學行之間的矛盾仍然可見，經史之學消泯了原本應有
的入世性質，使得士人對於經史學問的好尚，看來只像是一種單純的對於知
識的探究；因此這部分經史學者的形象也就更遠離於社會，而避處於世俗之
外。晉時虞溥在大修庠序，廣招七百餘名學徒之後，曾作誥獎訓之云：

> 今諸生口誦聖人之典，體閑庠序之訓，比及三年，可以小成。而令名
> 宣流，雅譽日新，朋友欽而樂之，朝士敬而歎之。於是州府交命，擇
> 官而仕，不亦美乎！若乃含章舒藻，揮翰流離，稱述世務，探賾究奇，
> 使楊班韜筆，仲舒結舌，亦惟才所居，固無常人也。……〔註113〕

虞溥鼓勵諸生於庠序中勤勉奮學，以流令名，宣雅譽，仍體現了一種傳統的
經學教育。相較於此，徐伯珍所究習的經史之學，乃於山間精舍受業得之，
其學問並不從官方學制獲得。是則就他學問的緣起而言，便已經和利祿之仕
途頗有距離；而觀其成學以後，所與交游的對象，若非處士，即為後來同列
〈高逸傳〉中的人物，則如虞溥所標示的所謂「州府交命，擇官而仕」的榮
景，顯然也不在他的意想之中。於此，則經史之學無關世事，純粹作為一種
學問涵養的性質又可見其然。此外，徐伯珍能訓答《尚書》之滯義，雖與前
引庾峻「援引師說，發明經旨，申暢疑滯」略同，但就他們二人的身份、交
游，以及申說經義的用途而言，徐伯珍究尋經史的社會性，較之庾峻又淡薄
許多。

　　由此觀之，南朝經史學者立身處世的抉擇，呈現了在傳統經世致用，與
當代隱身世外兩種路徑間的擺盪。我們可以藉此推測的是，若果他們雖能究
尋經史，卻又滿足於無涉政治的學問鑽研，那麼，「經史」這樣的學問，便已
經純粹變成人物的一種個人條件了。

〔註112〕《南齊書·高逸徐伯珍傳》，頁945。
〔註113〕《晉書·虞溥傳》，頁2140。

二、經史與藝術的合流

在南朝文獻中還值得注意的是，經史學者往往還與善屬文詞、工於書翰的形容連在一起。《晉書》〈隱逸傳〉談及隱士郭瑀之「精通經義」，後已連及其「多才藝，善屬文」，文曰：

郭瑀字元瑜，敦煌人也。少有超俗之操，東游張掖，師事郭荷，盡傳其業。精通經義，雅辯談論，多才藝，善屬文。〔註114〕

此後經史與屬文綴詞的連繫似更顯緊密，其例不少，略舉如下：

（傅）亮博涉經史，尤善文詞。〔註115〕

（韋）黯字務直，性強正，少習經史，有文詞。〔註116〕

（徐）摛幼而好學，及長，遍覽經史。屬文好為新變，不拘舊體。〔註117〕

（蕭）介少穎悟，有器識，博涉經史，兼善屬文。〔註118〕

新蔡王叔齊字子肅……風彩明贍，博涉經史，善屬文。〔註119〕

后性端靜，寡嗜慾，聰敏彊記，涉獵經史，工書翰。〔註120〕

（孫）瑒少倜儻，好謀略，博涉經史，尤便書翰。〔註121〕

這些例子中除了一般的士人之外，特別的是還包括了后妃與帝王家族中的人物。連同上面所舉的高逸人物徐伯珍而觀之，則涉讀經史，兼善屬文翰，似乎是當時一種廣大的集體文化現象。文章與書翰之作講求文學性的才情與技巧，與經史之學看重施用其學養於政治社會，著眼不同；且其性質一屬個人，一屬群體，亦各有別。然而，在這裡二者卻被合而言之以描廓人物之形象，則經史之學似乎因其社會性格的放鬆，而屬性有所轉變，稍減其用世之理想，而略增其作為一種才能的色彩。下面兩條資料可以為證：

上（高帝）少沈深有大量，寬嚴清儉，喜怒無色。博涉經史，善屬

〔註114〕《晉書‧隱逸傳》，頁2454。
〔註115〕《宋書‧傅亮傳》，頁1336。
〔註116〕《梁書‧韋叡傳》，頁226。
〔註117〕《梁書‧徐摛傳》，頁446。
〔註118〕《梁書‧蕭介傳》，頁587。
〔註119〕《陳書‧高宗二十九王傳》，頁369。
〔註120〕《陳書‧皇后傳》，沈皇后，頁130。
〔註121〕《陳書‧孫瑒傳》，頁319。

文，工草隸書，弈棋第二品。〔註122〕

（范曄）少好學，博涉經史，善爲文章，能隸書，曉音律。〔註123〕

劉宋史家范曄雖見稱「博涉經史」，但他對於文章、書法、音樂的專長同樣受到矚目；南齊高帝亦然，文章、書法、奕棋與「博涉經史」，共同形成了他多才多藝的面貌。在這裡可以更明顯看到，「經史」並無一特別崇高的地位，而是與其他專長平等同列，都算是「才藝」的一種。徐湛之曾形容范曄：「素無行檢，少負瑕釁，但以才藝可施，……」，〔註124〕若與上引史文對照觀之，則經史與文章、隸書、音律間並無甚差別，而總括地呈現爲別人眼中的「才藝」形象。范曄的甥姪謝綜曾以「善隸書」被稱爲「有才藝」；〔註125〕《陳書》記庾持「篤志好學，尤善書記」，也說他以「才藝」聞世，〔註126〕則經史至此竟亦成爲才藝之一端，可見其地位之淪降。前此《梁書》〈處士傳〉中說處士庾詵「經史百家無不該綜」，其後所錄普通中梁武帝之詔書又云「新野庾詵止足栖退，自事灑掃，經史文藝，多所貫習」，〔註127〕「經史文藝」既成一詞，經史成爲才藝之一端，至此已明白無疑了。

三、經史與玄佛的合流

前面曾說，庾峻的言行亦不免沾染了時俗崇尚玄學的特色，但總的來說，他憎疾時俗「重黃老而輕經史」的心志，仍未完全爲玄學風尚所淘盡；而《晉書》中以「經史」與「莊老」、「玄虛」對舉的分野，也還算清晰。但南朝以降，博究「經史」的學者卻多兼修《老》、《莊》、《周易》，且所謂「經」除了原本的儒家經典之外，似亦兼佛典而言之；凡此，都顯示了經史之學至此又有一變化。

以南齊隱士徐伯珍爲例，前已述及他成學的過程與交游內容雖不離經史，但所表現的經史之社會性已較遜色；除此之外，他對於釋老的好尚也值得注意。《南齊書·隱逸傳》說他「好釋氏、老莊，兼明道術，歲常旱，伯珍

〔註122〕《南齊書·高帝本紀》，頁38。
〔註123〕《宋書·范曄傳》，頁1819。
〔註124〕《宋書·范曄傳〉，頁1825。
〔註125〕見《宋書·謝景仁傳》，頁1597，其中記云「綜有才藝，善隸書，爲太子中舍人，與舅范曄謀反，伏誅。」
〔註126〕《陳書·庾持傳》，頁457。
〔註127〕《梁書·處士庾詵傳》，750～751。

筮之，如期雨澍。」〔註128〕前面曾說他究尋經史而多能訓答《尚書》滯義，此處又可見其「好釋氏、老莊，兼明道術」，若以《晉書》多以「經史」與「玄虛」對舉的敍述觀之，這種學術上的兩面兼採實在有些突兀。但若進一步將前述他經史學問的特色納入考慮，則這種看來在經史學者身上罕見的矛盾，也許可以獲得解答。他在山林中的精舍成學，本非仕途之正道，而他交游的對象多爲隱逸之士，亦非同朝爲臣的官宦之交；這些背景使得他的經史之學，並不像傳統經學一樣，以指導時政並興王致治爲目的。他雖究習經史，但亦已失去經史的社會性本色。而經史學問的特色既已不純，則此處他一反常態地兼修經史與釋老，也就可以理解了；因爲，這些都同樣指出經史之學捍衛本色之樊籬的消失，以及不再與玄虛之時尚針鋒相對的改變。故如《梁書》史文亦明言：「（周）確字士潛，美容儀，寬大有行檢，博涉經史，篤好玄言，……」〔註129〕經史與玄言之結合，於此看來似乎不足爲奇了。下面這條資料，可以作爲我們探察其時經史之內蘊的憑藉：

> 馬樞……六歲，能誦《孝經》、《論語》、《老子》。及長，博極經史，
> 尤善佛經及《周易》、《老子》義。」〔註130〕

既云「尤善」，則可見「經史」學者除了好尚經史，其所學亦兼及佛經與《周易》、《老子》等書籍。《易》、《老》爲當時清談三玄的主要內容，而佛經更代表了其時興起之佛學；講經史而又熟習《易》、《老》，這又一次說明了經史之學與玄佛之際，已無嚴格的界線。故《梁書》亦云處士范元琰：「元琰時童孺，哀慕盡禮，親黨異之。及長好學，博通經史，兼精佛義。」〔註131〕

　　從《晉書》開始，經史學者的學術與言行之間，已顯露了一種在經史之學與當世盛行之玄學風尚雙重影響下的混淆，深潛儒典卻不涉世務，將學術關懷社會、指導政治的性質，轉成個人自身之學問與修養之資。到了南朝，經史之學的社會性日漸褪色，經史之學一方面與玄學、佛學同爲學者修習的學問；而另一方面南朝文學發展起來，經史之學者往往善屬文，使得經史之學與書翰、書法、音樂同處於「才藝」之列。一旦經史之學只成爲士人用以炫飾其才的才藝之一，那麼經史除了指涉前代歷史資料之外，其用世的意義似便更不鮮活了。

〔註128〕《南齊書‧高逸徐伯珍傳》，頁945。
〔註129〕《梁書‧周弘正傳》，周弘正弟弘直之子確。頁311。
〔註130〕《梁書‧馬樞傳》，頁264。
〔註131〕《梁書‧處士范元琰傳》，頁746。

第五節　結　語

　　錢穆先生在〈綜論東漢到隋的史學演進〉一文中，認為「經學是中國學術一個大的根」，〔註132〕以樹木的落地生根，和小枝小節的開枝散葉為喻，統言中國學術變遷的大勢。其中，在魏晉南北朝時大盛的史學，也由經學落地生根而來，是經學的一種轉化。而張蓓蓓先生推衍錢說，更清晰地指出：

　　　　經學在此一時代已呈疲態，不再能切實地經世致用，則藉由史學的
　　　　記錄和批判，多少還可以得經學之彷彿；這便是史學繼兩漢經學之
　　　　後大興的理由。所以就某種意義而言，史學興盛也正是經學弱化的
　　　　產物。當然時代衰亂正是彼時學術必須轉化的主要因素。〔註133〕

所言確為的論。魏晉南北朝史學的大盛，不是一個突發的學術現象；它有自經而出的遠源，也有與經交涉的漫長過程，然後，才在經學就衰之際，繼承起經學的經世功能。事實上，經與經學，無論是它官司掌故的內容，或是借鑒先王之道以通經致用的學術傾向，原本就蘊涵著歷史性質；而這樣的歷史意蘊，又自東漢古文經學以下，轉而越趨濃厚。兩漢以後，史書中「經史」一詞的出現，考諸其語境，可知史雖仍與經相近相關，但史之獨特的真實記錄的學術性質，也越被注意而了解；故如司馬彪對於譙周《古史考》的檢視，就其作法而言，便有用「以史論史」來矯正「據經考史」的意味，這是史學本身特質益發凝聚的表現。除了「史」的學術性質越見凸顯之外，當此之時，玄風正盛，史並與經共同承擔起頡頏玄學，導正時俗風尚的責任，顯示了它也有面對社會的學術性格。除此之外，在朝代頻仍而且迅速改換之際，因應朝廷對於奠定禮儀制度之根基的需求，我們又屢屢見到學者多以練悉朝儀、舊事的才能，適時貢獻己長而穩固了新朝的初基；此所以當時史部儀注、舊事等著作蔚為大觀的原因，而史學的經世之用也就昭然若揭了。於此，經史雖仍連言，但究其學術之分部，則史較之經，其用竟或更大。雖然，儀注、舊事等軌度的擘畫類似「具文」，並非長治久安的一王之大法，且史文中的學者形象也並不煥發事君美政、望治心切的熱情；但是，在經學的聲音越見稀微的時候，史學的新起的確取代了經，而使其又往學術之興盛邁進了一大步。

〔註132〕〈綜論東漢到隋的史學演進〉，《中國史學名著》，頁118。
〔註133〕〈錢穆先生論魏晉南北朝學術〉，《六朝學刊》第一期（臺南：成功大學中文系，2004年），頁104。

第三章　子學與史學的分合轉化

第一節　「立言」的想望及其取徑變化

　　魏晉南北朝時期，「立言」是一個備受矚目的焦點，廖蔚卿先生已說明了這個現象：「魏晉以來，承先秦、兩漢著述之風，又因經學的衰微，一般文士，多好著書，成一家之言。」〔註1〕司馬遷在〈報任安書〉中首先提及自己寫作《史記》，實乃有著「究天人之際，通古今之變，成一家之言」的想望；魏晉作者如葛洪、陸機，也都在文章中流露對於著子立言的高度期許，並以「立一家之言」作為自己的努力方向。他們這樣的寫作意識，似都與司馬遷所揭示的著作精神與高度有關，唯取徑有子、史之不同。如果說司馬遷所揭櫫的著作精神已經標示了「成一家之言」最初的理想面目，那麼在太史公以史立言，而子家以子立言這種互異的取徑中，「一家之言」是否會因為充填的血肉不同而呈現不同的風貌？此外，曹丕與曹植在文章中也都談及「成一家之言」，其取徑亦不脫子、史之間；往後六朝時期史部作者亦多有「著史以自名」這種類似「立言」的心態與想法。由此觀之，則此時期的作者雖都有「立言」的意向，但以後視前地說，他們據以立言的形式屬子或屬史，似乎又尚未形成一種明顯的趨勢；是則，觀察這些取徑之不同，並探究其所以如此的原因，似應能察知此時子、史學術分合出入之變化。《文心雕龍》與《顏氏家訓》等著作對於六朝子學多有批評，子書境界滑落的現象與他們立言的子、史形式是否有關，亦為應該考慮的面向。

〔註 1〕 廖蔚卿，《六朝文論》（臺北：聯經出版公司，1978 年），頁 7。

一、司馬遷「成一家之言」的典範意義

（一）《史記》的撰作動機與方法

司馬遷在〈報任安書〉中說，「所以隱忍苟活，幽於糞土之中而不辭者，恨私心有所不盡，鄙陋沒世，而文采不表於後也。」〔註2〕身薦斧鉞的難堪和悲憤對於司馬遷而言，無疑是極大的打擊。但他之所以遭逢這樣的羞辱之後，還能堅持生存的意志，讀其自述可知原因有二：一是私心未盡的遺憾，另一則是文采不傳的擔憂。這兩者使他必須說些什麼、寫些什麼，然後才能於己無憾。史公既遭遇不平，遂尋求一種發聲的管道，這是人之常情，也是前哲先賢已經演示過的，一種自處於生命困頓之境的方式。司馬遷了解這樣的生命情境，故云：

> 文王拘而演《周易》，仲尼厄而作《春秋》，屈原放逐，乃賦《離騷》；左丘失明，厥有《國語》；孫子臏腳，《兵法》修列；不韋遷蜀，世傳《呂覽》；韓非囚秦，〈說難〉〈孤憤〉；《詩》三百篇，大抵聖賢發憤之所爲作也。此人皆意有所鬱結，不得通其道，故述往事，思來者。〔註3〕

困而欲言說己志，窮而欲表白心跡，司馬遷之前，已有許多人在這相同的心緒上完成了傳世不朽的作品。觀其所舉「發憤而作」的聖賢之書，首先可以注意的是，以後世四部分類的眼光來看，其中有經，如《易》、《詩》、《春秋》；有史，如《國語》；有子書，如《孫子兵法》；亦有文學作品，如《離騷》。當司馬遷將眼光投於歷史的長河中，這些「不以隱約而弗務」的生命形象，都給了他極好的前鑑，亦即，那些委屈不滿的懷抱，終究可以在文字之中宣洩得淋漓盡致，並昭示於後。可見，著書立說在司馬遷的理解之中，除了一吐鬱悶之思外，更有可以留下點什麼、成就點什麼的期待；這一點，從他對於前賢「故述往事，思來者」的體會，亦可見之。

除了自身的遭遇之外，促使司馬遷勉於著史的，還有其父臨終的遺命與期待。〈太史公自序〉記司馬談臨終之言云：

> 余先，周室太史也。自上世嘗顯功名於虞夏，典天官事。後世中衰，絕於余乎！……余死，汝必爲太史。爲太史，無忘吾所欲論著矣。且夫孝始於事親，中於事君，終於立身。揚名後世，以顯父母，此

〔註2〕 司馬遷〈報任少卿書〉，《古文觀止》，頁274。
〔註3〕 司馬遷〈報任少卿書〉，《古文觀止》，頁274。

孝之大者。〔註4〕

司馬談遺命司馬遷毋忘太史之責，及其「所欲論著」；這標誌了史官傳承的使命感。同時，司馬談又以「孝，終於立身」的道理，期勉司馬遷繼志述事，方得揚名後世以顯父母；這則又使立說垂世以留名千古的理想，擔負了光耀門楣的家世重量。合而言之，若云司馬遷《太史公》有一些立言傳世的不朽意識，那麼究其初始的思想基底，一方面是由個人生命遭遇而來的，對於文采不表的擔憂，以及對於前賢發憤著書的效法；另一方面，則是上秉乃父遺命而來的，賡續史官傳統的使命，以及立身揚名的顯親意識。可以說，司馬遷寫作《太史公》，不僅有著高遠的理想與目標，同時也背負了一定的責任。司馬遷洞察了前聖先賢「不得通其道」而又「思通其道」的困悶與堅持，亦深知「《詩》《書》隱約者，欲遂其志之思也」；〔註5〕他特殊的生命經驗，促使他有一亟欲發聲立言，不得不說的渴求，亦同時使他立言著論的動機更爲深刻。雷家驥先生說，「所謂『通其道』，當指欲通過著作以成其一家之言，達致立身揚名之意。」〔註6〕因爲明白「古者富貴而名摩滅，不可勝記。唯俶儻非常之人稱焉」，〔註7〕且又見到前聖先賢憑藉其著作而得以不朽，因此，司馬遷蓋欲取鏡前賢，藉由「遂其志之思」，而完成一不朽的生命。雷先生亦云，此其中隱含了對時代遭遇的不滿，而他對於成名意識的領悟雖「因其父而得啓示，但卻較其父尤爲深刻。」〔註8〕

此外，前云司馬遷在歷史中尋找典範時，那些例子煥發著的都是「聖賢發憤之所爲作」的意義；在他欲追摹「窮而後工」的典型時，那些著作最後成型的學術取向爲何，並非其所著意的重點。不過，儘管那些著作所以引起司馬遷的共鳴的原因，都是「退而著論書策以舒其憤」的心緒，但其中卻也眞的有一個司馬遷心嚮往之的著作典型在內，即孔子《春秋》。換言之，雖然那些著作的「形式」各異，但其以「大道」爲內涵則一；此亦即史公所欲追求的最終目標。可以說，司馬遷立言不朽的動機是強烈的，與此相應，他著作的理想典型也是格局宏闊的。〈自序〉云：

太史公曰，先人有言：「自周公卒，五百歲而有孔子；孔子卒後，至

〔註4〕　司馬遷〈太史公自序〉，《史記會注考證》，頁1336。
〔註5〕　司馬遷〈太史公自序〉，《史記會注考證》，頁1338。
〔註6〕　雷家驥，《中古史學觀念史》（臺北：學生書局，1990年），頁27。
〔註7〕　司馬遷〈報任少卿書〉，《古文觀止》，頁274。
〔註8〕　雷家驥，《中古史學觀念史》，頁27。

於今五百歲。有能紹明世，正易傳，繼《春秋》，本詩書禮樂之際。」

意在斯乎？意在斯乎？小子何敢讓焉！〔註9〕

仲尼厄而作《春秋》，這鼓舞了史公述志舒憤的作為，然而若欲言其至大至遠的影響，恐怕還更在孔子《春秋》作為「大道」的份量。「正本五藝，承繼《春秋》」，〔註10〕司馬遷自覺地想要承擔起這樣的責任，毫不退卻地面對這個重大的文化志業。關於《太史公》為何而作的問題，壺遂曾與司馬遷有過激烈的問答。壺遂的問題由「昔孔子何為而作《春秋》」發難；他事實上就是因為洞悉了司馬遷追摹《春秋》典型的心志，才能直指核心地作這麼銳利的問難。太史公面對這樣的問題，說明了他所認識的《春秋》，文云：

夫《春秋》，上明三王之道，下辨人事之紀；別嫌疑，明是非，定猶豫，善善惡惡，賢賢賤不肖，存亡國，繼絕世，補敝起廢，王道之大者也。……《春秋》以道義。撥亂世，反之正，莫近於《春秋》。《春秋》文成數萬，其指數千。……故有國者，不可以不知《春秋》，前有讒而弗見，後有賊而不知。為人臣者，不可以不知《春秋》，守經事而不知其宜，遭變事而不知其權。〔註11〕

《春秋》之作，目的在於以達王事，補敝起廢，立王道之大者；孔子以正直的語言樹立起分辨是非的清晰規準，有國者應知，為人臣者應知，為人君父、為人臣子者，亦都應該熟知統紀禮義之大宗的《春秋》。司馬遷歷歷地述說了所傳聞及他所認識的《春秋》時，其應五百年之期運，繼踵孔子以作《春秋》的心志亦隱隱流洩。但面對壺遂的追問，他始終否認了《太史公》有「垂空文以斷禮義，當一王之法」的意圖。壺遂以為「孔子之時，上無明君，下不得其任用，故作《春秋》」，並以此質問司馬遷，當他處在截然不同於孔子的時局中，既然「上遇明天子，下得守職，萬事既具，咸各序其宜」，然則，「夫子所論，欲以何明？」換言之，正因壺遂瞭然於司馬遷意欲承繼《春秋》的心志，而《太史公》便必須面對「所欲刺譏者何」〔註12〕的質疑。

〔註9〕 司馬遷〈太史公自序〉，《史記會注考證》，頁1336。

〔註10〕 雷家驥，《中古史學觀念史》，頁32。雷家驥先生以為，「司馬遷繼以繼承孔子自許，則孔子聖人的文化事業無異即道統所在，故他強調有能繼起者，必是正本五藝，繼《春秋》意旨，而紹明世道者。」

〔註11〕 司馬遷〈太史公自序〉，《史記會注考證》，頁1337。

〔註12〕 壺遂以為孔子之時政治混亂，不遇明君，「故作《春秋》，垂空文以斷禮義，當一王之法。」司馬遷面對壺遂「夫子所論，欲以何明」的質疑，以「《春秋》非獨刺譏而已」，直截地說出壺遂隱而未言的疑慮。其意或在於，雖則《太史

　　爲廓清自己《太史公》之成非如《春秋》屬「作」，司馬遷爲自己的立言
著書界定了這樣的性質：

　　　　且余嘗掌其官，廢明聖盛德不載，滅功臣世家賢大夫之業不述，墮
　　　　先人之言，罪莫大焉。余所謂述故事，整齊其世傳，非所謂作也。
　　　　而君比之於《春秋》，謬矣。〔註13〕

《春秋》書成以達王事，孔子著作的懷抱和意圖無疑是遠大的；司馬遷不敢
居此，故述先人之言，以謹從其父不廢天下史文的遺命，來說解著作的動機。
也就是說，因其世爲太史，故有責任論載天下之史文，故他的寫作實有不得
不爲的使命在內。司馬談以「孝乃立身揚名以顯後世」來鼓舞司馬遷承擔史
職的使命，這裡則見司馬遷以父命之諄諄，來撥轉壺遂對他何爲而作此書的
質疑；談意在存續司史意識，遷則意在淡化繼踵孔子而作《春秋》的心跡。
換言之，同樣在作史這一件事情上，司馬遷的動機又深沉了一些，高蹈了一
些。〔註14〕除了說明著作之動機外，司馬遷還提出了另一個《太史公》不比
《春秋》的要點：「余所謂述故事，整齊其世傳，非所謂作也。」他稱其所爲
乃只「述故事，整齊其世傳」，並不像《春秋》是一具有原創性的著作；司馬
遷以此「退而求其次」的著作方法，表明了他不敢僭越的心意。然而，孔子
說，「我欲載之空言，不如見之行事之深切著明也。」以行事的實跡作爲媒介，
是孔子表述「空言」的眞理時所採取的途徑；於此，空言與行事在著作次序
上的先後，牽涉的是著作付諸文字之際，路徑取捨的問題，其實原應無主從
之別。因此，若由此再去理解司馬遷的「述故事，整齊其世傳」，那他「退而
求其次」的表象，事實上則是一種欲蓋彌章的婉曲了。因爲，他自居於「述
而不作」之地位，自有一種謙退的意味，但《春秋》載錄行事，乃欲以那些
具體形象所涵攝的深刻意涵，來凸顯想要言說的眞理，替想要樹立的眞理作
一平正通達的傳寫；換言之，「行事」的著明是著作進行中的狀態，但不是著
作最後所欲達致的樣貌。於是，司馬遷儘管說不敢自許爲「作」，而自云只是
在說述舊事陳跡、整理學術傳承的脈絡；但既然他的眼光始終聚焦於《春秋》
的典範，我們便也能在比觀孔子《春秋》的著作方法之後，會心地領略《太

公》頗欲繼踵《春秋》，然《春秋》所用既非獨刺譏，那麼對於《太史公》是
否亦欲有所刺譏當世的疑慮，便亦可稍稍緩解。

〔註13〕司馬遷〈太史公自序〉，《史記會注考證》，頁1338。
〔註14〕雷家驥先生以爲，「司馬遷對成名意識的體會領悟，雖因其父而得啓示，但卻
　　　　較其父尤爲深刻」。《中古史學觀念史》，頁27。

史公》不便明說，但仍透顯於紙背的想要「正本五藝，繼踵《春秋》」，述說一己之「空言」的壯志。

　　司馬遷自謙《太史公》只是對舊事的整理，在進行的方法上他也提出了一套完整縝密的規畫。「網羅天下放失舊聞，略考其行事，綜其終始，稽其成敗興壞之紀。」〔註15〕因爲不敢自比孔子作《春秋》，他選擇了在著作的進程中較次一級的史事載述。但《春秋》這個典範所展現的格局畢竟是宏闊的，這便使得司馬遷儘管是整理史文也不能只停留在記錄的層次，而必須蘊其論載的匠心巧思於其中。當然，這也可能是司馬遷自己本即有意著力於此。所謂「考」、「綜」、「稽」，有一循序漸進的整理功夫，在事件本身的樣貌之外，他還關注事件的本末終始、起落興廢，讓那些歷史故實的意義顯得比較深刻。也因爲他能夠這樣釐清歷史事件所以終所以始的緣由，後來的人面對歷史，於是更能有所反省、加以取鑑，也更可以接近那些形象鮮明、意義活絡的歷史；相較於只像重新搬演史事的純粹記錄手法，這種作法顯然是高明得多了。可以留意的是，稽核事件成敗興壞的統緒，一方面可使讀者較爲深刻地貼近並理解古人之行事，一方面，這也成爲太史公抒發一己之意的空間。太史公解讀文王等前人的著述時，說他們「述往事，思來者」。實則，他自己同樣置身於歷史脈絡的古今之際，稽考事件之因由甚至上追天意，在訪考歷史故實之後，以其識見提供一種清楚而獨特的觀照，意在昭示來者並啓迪其思索。

　　從著作的動機到著作的方法，《太史公》的寫就無疑蘊蓄著豐富的內涵；而這種豐富性，也使得後人在考察其「成一家之言」的定位時，有了一些歸類上的猶疑。

（二）《史記》爲亦「子」亦「史」的一家言

　　大陸學者張桂萍先生在檢討司馬遷所樹立的史學傳統時，也談及他「成一家之言」的著作願景，她同時還整理了近代史家與學者對於該如何看待「成一家之言」之實質內涵的意見。〔註16〕大致說來，論點可概分爲二。其一，完全從史學觀點來檢討司馬遷的寫作方法，並進而以此定位《太史公》在史學發展脈絡上首立一家之言的典範性。採取此一論點的學者大致由以下三方面來闡述其意：第一，認爲司馬遷是「通過歷史精神來展示自己的精神」，這指出司馬遷在實錄人事的基礎上提呈對於歷史故實本質的觀照。第二，學者

〔註15〕司馬遷〈報任少卿書〉，《古文觀止》，頁274～275。
〔註16〕張桂萍，《史記與中國史學傳統》（重慶：重慶出版社，2005年），頁77～83。

認為司馬遷「自覺地承擔了歷史責任」，深刻地總結了秦漢之際的歷史經驗，表述了對於當代史的個人見解。第三，認為司馬遷創就紀傳體，為史書體裁作別開生面的展現，同時，還以其崇道和民本的政治價值取向作為內在的血肉。而除了從史學的觀點來解讀司馬遷的著作心意之外，另一種論點則是認為司馬遷「體史而義詩，貴能言志」，〔註17〕因此《史記》事實上是司馬遷以「史」的形式所發表的一「子」之言。近代學者如范文瀾、梁啟超都持此意見，認為司馬遷所謂的一家之言實乃一「子家之言」。

在子、史屬性的歸類上，張桂萍先生在介紹了各家意見後，自己贊成的是司馬遷乃欲成一史家之言，並認為《史記》乃是中國學術史上確立史學的先鋒；而針對梁啟超等人將《史記》視作一子，她亦提出了反駁。她認為司馬遷具有歷史責任感，並系統地闡述了歷史編纂方法等史學理論問題，其寫作的宗旨是史學的，因此，司馬遷事實上乃欲成為史家而非子家；同時，司馬遷亦正由此而開展出以自覺、創新及系統的史學思想為主的核心內容。此為張桂萍之主要論點。不過，如果要說司馬遷的著作動機是史學的，而他原本也只欲成為一「史學家」，恐怕還有一些值得討論的地方。

眾所周知的是，儘管司馬遷不敢自比《太史公》如孔子作《春秋》，《春秋》無可置疑地還是他所欲追跡的典範作品；且《春秋》最後所成就的「通達王事」、指揮若定的作品氣度，及其樹立「禮義之大宗」的經典核心價值，這些思想性深刻的著作性質與意義，更是司馬遷不敢明說但深自期許的著作格局。也許會有學者以《春秋》本即史書，則《史記》規摹其作，按理亦當屬史，不應有疑。但是，《春秋》的屬性在四部分類之後本即有或經或史的爭議；就是在漢朝當時的學術情況中，亦不能篤定地指其屬史。錢穆先生認為，漢朝學術大抵分為王官學與百家言兩大類，亦即如《漢志》有〈六藝略〉及〈諸子略〉兩個分野。準此而言，《春秋》於漢朝的地位，應以《漢志》歸之於〈六藝略〉的分類為準，或者至多只如錢先生所說，「一面是承接了王官學的舊傳統，另一面則開創了百家言的新風氣」，兼二者之特色而有之。如此一來，由《春秋》至《史記》的史學脈絡，就不能那麼斬釘截鐵地成立了，原因為何？其一，我們不能用後來的思考，認為《春秋》雖屬經學，但內涵屬史，故《史記》的學術性質亦應屬史。其二，典範的存在實際上亦不等於提供一個包含著作屬性在內的、可使來者亦步亦趨追跡的樣板規範；因為，典

〔註17〕范文瀾，《文心雕龍·史傳》注。

範作品縱使有它自己的學術性質，但後來的規摹者未嘗不能在典範所懸示的樣貌之外另開新局，或增或刪、或承或轉地模塑自己的面貌。若我們能考量《春秋》本屬「王官學」的性質，則亦能重新思考《史記》性質究竟何屬？又是否有所轉變？而不直接就指實了《春秋》及《史記》的「史」性質。這裡所採取的思考路徑是，如果司馬遷以《春秋》為典範，那麼他究竟如何看待自己《太史公》的屬性？或者說，他對於自己《太史公》書成之後的定位有沒有什麼樣的預設？

在〈太史公自序〉中，司馬遷對於其書的寫作要旨有這樣的說明：「略以拾遺補藝，成一家之言，厥協六經異傳，整齊百家雜語，藏之名山，副在京師，俟後世聖人君子。」。〔註18〕如果把六經異傳、百家雜語都看成是前代的歷史資料，那麼司馬遷此言便無疑在闡說一種搜羅、整理史料的史學式著作動機。但是，「補藝」之於「成一家之言」、「六經異傳」之於「百家雜語」，這些對舉的範疇，似乎說明了司馬遷亦隱約有一種王官學與百家言、六藝與諸子分庭而立的學術觀念；契合於錢穆先生對於先秦兩漢學術分野的意見。既然司馬遷不敢自比孔子所作《春秋》的經典地位，那麼，他自視為一「子」，進而面對經書、述道言治的心志便是可以推知的了。事實上，由《史記》最初名為《太史公》〔註19〕就已可看出：司馬遷「自名一子」，〔註20〕本就有著同於先秦諸子期於用世的心跡，希望能夠針就社會問題抒發己見，一吐胸中韜略；只其書名，便已透露了一種事君美政而期於治平的子學精神。

由此，我們再來看司馬遷意欲補足六藝經傳，以成其一家之言的想法，似便能對於《太史公》所展現的子學色彩有所領會。其一，正如《漢志》〈諸子略〉小序所說：「諸子十家，……合其要歸，亦六經之支與流裔。」〔註21〕當時諸子著作都有其依緣六藝經典而來的承傳脈絡，而且也有意地成為支持經典之論述的著作。因此，司馬遷對於典籍的整理，其實便像是全面梳理自己立言的學術背景與脈絡，並宏闊地展延其檢討、整理的視角，以至百家雜

〔註18〕 司馬遷〈太史公自序〉，《史記會注考證》，頁 1347～1348。
〔註19〕 見《漢書‧藝文志》，〈六藝略〉「《春秋》家」中收有「《太史公》百三十篇」。其書名的形式正同於〈諸子略〉諸家，都以子家之名來名其著作。如儒家有「《孟子》十一篇」，道家有「《莊子》五十二篇」。
〔註20〕 章學誠，〈釋通〉，《文史通義校注》，頁 373。章學誠說：「《太史》百三十篇，自名一子。」
〔註21〕 《漢書‧藝文志》，頁 1746。

語等著作。換言之，他加入了著作子書的行列，但因爲有了這樣的整理，又使他能夠站在一個相對較高的視野，而成其書爲一部出色的子學著作。其二，司馬遷自云其著作之事是「網羅天下放失舊聞，略考其行事，綜其終始，稽其成敗興壞之紀」，這些功夫意義何在？就像他說文王、韓非等人的著作，意在「述往事，思來者」，他所期許自己做的，也絕不僅是「述往事」的緬懷而已；因爲，站在轉介歷史的位置上，他還有「思來者」這種對於後世與未來的期待眼光。陳其泰先生認爲，司馬遷的工作看來雖像記述歷史，但那並不就是他的全部目的，「其更深意義是希望對未來社會起作用」；〔註22〕他並且認爲，效法《春秋》將歷史的意義活絡地體現出來，正是「司馬遷爲自己著書所確定的根本目的。」〔註23〕也就是說，若以後來的眼光來檢視《太史公》，歷史故實於其中俯拾即是，其書的史學性呼之欲出；然而，儘管我們自認已經爲後來史學的發展找到一個活水源頭，卻也不能忽略當時學術分野乃以王官學與百家言相對而言。了解了那樣的學術分野，才能體會司馬遷「自名一子」，處於「家言」而仰觀「王官學」的視角，進而理解他之所以檢討歷史，實有著關懷政治，期於治平的理想。

　　司馬遷「成一家之言」的意涵在不同學術眼光的檢視之下，所呈現的意義本來就可以是不同的，這是他的著作本身就內蘊的亦「子」亦「史」的豐富性。故梁啓超在《要籍解題及其讀法》中說，「其著書最大的目的，乃在發表司馬氏一家之言，與荀卿著《荀子》，董生著《春秋繁露》，性質正同；不過其一家之言，乃借史的形式以發表耳。故僅以近世史的觀念讀《史記》，非能知《史記》者也。」〔註24〕簡而言之，在史的眼光之外，我們必須注意的還有《太史公》，即《史記》，所蘊涵的子學精神。至此，我們看到了由司馬遷所標舉而出的「成一家之言」，究其精神，實則子、史意涵並存於其中。其實，以《春秋》與《史記》，或者《春秋》與《太史公》爲例，可以見到的是，自經以下，「子」欲近經，而「史」亦欲近經，子、史二者原就相近相關；太史公「成一家之言」的典範意義，正在子、史的精神與形式上，預示了糾合牽扯的可能。

〔註22〕陳其泰，《史學與中國文化傳統》（北京市：書目文獻出版社，1992 年），頁99～100。
〔註23〕陳其泰，《史學與中國文化傳統》，頁99～100。
〔註24〕梁啓超，《要籍解題及其讀法》（臺北：華正書局，1989 年），頁25。

二、葛洪「成一家之言」的想望

（一）《抱朴子》以「子」成家立言

葛洪是魏晉時期重要的作者之一，〔註25〕在《抱朴子》外篇〈自敘〉中，他除了說明寫作此書的原因，也同時對於自己歷來的著作作了一番檢視。其文云：

> 洪年十五六時，所作詩賦雜文，當時可謂自行於代。至于弱冠，更詳省之，殊多不稱意，天才未必爲增也，直所覽差廣，而覺妍媸之別。於是大有所製，棄十不存一。今除所作子書，但雜尚餘百所卷，猶未盡損益之理，而多慘憤，不遑復料護之。他人文成，便呼快意。余才鈍思遲，實不能爾。作文章每更一字，輒自轉勝，但患嬾，又所作多，不能數省之耳。洪年二十餘，乃計作細碎小文，妨棄功日，未若立一家言，乃草創子書。〔註26〕

自年十五六至於弱冠，閱讀經驗的累積重新建構了他品評少作的能力；經過這樣的汰省，從前曾沾沾自喜以爲可以大行於代的「詩賦雜文」，後竟「棄十不存一」。葛洪自謙才鈍思遲，而又不滿於詩賦雜文的細碎之作，在眼界提升與自身條件的雙重考量下，他最後選擇傾全副著作心力以「草創子書」。而最引人側目者，則更在於他欲「立一家言」的目的。葛洪的陳述清楚地標示了這樣的心跡，但令人好奇的是，立一家言爲什麼重要？立一家言爲什麼非子書之作不能行？爲什麼葛洪把著作子書看得如此重要？這是本節所要討論的問題。葛洪《抱朴子》外篇有〈尙博〉一文，將他自己對於子書的意見發揮得淋漓盡致。其中有他對子書定位的認識：文以行道，子以佐經而不只爲子；還有他對於子書以其「深美之言」卻不受重視的批判，同時，也傳達了他對於子書所應擔負的責任，有著怎樣的期許和自信。其文開宗明義即云：

> 抱朴子曰：正經爲道義之淵海，子書爲增深之川流。仰而比之，則景星之佐三辰也；俯而方之，則林薄之裨嵩嶽也。雖津塗殊闢，而進德同歸，雖離於舉趾，而合於興化。故通人總原本以括流末，操

〔註25〕今見《隋書·經籍志》所收葛洪著作，經部有禮類的《喪服變除》，史部有《漢書鈔》及《神仙傳》之外，而子部之書則包括《抱朴子》內、外篇及五行、醫方等作品。

〔註26〕楊明照，《抱朴子外篇校箋下》（北京：中華書局，2004年）。頁695～697。

綱領而得一致焉。〔註27〕

在進德興化的著作旨意上，子書與經典的著眼是相同的；而「正經爲道義之淵海，子書爲增深之川流」，就經、子著作所呈現的面貌而言，經典如海，泱泱地懸示著道義的典範，子書則加以拓深敷衍，廣鑿其流。葛洪之前，《漢志》〈諸子略〉小序說：「諸子十家，……合其要歸，亦六經之支與流裔。」〔註28〕清楚地揭示了子書著作作爲經典之輔佐的地位；在葛洪的觀念中，還能見到此意餘波盪漾的影響。「荃可以棄，而魚未獲，則不得無荃；文可以廢，而道未行，則不得無文。」〔註29〕文以行道，可說是葛洪對於子書定位的基礎認識，也可以看成是他對於子書究應擔負何種責任的把握。不過，雖然諸子之撰錄與雅正之典誥，究其進德同歸、合於興化的綱領並無二致，但除了相同的著作旨趣外，葛洪也並未忽略經、子的取徑仍有「津塗殊闢」的分歧。葛洪說，「百家之言，雖不皆清翰銳藻，弘麗汪濊，然悉才士所寄心，一夫澄思也。」〔註30〕有才之士託借子書所表述的對於世事的洞察，是在辭藻的華美與氣魄的宏肆之外，不能忽略的珍寶。他又說，「百家之言，雖有步起，皆出碩儒之思，成才士之手，方之古人，不必悉減也。」〔註31〕諸子之議論誠或前有所承，然而子書所呈現的博學宏儒的視野，卻未必不足一觀。可見，子書除了對於經典「佐之」、「裨之」的步趨，及承繼前已有之的百家論議而起之外，它還寄託了作者清明澄澈的心思。而既然這一另闢的蹊徑可以呈現作者個人心志與識見的靈光，亦便成就了子書流衍自經而不只爲經的學術性格。在葛洪之後，《文心雕龍》〈諸子〉也說：「諸子者，入道見志之書也。……繁辭雖積而本體易總，述道言治，枝條五經。」〔註32〕由《漢志》〈諸子略〉小序以至此，這些意見一脈相承地賦予了子書爲經典言說發聲的角色。

不過可以思考的是，儘管經書與子書最終的著作旨趣都是「述道言治」，但葛洪提及子書蘊蓄了作者的「一夫之澄思」，而劉勰將子書描寫爲「入道見志之書」，也讓我們注意到：作者在經典道理的主幹之外，寄託於子書中的個人情志思慮，實在是不能忽略的精彩內涵。可以說，從《漢志》〈諸子略〉以

〔註27〕　〈尚博〉，《抱朴子外篇校箋下》，頁98。
〔註28〕　《漢書‧藝文志》，頁1746。
〔註29〕　〈尚博〉，《抱朴子外篇校箋下》，頁108～109。
〔註30〕　〈百家〉，《抱朴子外篇校箋下》，頁441。
〔註31〕　〈尚博〉，《抱朴子外篇校箋下》，頁116。
〔註32〕　〈諸子〉，《文心雕龍義證》（北京：上海古籍出版社，1999年），頁635。

下，子書所呈現的個人色彩有一愈受重視的趨勢。葛洪認為子書一方面有佐翼經典的責任，一方面意識到子書可以是作者抒其志意的場域。所以，在文以行道和寄一夫之澄思兩點上，他表現了對於著作子書躍躍欲試的期許和自信；而我們也由此了解到，當葛洪想要自成一家之言的時候，為什麼那樣堅持地選擇了子書的形式？因為子書以經典為基準，格調是宏闊的；以社會現實為關懷，內容是切身的；而其中寄寓著作者的情志，思想又可以是個人而獨特的。不過，著作所要面臨的社會實況難以逆料，作者所認識的著作之性格與基調能不能展現地淋漓盡致，其實無法確鑿地保證。〈尚博〉亦云：

> 漢魏以來，群言彌繁，雖義深於玄淵，辭贍於波濤，施之可以臻徵祥於天上，發嘉瑞於后土，召環、雉於大荒之外，安圓堵於函夏之內，近弭禍亂之階，遠垂長世之祉；然時無聖人，目其品藻，故不得騁驊、騄之迹於千里之塗，編近世之道於《三墳》之末也。〔註33〕

前面說葛洪對於子書的性格，包括其所應擔負的「行道」之責任，與作者能夠藉以展現一己之志意的特性，是了然於胸的。以這樣的認識作為前提來預想子書之成的情況，葛洪便勾勒出一個最終的理想面貌：躋身經典之林，編於「《三墳》之末」。不過，顯然這樣宏闊的理想實際上不能盡如人意，子書所要面對的真實批評是「或云小道不足觀，或云廣博亂人思」，〔註34〕換言之，社會並沒有給予葛洪認為「深美富博」的子書太大的關注。世俗悠悠的輿論一方面貴古賤今，一方面偏愛詩賦之文，葛洪在〈尚博〉篇中於是屢屢對於這種輕忽子書的時風提出直接的批評。其文云：

> 或貴愛詩賦淺近之細文，忽薄深美富博之子書，以磋切之至言為駃拙，以虛華之小辯為妍巧。真偽顛倒，玉石混淆，同廣樂於桑閒，鈞龍章於卉服，悠悠皆然，可歎可慨者也。

直接點明詩賦與子書所受到的差別待遇。又如：

> 世俗率神貴古昔而黷賤同時，雖有追風之駿，猶謂不及造父之所御也。……雖有益世之書，猶謂不及前代之遺文也。是以仲尼不見重於當時，大玄見蚩薄於比肩也。
>
> 俗士多云：今山不及古山之高，今海不及古海之廣，今日不及古日之熱，今月不及古月之朗。何肯許今之才士，不減古之枯骨？重所

〔註33〕〈尚博〉，《抱朴子外篇校箋下》，頁101。
〔註34〕〈尚博〉，《抱朴子外篇校箋下》，頁103。

聞，輕所見，非一世之所患矣。昔之破琴剗弦者，諒有以而然乎？凡此，葛洪都強烈地表達了子書應該受到重視。

《全晉文》收《抱朴子》〈逸文〉記陸平原臨終之言云：「窮通時也，遭遇命也。古人貴立言以爲不朽，吾所作子書未成，以此爲恨耳。」〔註35〕陸機臨終對於子書未成的遺憾，代表了當時一種著作立言，以子成家的心態，正如葛洪自敘所云：「思精治五經，著一部子書，令後世知其爲文儒」。所以我們也可以了解，因爲葛洪對於著子立言的渴望有著同情的理解，所以在這個基礎上，他才會發展出爲陸機續成子書的想法。〔註36〕由此觀之，當時子家立言成家的期待無疑是熱烈而普遍的；同時，葛洪希望子書之作能夠編於《三墳》之末，「以示將來」，〔註37〕而陸機懸念立言以爲不朽的古訓，深以子書未成爲憾，則成家立言以求聲名之不朽，實爲我們剖析子家孜孜矻矻以著子爲念的心態時，不能忽視的一個焦點。

（二）漢魏以來立言意識的轉變

在葛洪之前，三國魏時的曹丕亦明標文章爲「經國之大業，不朽之盛事」。〔註38〕他認爲提筆屬文，可以超越年壽長短的侷限與榮樂的不確定性，經由文章篇籍中所寄寓的意見思想，作者的聲名自然可以流傳於後。〈典論論文〉常被視爲中國文學批評的早期代表作品，曹丕在其中提出奏議、書論、銘誄及詩賦等文章四科，似亦顯示了一種頗爲清楚的文章界限觀念。不過，〈典論論文〉最後歸結於「融等已逝，唯幹著論，成一家言」；且在〈與吳質書〉中曹丕更明言：「（徐幹）著《中論》二十餘篇，成一家之言，辭義典雅，足傳于後，此子爲不朽矣。」〔註39〕這樣看來，他雖然認爲爲文傳世可以流名於後，但既將文章定調爲「經國之大業」，則這取意雅正的眼光其實仍是依傍著經誥之指歸而來；而立言以爲不朽的期待由這兩段話觀之，實亦隱隱指向子書這種著作的形式上去。余嘉錫先生說曹丕「於建安七子中獨推徐幹者，以其辭賦之外，能自成著

〔註35〕 《全晉文》所收《抱朴子》〈逸文〉，頁 1250～1251。
〔註36〕 出處同上注。葛洪云：「余謂仲長統作《昌言》，未竟而亡，後繆襲撰次之。桓譚《新論》，未備而終，班固爲其成《琴道》。今才士何不贊成陸公《子書》。」
〔註37〕 〈自敘〉云：「先所作子書內外篇，幸已用功夫，聊復撰次，以示將來云爾。」
〔註38〕 曹丕〈典論‧論文〉，《魏晉南北朝文論全編》（江蘇，江蘇教育出版社，2004年），頁 13～15。
〔註39〕 《文選》（北京：上海古籍出版社，1986年），頁 1897。

作也。」並云「此足見當時之重諸子而薄文章矣。」〔註40〕周秦諸子著書立說，流其聲名於後世的形象，對於後來的作者有著莫大的吸引力，因此，後來漢晉時期多有冀成不朽的作者，以此爲志而念茲在茲地想要立論成家。曹丕此處對於徐幹以《中論》立一家言而得不朽的歆慕及評價，還有葛洪見陸機子書未成而爲之嘆惋的遺憾，都具體地說明了：漢晉以來的作者對於以子書立言並得不朽之事，實寄予了深沉的期待與渴望。

不過可以注意的是，曹丕在〈與王朗書〉中曾云：「生有七尺之形，死惟一棺之土，惟立德揚名，可以不朽。其次莫如著篇籍，故論撰所著《典論》、詩賦蓋百餘篇。」〔註41〕由此觀之，則撰著篇籍以立言屬文，實乃曹丕以不朽爲目的時，在立德揚名之外，退而求其次的一種路徑。在此之前，戰國時期叔孫豹即已明言「三不朽」爲「立德、立功、立言」，〔註42〕德、言之間似本有一先後主從的次序，格局不同、難易不同，因此，曹丕此言專以「著篇籍」爲追求不朽的施力處，並不爲取巧。但由此以往，當越來越多人的屬文立言，主要的考量都在於是否可以流傳後世而得不朽時，那麼，可能產生的問題便是：作者多思以新奇之言論與浮誇之談說來攫人目光，而諸子立言原本該有的宏闊視野，以及能夠針砭時政，精當切要之思想言論，卻反而淪爲次要，而使其文章議論顯得單薄。魏時桓範作《世要論》，即針對這種情形提出批評：

> 夫著作書論者，乃欲闡弘大道，述明聖教，推演事義，盡極情類，記事貶非，以爲法式，當時可行，後世可修。且古者富貴而名賤廢滅，不可勝記。惟篇論倜儻之人爲不朽耳。奮名於百代之前，而流譽於千載之後，以其覽之者有益，聞之者有覺故也。豈徒轉相放效，名作書論，浮辭談說，而無損益哉？而世俗之人，不解作體，而務泛溢之言，不存有益之義，非也。故作者不尚其辭麗，而貴其存道也；不好其巧慧，而惡其傷義也。故夫小辯破道，狂簡之徒，斐然成文，皆聖人之所疾矣。〔註43〕

〔註40〕余嘉錫，〈秦漢諸子即後世之文集〉，《目錄學發微》（含《古書通例》）（北京：中國人民大學出版社，2004 年），頁 233。

〔註41〕《魏志·文帝紀》注引

〔註42〕《左傳·襄公二十四年》，叔孫豹云，「太上有立德，其次有立功，其次有立言，雖久不廢，此之謂不朽。」楊伯峻，《春秋左傳注》（北京：中華書局，2000 年），頁 1088。

〔註43〕《魏晉南北朝文論全編》，頁 32～33。

從前諸子著作書論乃以弘道述教為慮，能以高瞻遠矚的識見作發人深省的言論，使「覽之者有益，聞之者有覺」，立言之不朽自然由此而來。但後來諸子卻本末倒置地把立言不朽看成著書立說的最終目的，於是他們尚辭麗、好巧慧，想以斐然的文采吸引讀者；雖或能作連篇累牘的文章，但忽略了內容的質量，發論也就顯得空泛而言之無物。桓範此處直接指出當時這種捨本逐末的著作意向，也說明太過執著於立言揚名以求不朽的成就，當時子家著作的格局卻反而顯得狹隘。著作不朽的期待，究其情實，實不能說動機不對；但當其時作者亟於夠上「自成一家」的子，勉力為之卻力有未逮時，所發之言論便無法真正擲地有聲地針砭現實。形似而神非，則子學精神應然的高度也就懸而不能及之。「談道初無異致，而行文正其所長。故雖欲於文章外別作子書，卒不免文勝其質。」〔註44〕余嘉錫先生藉由桓範此論，別具隻眼地分析了當時子家著作之傾向，也點出了當時子書之作看似頗豐，然子學精神或已轉衰的實情。

　　《漢志》定位諸子為「六經之支與流裔」，《文心雕龍》除了承其視角以諸子的功能為「述道言治，枝條五經」之外，另外注意到子書的「言志」特色，子書之作看來被寄予厚望，大有可為。然而，漢末的子家雖或思以子書之作議論時弊，但整體言之，其識見卻只足為補偏救弊之資；〔註45〕而更多的子家，則是或明顯或隱約地都流露了成家立言以求不朽的渴望。揚名不朽不僅是著作的期待，也是著作的目的。但越是如此，其著作的質量卻似乎益發顯得粗糙，子書「成一家之言」的宏志，最終竟只成為立名之大道。至此，可以看到的是，漢魏以來，立名成家以求不朽的意識，在子書著作中表現得益發明顯而強烈。前面從司馬遷自述的文字，討論了太史公的著述心跡，釐清了他「成一家之言」的本來精神與高度。而在這一節裡，我們可以看出，《太史公》「成一家之言」的理想確實影響了後來著作不朽的心態；但同時，漢晉子書專以立言不朽而能成家為念，其表現卻又夠不上真正的子家，其「成一家之言」的精神卻反倒有所失落了。

〔註44〕余嘉錫，〈秦漢諸子即後世之文集〉，《目錄學發微》（北京：中國人民大學出版社，2004年），頁234。

〔註45〕如荀悅《申鑒》討論君的公私問題，以為「不任所愛謂之公，惟公是從謂之明。」又如王符《潛夫論》以「二人同心，其利斷金」討論君臣關係，並以外戚宦官論及君在公私之際的分寸。整體觀之，漢末諸子的著作，如王符《潛夫論》、仲長統《昌言》、荀悅《申鑒》、崔實《政論》及徐幹《中論》，都對當時政治上貪殘、外戚和宦官之事多有批評，但大抵都集中討論某些問題，而未能架構出一套整體的政治思想。

　　然而，正如上一小節所述，司馬遷《太史公》的性質原就是亦「子」亦「史」；因此無論是就立言成家的子學而言，或是就留名汗青的史學來說，司馬遷所明白揭示的「究天人之際，通古今之變，成一家之言」的期待，都標誌了舉足輕重的典範。而前述漢魏六朝人言及「不朽」，以及有人注意到「史」的形式，此其中，亦有《太史公》的影響。以下便由成家立言的子、史兩種取徑之變化論之。

三、成家立言的取徑變化

　　司馬遷的「成一家之言」，扣合著先秦諸子著書立說以闡明己意的子學精神，雖非亦步亦趨地依經立說，但由他追摹《春秋》之典範的寫作心志觀之，其《太史公》之寫就，大抵也可依《漢志》〈諸子略〉所說，是「六經之支與流裔」，正本五藝而繼踵《春秋》。另一方面，他自云「述故事，整齊其世傳」的寫作主旨，雖原為否認其書可與《春秋》相提並論的謙詞，但也直接地點出了他所採取的寫作策略。在這樣的基底上所架構起來的議論，便有了史學的樣貌，若再加進其家世傳的史官精神，則其著作的史學意味便充分透發出來；同時，如果在學術領域中以後視前地用史學的眼光來檢討《史記》，則它在史學脈絡中的重要地位也不能否認。前面說過，司馬遷的著作不朽意識無疑是深刻的，他不僅承擔著史官必須論載天下史文的責任，也背負著司馬談所說，立身揚名而終於顯親的臨終期待；除此之外，發憤著書也是他由前人的生命經驗所領悟出的，一種自處於生命困頓之境的方式。簡言之，司馬遷「鄙沒世而文采不表於後」的心情看來固然急切，但他的焦慮事實上並不來自於聲名之難立，而是因為如果「文采可表於後」這樣的目標失落了，那麼他身為史官的使命，以及自我完成之期許也就雙雙落空了。可以說，司馬遷著作以期不朽的意識蘊蓄了豐富的內涵，他的「成一家之言」懸示了亦子亦史的兩種高標準；也因此，當我們看到後來的士人在著作中，或子或史都透露著立言不朽的想望時，司馬遷著作所確立的「成一家之言」之精神，便可作為一個參照的典範。

（一）子的滑落

　　司馬遷所處的時代，面對的是稍前「百家雜語」的子學著作紛出蠭起的氛圍；雖然說司馬遷首發「成一家之言」之語，但這種自我期許的成形，未嘗不是有睹於其前諸子百家所共同模塑而成的著作意態。劉永濟說戰國諸子

「學有本源，文非苟作，雖各得大道之一端，而皆六經之枝條也」；〔註46〕章學誠亦云，「周秦諸子之學，……專門傳家之業，未嘗欲以文名，苟足顯其業，而可以傳授於其徒，則其說亦遂止於是，而未嘗有參差龐雜之文也。」〔註47〕總括而言，當時的子學著作透發著一取意雅正，立說精當且有指於時政的子學精神，上承六經的著作格局不可謂不大。而其著作雖行之以文，但論其旨要，乃欲剖述其意，傳顯其業，並不專以文名為慮。入漢之後，天下初定，自有其特殊的政治社會問題，而漢初大儒亦紛紛順應其時代要求提出建言。如陸賈、賈誼，或摻以道家清靜無為的況味，或切合當世現實，援引儒家精義來構建一己治平之方；又如董仲舒深究天人之際而發展出一套儒義教化的理論；凡此，都可見以學術領導政治的子學精神。然自此以下直至魏晉，子學著作的水平卻似乎每況愈下。關於自漢以至魏晉的子書著作之情形，劉永濟曾有一番論述，扼要地指陳了子書整體表現的發展趨勢。其文云：

> 漢代已遜其宏深，魏晉尤難與比數。陸《語》則粗述存亡，賈《書》則雜編奏議；揚雄規摹仲尼，劉向採摭往事，衡以著述之體，已非莊墨之儔。《潛夫》、《昌言》以下，大都務切時要之作，別無新義，未屬研求。故顏之推亦謂「魏晉以來，所著諸子，理事重複，遞相模效，猶屋下架屋，牀上施牀耳。」洵為確論。且魏晉子書，皆文士之篇章，非學人之述造，其間或雜以求名後世之心，或參以爭勝前賢之意，故曹子建以藩侯之重，鄙辭賦不足傳世，欲別成一家之言。蕭世誠以帝子之尊，亦欲著子書以求不朽。士衡臨沒，至恨所作子書未成。葛洪自敘：「思精治五經，著一部子書，令後世知其為文儒。」此數子者，雖其重學遺榮，有足多者，然有意於為文，與不得已而著書，其間差別甚遠，此舍人之所以抑之歟？〔註48〕

子學精神以指導政治、提點治平之方為要，故必以時局之得失作為針砭的標的；然而，若太過聚焦於此，則眼界便反而受到了侷限，而無法跳脫於現實之外作一超拔的子學論述。此所以顏之推認為魏晉以降，子書愈顯堆疊，雖有補偏救弊之效，但理事重複，別無新義，是子學格局氣魄的窄化。此外，前亦曾引桓範〈世要論〉，指出當時諸子之作多欲強圖不朽，其立言的意識相

〔註46〕劉永濟，《文心雕龍校釋》（臺北：華正書局，1981年），頁62～63。
〔註47〕章學誠，〈文集〉，《文史通義校注》，頁296。
〔註48〕劉永濟，《文心雕龍校釋》，頁62～63。

較於司馬遷，內蘊已有所不同。立言不朽的焦慮驅使他們看重子書之創作，深懼「文采不表於後」；但正如顏之推所指出的理事重複之弊，它們的內涵與著作識見都較為單薄而不足，因此，他們著作的焦點，也就不免漸次落至細部文句的推求之上。

葛洪鄙薄辭賦為妨棄功日的細碎小文，但他同時也自云作《抱朴子》欲令後世「知其為文儒」；劉永濟於是便以此為說，並連綴當時不少子家工文甚於辨思的例子，指出魏晉子書實多為「文士之篇章，而非學人之述造」。如果我們看到葛洪自述其心血，那麼劉永濟這樣的評價對葛洪來說或許有些不公平；不過，急切地以著作不朽為念也的確會使作者抒意言志的寫作意圖稍嫌餒弱，「學人之述造」的特性便不那麼突出。此外，葛洪對於子書著作述道言志的特色，儘管仍保持了高度期許和自信，但他早年熟習詩賦雜文的寫作根柢，以及處身當時子書多貴工文的寫作風尚之中，或亦都使他的著作難免攙雜了一些「文士之篇章」的色彩。

東漢末年的子家王充曾論「文儒之業」為「卓絕不循，人寡其書，業雖不講，門雖無人，書文奇偉，世人亦傳。」〔註49〕余嘉錫先生因此說，這是漢魏以後諸子「無不欽悅其文詞」的原因。〔註50〕那麼，則葛洪自許為「文儒」，雖不屑於在細碎小文上用力，但他既承繼了王充「文儒」的說法，對於這種「文儒之業」的特質，亦應有所了解而無法全然排斥才是。換言之，劉永濟的評價雖或略有疑義，但他所點出的魏晉子書問題，其實未嘗不是一具有普遍性的指標。余嘉錫先生對於漢魏以後諸子著作走向的問題亦有觀察，他說：

> 諸子之文，何嘗不『事出於沈思，義歸乎翰藻』耶？專以沈思翰藻為文，乃後世學術之所以日衰也。〔註51〕

又說：

> 自是〔註52〕以後，諸子百家，日以益衰。而儒家之徒，亦流而為章句記誦。其發而為文詞，乃獨出於沈思翰藻，而不復能為一家言。一二魁儒碩學，乃薄文詞之不足為，而亟亟焉思以著述自見矣。〔註53〕

「亟亟焉思以著述自見」，似乎就是葛洪所流露的心跡；因為對於子書日益工

〔註49〕《論衡・書解篇》，頁。
〔註50〕余嘉錫，〈漢魏以後諸子〉，《目錄學發微》，頁235。
〔註51〕余嘉錫，〈秦漢諸子即後世之文集〉，《目錄學發微》，頁216。
〔註52〕意謂東方朔等人雖或出雜家，或出縱橫，但考其文詞，亦可以知其自成一子。
〔註53〕余嘉錫，〈漢魏以後諸子〉，《目錄學發微》，頁230。

於翰藻的走向感到不滿，故鄙薄、排斥專以文辭為慮的寫作方向，其目的在於提撕傳統子學精神，並努力廓清子書應然的面貌。這裡我們可以看到，子書竟已獲致「不復能為一家之言」的評語，說明了子書精神到了魏晉以下的式微似已無可諱言，故如范文瀾亦云其時子書「讕言兼存，璅語必錄，幾至不能持論矣」。〔註54〕

劉永濟從著作心態檢視魏晉以下的子書著作，求名後世或爭勝前人，都說明了當時子家之作多屬有意於為文；他們重於留名，專注於文詞翰藻的雕琢較勁，多有炫示的意味，而較少不得不發、針砭時政的企圖。而余嘉錫則在當時諸子幾乎無法成一家之言的頹唐之外，還注意到有欲扭轉時風者，鄙文詞之不足為而欲以著述自見。此所謂「自見」，想必指作者心志的剖白，自見其不僅止於文采辭藻的一家之言；那當然具有與時風相互頡頏並糾舉其弊、復倡子學精神的初衷。只是，這樣的用心並不容易實現，除了政治變動的劇烈，使得子家不敢談、無可談之外，他們其實也很難自立於時俗風尚之外。若就子學著作整體的趨勢來看，則作者既多以文章為能事而只求以此留名不朽，子學的意味轉趨淡薄便可想而知；那麼，那些文章作品的累積，其意義便不再是諸子學問思辨的精進，而落於作者變為文章大家之上。前人亦多注意到諸子與後來流行的各家文集之間的流變關係。章學誠在《遺書・雜說》中即說，「諸子不難其文，而難於宗旨有其不可滅。故諸子僅工文辭，即後文集之濫觴。」〔註55〕很切要地點出了工於文辭的寫作方向轉變了諸子著作的屬性。而另一方面，若諸子僅工於事實，則子便化而為史了。這兩個變化的方向，都使諸子失落了原應確立一論述宗旨的本色。

（二）史的繼起

曹植〈與楊德祖書〉云：

> 僕少小好為文章，迄至於今，二十有五年矣。〔註56〕……辭賦小道，固未足以揄揚大義，彰示來世也。昔楊子雲先朝執戟之臣耳，猶稱壯夫不為也。吾雖德薄，位為蕃侯，猶庶幾戮力上國，流惠下民，建永世之業，留金石之功，豈徒以翰墨為勳績，辭賦為君子哉！若吾志未果，吾道不行，則將采庶官之實錄，辯時俗之得失，定仁義

〔註54〕范文瀾注《文心雕龍・諸子》，《文心雕龍義證》，頁661。
〔註55〕〈詩教上〉注八五，《文史通義校注》，頁76～77。。
〔註56〕《文選》（北京：上海古籍出版社，1986年），頁1901。

之衰，成一家之言。雖未能藏之於名山，將以傳之於同好，豈今日
之論乎！〔註57〕

曹植此處亦言欲「成一家之言」，細究其語，實可隱隱見到受司馬遷影響的痕跡。前面說過太史公的「成一家之言」在子、史兩方面都是很好的典範，然而，子學本即有著作傳世、成一家言的學術精神，司馬遷有取於前人發憤著書立說以傳後世的心志，事實上可以看做是此一學術傳統的延續。但另一方面，《太史公》不能忽略的史學色彩，卻也啓發了史學在後來作者眼中，除了紀實存眞之外，立名不朽的可能。事實上，著作傳世的觀念主要包括了子學與文學兩個領域，一屬思想，一屬性靈，在漢魏諸子精神日益衰頹的情形之下，大部份人往文學發展，但同時亦有人在文學與子學之外走出第三條路，即史學；也就是說，在立言不朽的目標上，多有人注意到史學這種著作的形式。而若論其所以如此，則司馬遷《史記》之成及其流傳立名的情況，對於後來作家所產生的啓發作用便不能小覷。

曹植作爲藩侯，首要之顧念在於有所建樹於當世，經世濟民而能廣被德澤於百姓。因此，相對於當時已漸有人專注於辭賦文章之作，曹植此志可說極具以治平爲念的子學精神；同時，他對於自己的勳績必可垂諸汗青而流傳後世的自信，亦居然可見。余嘉錫先生說，「觀其言，知其不以能翰墨，工辭賦自滿也。」〔註58〕除了是在屬文與經濟兩方面的權衡中，曹植自云並不繫戀辭章之創作外，即便論及提筆爲文，他也表露了其取捨的偏好。道不行便欲「采庶官之實錄，辯時俗之得失，定仁義之衷，成一家之言」，劉永濟以曹植這樣鄙辭賦而欲成家言的志向，作爲魏晉子家著書以求不朽的又一例證。就曹植將眼光聚焦於國家人民之上來看，如前所述，其子學精神無可質疑；不過，他不以工於辭賦而自滿，於自成一子之外，實仍蘊藏了他注意及「史」的眼光。曹植站在「庶官實錄」的基礎上來辨證時事，進而底定以仁義視事的衷懷，這樣的「一家之言」，其實有著司馬遷「網羅天下放失舊聞，略考其行事，綜其終始，稽其成敗興壞之紀」那樣借史視今的影子。正如其對於自身著作「未能藏之名山，將以傳之於同好」的期許，亦顯然脫胎於司馬遷「藏之名山，副在京師，俟後世聖人君子」的自序。可以說，曹植或正受司馬遷的影響，而形成了一種亦子亦史的寫作動機和眼光，並依附著子學脈絡發展。

〔註57〕 《文選》，頁 1903～1904。
〔註58〕 余嘉錫，〈漢魏以後諸子〉，《目錄學發微》，頁 233。

當子學稍見萎靡之時，司馬遷《史記》作爲一種成功的典範，便更以其蘊蓄的「史」的內涵，吸引更多子家在著述不朽的時候，也意識到了「史」這種新的元素。猶有甚者，史學的運用更甚而有一種喧賓奪主的意味。或者可以這麼說，子學在其精神日漸萎靡的當下，援引一有力的刺激因素以爲其用，便無法避免新元素的膨脹，最後甚至還本末倒置地模糊了最初乃欲作子的焦點。如梁元帝著作甚豐，且亦多次流露冀成一子的想望，然其作品在《隋志》中多入史部，〔註59〕若就其著作的動機與結果的落差視之，梁元帝著作的分類似有委屈之處；不過，或許這柳蔭之成實應有跡可循，便亦暗示了在子史屬性的歸類上，總有一模糊的地帶，所以才能提供，或促成了分類上或子或史的可能。

第二節　子不離史：子書的「假事證道」之法及其流衍

上一節提到，漢魏之際，許多子家希望自成一子以求不朽時，似乎越來越注意到援引史事以立己說的路徑；因爲，史事於古有據的實錄份量，往往能使自己的言論更加擲地有聲。然而，這並不是在這個時期才發展出來的一種思維模式，反之，只要往前翻找先秦子書，就已能發現這種論說的傾向。事實上，處身戰國的大爭之世，當人們想要改革現實情況，很自然地便會將眼光投回歷史中，以歷史經驗作爲當下政治施爲的參考基點。如孔子曾在回答子張「十世可知也？」的探問時說：「殷因於夏禮，所損益，可知也；周因於殷禮，所損益，可知也；其或繼周者，雖百世可知也。」〔註60〕子張企圖從已發生的事情中尋找一些蛛絲馬跡，以作爲判斷未來的線索；而孔子所答，雖並未明言所損所益的是什麼，但他已肯定了從前代的禮樂文物制度中吸收養分，並隨著時移世易加以改動的作法。也就是說，對於前人活動的經驗，還可以在「不可不監於有夏，亦不可不監於有殷」〔註61〕的思考前提上，更進一步在當下的生活中來進行比較和改進。所以孔子也說：「周監於二代，郁

〔註59〕　《隋志》子部有梁元帝所撰之《金樓子》、《玉韜》、《洞林》、《連山》；而史部則有《天啓紀》、《孝德傳》、《忠臣傳》、《丹陽尹傳》、《懷舊志》、《全德志》、《同姓名錄》等七部著作。相較之下，其著作入史部者爲多。
〔註60〕　《論語・爲政》，《四書章句集注》（臺北，大安出版社，1999 年），頁 78
〔註61〕　〈召誥〉，屈萬里《尚書集釋》（臺北，聯經出版事業公司，1983 年），頁 177。

郁乎文哉，吾從周！」〔註62〕正因有前述對於歷史經驗的觀察和改革，這樣的思考才可能成立，而歷史經驗也就因後人的取法，而變得更鮮明而有意義。又，墨子曾說：

> 堯舜禹湯文武焉所從事？曰：從事兼，不從事別。……曰：此仁也，義也，愛人利人，順天之意，得天之賞者也。不止此而已，書於竹帛，鏤之金石，琢之盤盂，傳遺後世子孫。曰：將以何爲？將以識夫愛人利人，順天之意，得天之賞者也。

> 桀紂幽厲焉所從事？曰：從事兼，不從事別。……曰：此非仁也，非義也，憎人賊人，反天之意，得天之罰者也。不止此而已，書於竹帛，鏤之金石，琢之盤盂，傳遺後世子孫。曰：將以何爲？將以識夫憎人賊人，反天之意，得天之罰者也。〔註63〕

墨子認爲，前人「書於竹帛，鏤於金石，琢於盤盂」的資料所承載的歷史經驗，在後世子孫思考行爲之可否時，提供的是一足資倚賴、參考的根據。可以說，無論是孔子或墨子，他們都看重歷史經驗對於現實生活的影響和指導，其歷史意識益發強化，一種關注歷史經驗的時代氣氛儼然成形。然而，並非在這種看重、援據歷史經驗的情況下，所有的思想家對於歷史經驗的運用就都取徑相同。如果說以歷史故實爲「古」，則對於歷史經驗的態度大抵便可分爲「法古」與「變古」兩者。儒墨兩家可以說都是採取前一種眼光，相對於此，韓非則認爲「世異則事異，事異則備變」，〔註64〕所以不能一味依循而必須「變古」。文字記錄或口說流傳都像是一種引古薦今的媒介，歷史經驗是一種前車之鑑，具有「事實的確如此」的份量，所以，援用者的立論便因於古有據，而看來言之鑿鑿。此外，歷史經驗本身所提供的是一個開放的詮釋空間，後來者若能適切地於陳說之際或行文之時加以援用，往往便能讓歷史故實爲自己發聲；這除了是藉具體的故事來較爲清楚地烘顯一己抽象的思考，也是將歷史經驗的份量轉嫁於自己的言論之上，事半功倍地證成自己意見的可信度。

以下，便從先秦子家對於歷史故實的運用談起，並嘗試究論他們爲何要以歷史故實爲說的原因。

〔註62〕《論語・八佾》，《四書章句集注》，頁87。
〔註63〕〈天志中第二十七〉，孫詒讓《墨子閒詁》（北京，中華書局，2001年），頁205～207。
〔註64〕〈五蠹〉，陳奇猷《韓非子集釋》（高雄，復文圖書出版社，1991年），頁1042。

一、先秦子家「假事證道」的風習

（一）「假事證道」的開放性和證據力

　　每一事件的成形，必有其發生的因由，並且在經過如何的演變之後，有了一種怎樣的結果。現實如此，歷史事件亦然。然而，這些事件如果沒有後人的注意或闡釋，便只是在歷史的長流中存其舊跡而已，偶有讀者或能究明其理，但其與大多數後來者的關係實則相當薄弱。因為，歷史事件容或含藏著足堪引鑒的教訓，但其所喻所示若不得有識者加以詮釋解讀，並梳理其脈絡，則其意涵並不必然能清楚地呈顯於廣大的讀者之前。也就是說，歷史事件雖自存其演變的軌跡，但其脈絡轉折之間所伏蘊的深刻意義，與事件發展之所以如此的關鍵，卻必須經由有識者的掘發，才能顯豁出一較為清晰的條理；否則事件頭緒紛繁，若不剖顯其理，則也就只是歷史中的一次事件而已。

　　先秦諸子立論多有取資歷史故實者，事實上，這些子家在援用歷史故實時，也就擔當了詮釋者的地位。其原因在於，子家各有其思想體系，縱橫捭闔之際亦自有其獨樹一格的風貌，而歷史故實被選取、安置於子家論述的脈絡之中，想必是能依順著子家寫作的思路，並成為最恰如其分的論證。也就是說，雖則歷史故實的內涵原本並不單薄，但卻常必須藉由援用者將其意涵說述得更為深刻，然後才能在不同的論述脈絡中，活潑地體現其作為論據的那層意義。這說明了一點，歷史故實所提供的其實是一個開放的詮釋空間，允許援用者在陳說之際引以為論據，並加以鋪述說明。但歷史故實的詮釋空間既然開放而有彈性，當讀者都能夠加以解讀詮釋的時候，便難以避免由此產生的爭論。先秦子家如韓非，便在歷史的詮釋問題上，展開他對於當世儒、墨顯學之學術路徑的質疑。他說：

> 孔子、墨子俱道堯、舜，而取舍不同，皆自謂眞堯、舜，堯、舜不復生，將誰使定儒、墨之誠乎？殷、周七百餘歲，虞、夏兩千餘歲，而不能定儒、墨之眞，今乃欲審堯、舜之道於三千歲之前，意者其不可必乎！無參驗而必之者，愚也；弗能必而據之者，誣也。故明據先王，必定堯、舜者，非愚則誣也。愚誣之學、雜反之行，明主弗受也。〔註65〕

儒墨亦為重視歷史的先秦子家，而其立說之典範，都溯及年代已遠的堯舜先

〔註65〕 〈顯學〉，《韓非子集釋》，頁1080。

王，亦都有所取資於先王的歷史經驗；由此觀之，子家不只是在縱橫捭闔之際才援引歷史故實以爲說據，就是在他們各家學說基本理論的建立上，也都需要先王的經驗，以奠定一強而有力的骨架。然而韓非認爲，面對相同的典範，儒、墨雖各自闡述其旨要，且都能藉先王之經驗自圓其說，但二者之間卻難免扞格。由堯舜以至儒、墨，詮釋之分歧此爲其一；而自此以下，儒、墨兩家在孔子、墨子之後竟又演爲儒八墨三之局，詮釋之分歧此爲其二。儒、墨兩家是韓非當時所面臨的強勁論敵；韓非自上述詮釋分歧的情況，追根究柢地檢討爲何儒、墨兩家形成這樣學術紛擾，可說是從根本上質疑了儒、墨兩家的學說能否成立。

「殷、周七百餘歲，虞、夏兩千餘歲，而不能定儒、墨之眞，今乃欲審堯、舜之道於三千歲之前，意者其不可必乎！」以後視昔，原即無可避免因時間距離而產生考信問題。堯、舜、孔、墨不可復生，其想法是否眞如後學所闡述詮釋，無從準確得知，而儒、墨顯學既沒有可以參驗佐證的依據，卻又信誓旦旦以此爲前鑑，則便是「無參驗而必之者，愚也」。就韓非看來，先王的歷史經驗既不可考，若即以此爲圭臬，並作爲學說立論之根柢，其實便難掩捕風捉影之嫌，反倒使兩家學說自根本處即有疑義。再進一步說，儘管儒、墨都視堯舜先王之事爲足堪追摹的典範，但後學者取捨不同、詮釋各異，卻又屢屢異化了典範的面貌。孔、墨之於堯舜如此，而儒、墨後學之於孔墨更是如此；儒八墨三「取舍相反、不同，而皆自謂眞孔、墨」，〔註66〕各家各派都言之成理，但誰也不能說服誰。當時儒墨顯學的學術紛擾無法平息，韓非對此有「弗能必而據之者，誣也」之譏；指出在各說各話的詮釋中，先王典範的面貌不但無法廓清，而且各家盡出其說，也不能獲致共同的肯認。簡而言之，韓非批評儒、墨二家顯學的焦點是，在時間的距離上，無法考信的典範能否樹立既已有疑，詮釋之紛呈又更使人無所適從；不管是理論的根基或學說的枝幹，都有其應該檢討的狀況。此外，如果面對歷史經驗，無法避免無從考信及詮釋無所定論的問題，卻又「明據先王，必定堯、舜」，那麼這種運用歷史經驗的態度其實是有問題、「非愚則誣」的；畢竟，在眾說紛紜的詮釋下，任一種說法都可被反駁，儒、墨又如何能以這樣的學說面貌來取信於人？詮釋空間之開放，是子家可以運用的地方，卻也可能是子家在面對歷史故實時無法避免的難處。《韓非子》書中的這個例子可以作爲佐證：

〔註66〕〈顯學〉，《韓非子集釋》，頁1080。

> 歷山之農者侵畔，舜往耕焉，期年，甽畝正。河濱之漁者爭坻，舜
> 往漁焉，期年，而讓長。東夷之陶者器苦窳，舜往陶焉，期年而器
> 牢。仲尼歎曰：「耕、漁與陶，非舜官也，而舜往爲之者，所以救敗
> 也。舜其信仁乎！乃躬藉處苦而民從之，故曰：聖人之德化乎！」
> 〔註67〕

舜在這一事件裡，親力親爲與以德化民的形象，一直在歷史的流傳中受到孔
子以及大多數人的讚美與推崇。然而，韓非以一近似「翻案」的手段，引導
人們重新思考那樣的價值能否眞的成立。他說：

> 或問儒者曰：「方此時也，堯安在？」其人曰：「堯爲天子。」然則
> 仲尼之聖堯奈何？聖人明察在上位，將使天下無姦也。今耕漁不爭，
> 陶器不窳，舜又何德而化？舜之救敗也，則是堯有失也；賢舜則去
> 堯之明察，聖堯則去舜之德化；不可兩得也。楚人有鬻盾與矛者，
> 譽之曰：「吾盾之堅，莫能陷也。」又譽其矛曰：「毋矛之利，於物
> 無不陷也。」或曰：「以子之矛陷子之盾何如？」其人弗能應也。夫
> 不可陷之盾與無不陷之矛，不可同世而立。今堯、舜之不可兩譽，
> 矛盾之說也。〔註68〕

「舜之救敗也，則是堯有失也；賢舜則去堯之明察，聖堯則去舜之德化；不
可兩得也。」在眾人交相讚譽舜之作爲的時候，韓非注意到儒家價值體系另
一要角堯的存在；並提出堯作爲君之「明察」，與舜作爲臣之「德化」，不可
兩存的矛盾情況。揭舉堯舜兩譽矛盾的作法看來簡單，但卻有力地啓發了人
們重新思索：歷來所肯定的大舜親力親爲、以德化民的形象，雖被廣泛接受，
但是否眞的就是定評？藉此，他質疑了論敵理論的正確性，也爲自己開啓了
一個重新看待先王價值體系的觀點。前面提過，歷史故實的詮釋空間是開放
的，之所以這麼說，其實就是因爲人人都有詮釋歷史故實的權利，可以言之
成理地引爲說據。韓非面對「歷山之農侵畔」的歷史事件，儘管不是全然另
起爐灶地用一種全新的眼光來評論它，但他直接並排儒家對於兩位典型人物
的評價，便立刻凸顯了單就一家之言即可能發生的詮釋之錯亂與矛盾；他的
詮釋觀點於此自然呈現，並進而展開他自己理論說法的建構。

　　這裡擇取韓非對於當世論敵儒、墨兩家的論難及質疑，其意義在於再次

〔註67〕　〈難一〉，《韓非子集釋》，頁795。
〔註68〕　承上，〈難一〉，《韓非子集釋》，頁795。

凸顯歷史故實開放詮釋的特點，並藉子家論戰紛爭的實例，嘗試看出歷史故實的援用儘管有所爭議，卻仍因其允許各種詮釋而廣被運用。另一方面，由於儒、墨及韓非，都是習於援用歷史經驗，或者詮釋歷史故實以為己說的子家，可以說，他們「假事證道」〔註69〕的學術路徑基本上是相同的；那麼，如果觀察在他們的論戰中彼此之間針鋒相對的焦點，或許也正可以具體地把握這種學術路徑的特色。韓非在〈顯學〉中對於儒、墨二家的質疑，可以說是他對於歷史的真實性，以及歷史評價的準確性兩點的思辯。就《韓非子》全書多所取資歷史故實的著作傾向來看，其質疑當然不是全盤否定從歷史經驗中汲取說據的方法；可以思考的應該是：其一，如果他看重歷史經驗的考信問題，那麼，他必定是以一種嚴謹的眼光，來檢視其論述所倚靠的歷史經驗是否可信；而擴大來說，歷史故實在很多子家的著作中之所以可以作為鏗鏘有力的說據，或也正因像韓非這樣的子家，在「假事證道」的過程中確立了它這樣的性格。不過，這裡可以連帶思考的是，後來的「假事證道」，對於歷史故實真實性是否還如韓非一樣在乎？如果後來子家援引歷史經驗的態度已經不以事件之真假為慮，那麼，一旦他們放鬆了對於歷史可信度的堅持，「假事證道」的可靠性亦便隨之消失。後來許多子家引史為證的作法被批評為流於野史之記聞，或正與此有關。關於這一點，這裡只先約略提出，在後面的討論中會再有更詳細的論述。其二，韓非以儒、墨後學詮釋先王典型時，以眾說紛紜和無法稽考的狀況，來質疑其說之真，又藉著比觀儒家評價堯舜之矛盾，來指陳其學說的問題。於此，論敵之間的各自為說和一家之言中的前後牴觸，是韓非批評的焦點，凸顯了諸家立論思慮之不周，也讓我們看見了歷史故實的詮釋之難。如果仔細考辨，可以發現那其實反映了韓非對於歷史評價之準確性的要求。但是，如果韓非不斷辨證堯舜先王歷史定評的正確性，並思考歷史經驗能否以古例今，同時他也還是借重歷史經驗，來訴說他的主張所以應行的理由；那麼，他在面對長久的歷史經驗時，是否能夠突破這樣的侷限，恐怕也是有問題的。若我們姑且放鬆韓非對於歷史評價準確無誤的要求，則前述歷史故實評價之難，反面觀之，便適足以凸顯了歷史故實詮釋

〔註69〕 劉苑如，〈雜傳體志怪與史傳的關係〉（《中國文哲研究集刊》，第八期），頁378。其文云：「先秦時代，街談巷議因一言可采，具有記載保存的價值而向史部靠攏，但到了六朝，雜傳假神道以證歷史，則又趨進六藝、諸子的假事以證其道。」「假事證道」一語，正可藉以貼切形容先秦子家的學術路徑。

空間之大，與詮釋進路之多元。因為，大抵子家總是可以依其行文脈絡之不同，聚焦於不同的焦點，或從不同的角度看到不一樣的東西，也多方地形塑了歷史故實的面貌。這種詮釋上的彈性，並不意謂歷史故實的面貌、內涵能被詮釋者隨意扭曲；而是，在子家各自不同的思考之中，歷史其實允許他們對於事件之不同焦點的強調，然後多樣地呈現它的意義。就是在這樣的過程中，歷史透過子家的引用、說述被保留下來，並在子家的詮釋中，展演其蘊藏的豐厚內涵。而同時，經由闡明歷史事件，子家的意見也得到很好的支持；此或即歷史故實之所以始終在子家的論述中，有著重要地位的原因。

（二）《韓非子》中〈說林〉到〈儲說〉的轉進

如前所述，對於歷史現象的關注，韓非子於先秦諸子之中頗值得注意，而《韓非子》書中的〈說林〉及內、外〈儲說〉等篇章，確也纂輯了多方搜羅的歷史故事。事實上從其「說林」及「儲說」的篇名，便可察其寫作之衷情。「說林」，司馬貞《史記‧老子韓非列傳》索隱曰：「〈說林〉者，廣說諸事，其多若林，故曰『說林』也。」〔註70〕〈說林〉上下兩篇合計共收錄了七十一則故事，〔註71〕陳奇猷在《集釋》中說這是「蓋韓非搜集之史料備著書及游說之用」；〔註72〕換言之，就像建立一個資料庫一樣，這些多如林藪的說據蘊蓄著極好的說服力，同時也是對於韓非論點的支持，能夠適時並且有效地作一於古有據的收束。〈儲說〉亦然，太田方以為「此篇若是之說以備人主之用也。儲說一篇，分為內外，內篇又分為上下，外篇分為左右，左右復分為上下。內外、左右、上下，非有他義，以簡端多重故耳。」〔註73〕相較於「說林」具象地指出其書所錄歷史故事之多，「儲說」則呈現了「儲聚眾說以備不時之需」的子家心態；在諸子蠭起百家爭鳴的時代，這種立說的特色再次說明了先秦子家如韓非對於歷史故實的仰賴之深。子家習用歷史故實既久，對此必然多所關注，由此以往，其借鑒歷史的作法也就漸漸發展得更為純熟完備；若我們就〈說林〉及〈儲說〉兩篇的編排方式加以比較，就可以進一步看到這種借鑒方式的演進。

〈說林〉上下兩篇共七十一則，先就其形式觀之，都是直接羅列韓非所

〔註70〕轉引自陳奇猷，《韓非子集釋》〈說林〉，註一，頁418。
〔註71〕上篇計收三十四則，下篇計收三十七則。
〔註72〕〈說林〉註一，《韓非子集釋》，頁418。
〔註73〕〈說林〉註一，《韓非子集釋》，頁516。

彙集的歷史故事，這些故事各自獨立為說，內涵各異，彼此異質而無前後相屬的關聯。這種沒有經過主題式分類整理的形式，說明其似乎是隨時抄撮可為談說之資的歷史故事而成，所以難免稍嫌零亂鬆散；但這同時也凸顯了一種類似隨聞隨記的札記特點，正好呈現了子家平素即注意累積歷史故實，以備將來說據的工夫。再就這些故事被記錄的方式觀之。首先，七十一則故事中，韓非有所評述者約計十六則。所謂評述，意指韓非於記敘之文末加上「故」或「故曰」之語，以自己的意見來解讀、分析事件發展的因果關係及其內涵意義；〔註74〕或者，他在故事中就直揭其意，雖未加「故」語，但亦簡潔地點明了他從事件中所把握到的關鍵教訓。〔註75〕除此之外，其餘將近四分之三的故事，韓非大抵都只交代事件的本末，而未加以闡述衍申，讀者見其記述可以自察其意，或可藉由事件之中，人物對話的先知或符驗去把握故事所以如此的原因。可見，大致上〈說林〉一篇只是單純的纂集歷史故事而已，韓非大多數未加闡發，此一情形正好與前云本篇隨時抄撮的記錄形式互為表裡，都有一種姑且先行記之，待日後用時方始細究其義的意味。

其次，還可以注意的是，韓非雖偶或加上結語或評論，但那樣的解讀事實上只停留在單一的事件本身，是他在收錄的過程中隨機寫就的札記式的詮解。由於在抄錄事件的當下或並沒有引用申論的迫切性，若有所思索，亦只是先約略加以註記以便日後引用；所以，我們亦無從得知當他真的要取資援用以為己說的時候，究竟如何將這些歷史故事織綴進縝密的論述之中？或者如何比併某幾件歷史故事，以支持一個宏闊的發言？也就是說，純錄其事的記載，只能看到子家抄撮備用的意圖，而對單一事件稍加評論，約略指陳其意涵的作法，也還不是借鑑立說最終的樣貌；這些，事實上正與故事各自獨

〔註74〕 例如，〈說林上〉說樂羊啜盡中山之君烹其子所作之羹，結果文侯賞其功而疑其心；秦西巴不忍母麑啼哭而歸幼麑，孟孫逐之三月而復召以為子傅。韓非於此則文末云，「故曰：巧詐不如拙誠。樂羊以有功見疑，秦西巴以有罪益信。」只以「巧詐不如拙誠」一句，他便言簡意賅地指明了樂羊與秦西巴所以遭遇如此的原因，也概括出這則故事可以借鑑思慮的地方。十六則中加有「故」或「故曰」之語者居其六。

〔註75〕 如〈說林上〉韓非以管仲隰朋師於老馬與蟻為例，有「以管仲之聖而隰朋之智，至其所不知，不難師於老馬與蟻。今人不知以其愚心而師聖人之智，不亦過乎？」之語，雖未以「故曰」帶出結論，但已經可以清楚表達了他以歷史故實為眼光所看到的今人之失。十六則中韓非未加「故」或「故曰」而直抒其意者十六有十。

立爲說的形式互相符應，都共同指出了本篇纂集資料，隨聞隨記的特色。前面曾說〈說林〉多方搜羅歷史故實以備不時之需，看來就像一個資料庫；由上面的討論可知，我們藉此至多只能了解韓非在立論之前，如何收集並累積這些既多且廣的歷史故實，以紮穩說理的基礎，至於他如何利用〈說林〉這樣的資料庫，以精彩地「假事證道」，於此似尚不能窺其全豹。換言之，這是一個純粹先求其多、求其廣的資料庫，至於這個資料庫究能如何使用，其使用方法則尚未全盤托出。當然，我們無法斷定在〈說林〉成篇的時候，韓非是否就如篇章所呈現的一樣，還未能實際借鑒歷史以立說論述，但這的確如實反映了一種立說之前收集材料的準備過程。因此，我們或亦可以視之爲「假事證道」的方法尚未完全成熟之前的樣貌，然後進一步觀察其借鑒立說的作法如何能有益發成熟的轉變。

舉例而言，前面說〈說林〉上下所錄故事中，文末有韓非自己的評述者約計十六則。其中六則，韓非在事件鋪敘完畢之後，跳開來從置身局外讀者的角度附上一總結性、感想性的評語；或者自言，或者連結故事與先前的經驗知識，都是在陳述時用「故」或「故曰」來逗引出自己的見解。雖然用「故」或「故曰」之語者十六之中只居其六，不算多數，但是從這些詞語出現的時機和次數來看，卻也頗有可以討論的地方。這六則附有韓非「案語」的故事，〈說林上〉有兩則，其餘四則屬〈說林下〉；如果〈說林〉上、下是順時性的寫作，那麼這種對於歷史故事越見頻繁的解說，就算是隨機的註記，也說明了作者越來越清楚爲什麼要收錄這條資料？其可以取資的意義何在？不過，如果〈說林〉之所以分上、下並無前後的時間順序，只是爲了因應資料過多的情況，所以不得不用兩篇的篇幅來收納這些歷史故實的話，則這樣的例子由上篇至下篇有所增多的情形，便無法推測子家對於歷史事件，有一越來越清晰的引用概念；而應該全面地從十六分之六的比例來觀察其意義。亦即：面對歷史故事無論是能有自己的見解，或是能發現其與經驗知識的相合之處，都隱約勾勒出其借鑒歷史之思維的雛形；子家一旦可以掌握住所引各則歷史故事的內涵，再下一步可能的發展便是，將性質相同、意義相近的故事聚攏起來，然後本來零亂的編排方式也會因之而有所改變。的確，我們在〈儲說〉各篇中就可以看到異於〈說林〉的佈局結構。

〈儲說〉共分〈內儲說〉上、下，及〈外儲說〉左上、左下、右上、右下等六篇。前面說過，〈儲說〉的篇名直接點明儲備眾說以待不時之需的寫作

意旨，與〈說林〉「羅列眾說，其多若林」的情形相似；但它篇章整體的佈局方式相較於〈說林〉則有很大的不同。〈儲說〉系列篇章，所申論的主要內容是，國君究應採取何種手段，可以得臣民其效勞，卻又不致使其篡奪權勢？韓非獻謀進略，期使人主能夠在君臣的緊張關係中取得優勢。特別的是，其體裁屬於經說體，文章進行先列「經」以舉其論旨之梗概，再依「經」的次序羅列眾「說」，一一鋪敘歷史事件以為「經」之符應；其申論的過程條理分明，層次井然。今仍可見，文本在「經」末都會寫上「右經」，以下才接著由「說一」開始分述，「經」、「說」的分際是相當清楚的。由於「說」的部份所收錄的例子眾多，因此〈儲說〉各篇的篇幅都不短，然而，「經」「說」始終還能遙相呼應，也就更加展現了作者清楚的寫作意識，與編排之匠心。不過，這六篇雖然都屬經說體，內外篇之間還有一些差別。〈外儲說〉四篇都於開篇即分點說述「經」意，雖則「經」、「說」之間緊密扣合，但這樣的立說形式在讀者看來難免感覺突兀。相較於此，〈內儲說〉兩篇則在「經」之前還有一總綱式的概括，扼要地提呈「經」意，將之統合於一個更大的主旨之下，使該篇的引述更能烘托題旨。例如，〈內儲說上〉說的是主之所用的「七術」，〈內儲說下〉講的是主之所察的「六微」；「七術」和「六微」就像標籤一樣，標語式地提點人主作為國君所應該留意的東西。〈外儲說〉的部份沒有這樣的篇首前言，也許是因為，韓非本來就不是非得成套地陳述他的思維不可，僅止於分項列點說明亦未嘗不是一種清晰的說理表達；又或者，內、外〈儲說〉都以人君之所應行作為主要的論旨，由此開展的意見難免複重，所以前面既已列舉七術及六微，後面便不必再將類似的意見屢次分置於不同的主題之下，所以才會有開篇即直接分述各點「經」意的情形。大致上說來，篇首是否有前言以總括「經」意，就全篇以「說」輔「經」的形式看來，大抵並無影響；不過，少了篇首總括式的介紹，〈外儲說〉各篇所要論述的焦點看來還是比較渙散一些，而〈內儲說〉多了那一層最高的收束，也就使得整篇的架構更為完整。

雖然內、外〈儲說〉的形式之間還有些微的不同，但整體而言，我們的確可以看到〈儲說〉六篇較之〈說林〉兩篇，已經展現出一種條理不紊的「假事證道」面貌。〈儲說〉以「經」統「說」，經過聚攏性質相同之事件的整理，全篇所收歷史事件之多就不再只是單純的彙集而已；因為，在〈說林〉中我們只能印證韓非借鑑歷史的論述傾向，但〈儲說〉則是清楚呈現了他在多方

搜羅的歷史故實之後，的確有所取資援用以證其說的立論模式。簡言之，〈說林〉的「說」，其意義在於記錄「有此一說」，姑先記之以備後用；而〈儲說〉之「說」，則代表韓非針對君王治術所提出的意見，「可據此說以爲證」。

由〈說林〉以至〈儲說〉，似可說是借鑒史事由預備到完成的進程，〔註76〕合兩者而觀之，我們才眞正看到，借鑒爲數眾多而旨意相同的歷史事件，所能達到的說服論證的力度；而那些歷史的材料在子家的論述中作爲說據的角色，也才被鮮明地凸顯出來。〈說林〉及〈儲說〉中有一則相同的記錄，或可作爲此說的註腳，茲先錄其文於下。在〈說林〉中其文云：

> 鱣似蛇，蠶似蠋。人見蛇則驚駭，見蠋則毛起。漁者持鱣，婦人拾
> 蠶，利之所在，皆爲賁、諸。〔註77〕

而在〈內儲說上〉又提及此例，則爲扣合「七術」中的第三點：信賞盡能。「賞譽三」的「經」文云：

> 賞譽薄而謾者下不用，賞譽厚而信者下輕死。其說在……厚賞之使
> 人爲賁、諸也，婦人之拾蠶，漁者之握鱣，是以效之。〔註78〕

其後「說三」又錄此文：

> 鱣似蛇，蠶似蠋。人見蛇則驚駭，見蠋則毛起。然而婦人拾蠶，漁
> 者握鱣，利之所在，則忘其所惡，皆爲孟賁。〔註79〕

面對這兩處幾乎全同的記錄，王先愼《韓非子集解》說，「此條見之於經，《說林》誤重。」〔註80〕由於〈內儲說上〉的「經」、「說」是一緊密的行文架構，故王先愼判斷，「經」既先提出之，「說」又後繼而輔之，拾蠶握鱣之說出現在〈內儲說上〉當無疑義；倒是既出於此，〈說林〉又錄，便可謂重出了。古書在流傳的過程中，重出的情況所在多有，但由前述對於〈說林〉及〈儲說〉性質的判別，則這裡的情形若不視爲重出，或亦能有不同的解釋。這一則事件在〈說林〉的記敘中所凸顯的是，有利可圖的情況往往使人忘其所懼所惡；而在〈內儲說上〉，韓非欲說明國君賞譽若豐厚，就可以得到臣下效死的回報時，便納之以明其說之應然。正如婦人、漁者能忍其驚駭，而握鱣拾蠶，豈

〔註76〕 如梁啓超即云，「〈說林〉兩篇，似是預備作內外〈儲說〉之資料。」轉引自
　　　　 陳奇猷，《韓非子集釋》，頁 418。
〔註77〕 〈說林〉，《韓非子集釋》，頁 453。
〔註78〕 〈內儲說上〉，《韓非子集釋》，頁 521。
〔註79〕 〈內儲說上〉，《韓非子集釋》，頁 556。
〔註80〕 轉引自陳奇猷，《韓非子集釋》〈內儲說上〉註釋，頁 556。

之以得利；則國君若能厚賞重譽，百姓既能得利，亦必將盡忠竭誠而輕死為國。「利之所在，則忘其所惡」，是由事件中所抽繹出的思考，正好可為韓非所提「信賞盡能」的治術主張作一很好的佐證。由此觀之，這一則事件出現在〈說林〉與〈儲說〉中的意義是全然不同的；若不只以書籍著錄重出的情況視之，則這正好可以反映同一則事件在韓非的論說體系中，輪廓越顯清晰的地位及作用。正如陳奇猷所云：「〈說林〉兩篇，本為韓非預備其作書之資料，疑此條先錄於〈說林〉，後收入此篇，而〈說林〉未刪，故兩處皆見之。」〔註81〕婦人、漁者「握鱓拾蠶」之事在〈說林〉及〈內儲說上〉的記錄，其實正好勾勒出編排形式轉變的痕跡：由散錄眾說的呈現，到以「經」統「說」之以類相從的整理；這種主題式論列歷史故實的作法，使得事件在論說體系中的意義益發明顯。這也就代表了韓非借鑒歷史的意識與作法，實已發展得更為鮮明而且純熟。

先秦諸子多假史事以為己說之據，韓非是其中極具代表性的人物，那麼，當我們想要了解先秦子家究竟如何面對、運用歷史故實的時候，韓非對於借鑒歷史的思考以及作法，其實便提供了一個頗為清晰的觀察側面。嘗一脟肉而知一鑊之味、一鼎之調；韓非作為戰國時期立說論證雄辯滔滔的傑出子家，當我們觀其書、見其語，而察其觀念辯證之細、材料蒐羅之富與組織編排之益發緊密時，實則正可逆見當世百家爭鳴，各售其說的緊張情形。此外，亦頗能想像先秦子家借鑒、取資歷史故實的思考，究竟已經發展到了什麼樣的地步。〈儲說〉與〈說林〉之間的差異，當然可說是韓非借鑒思考的進步，但若說是在當世與其他子家且戰且走的論爭中不得不然的改進，亦不無可能。

以上藉由《韓非子》的篇章，討論了兩個重點：其一，先秦子家以歷史的不同詮釋為焦點，展開針鋒相對的論戰，這說明了當大家都習慣取資史事時，便很容易發生意見不同的齟齬，這是歷史故實的詮釋之難，亦適足以凸顯詮釋的多種可能。其二，〈說林〉及〈儲說〉的型態，呈現了借鑒方法的進步。韓非以類相從地組織編排舊說，可以見到子家出入歷史故實之林，游刃有餘地取資其事，並引以為己說之註腳；而歷史故實在這樣的安排之下，展現了清楚的內涵意義，也因為條理井然的安排，而能有力地支持韓非所論列的意見。簡而言之，歷史故實在子家立說著論時，地位之舉足輕重由此可見。而同時，這種「假事證道」的取徑中，很早就展現出子家著作「子不離史」的特色。

〔註81〕 〈內儲說上〉，《韓非子集釋》，頁556。

　　韓非以後，亦有子家繼承了「假事證道」的立說方式者，如劉向，其著作亦呈現了類似的特色。《漢書》〈楚元王傳〉有云，宣帝時石顯等人專權，其後宣帝雖因日食之變而復徵周堪，但周堪「疾瘖，不能言而卒」，石顯又誣譖周堪弟子張猛，「令自殺於公車」，劉向見此義憤不平，故寫《疾讒》、《摘要》、《救危》及《世頌》等書以針砭其事，因此見廢十餘年。於此，《漢書・劉向傳》說他寫作這些篇章乃是「依興古事，悼己及同類也。」〔註82〕所謂「依興古事」，正好言簡意賅地點明了劉向著作對於先秦子家「假事證道」的繼承。有學者認為，「《新序》、《說苑》的底本正是〈儲說〉與事語類的書籍。」〔註83〕其原因除了劉向也大量地引用歷史故實為說，還可以從《說苑》和《新序》的著作型態來解釋。直觀地看，便不難發現「說苑」與韓非「說林」構詞相同，且其中的〈談叢〉、〈雜言〉以及《新序》中的〈雜事〉四篇，都似乎還留有〈說林〉「姑先廣收諸事以備後用」這種形式的痕跡。此外，《說苑》之〈君道〉、〈臣術〉、〈建本〉、〈立節〉、〈貴德〉、〈復恩〉、〈政理〉、〈尊賢〉、〈正諫〉、〈敬慎〉、〈權謀〉、〈至公〉、〈指武〉、〈辨物〉、〈修文〉、〈反質〉及《新序》的〈刺奢〉、〈節士〉、〈義勇〉、〈善謀〉等篇，都有一能總綰篇旨的篇題，就像〈內儲說〉中「七術」所包含的眾端參觀、必罰明威、信賞盡能、一聽責下、疑詔詭使、挾知而問、倒言反事，以及「六微」中所囊括的權借在下、利異外借、託於似類、利害有反、參疑內爭、敵國廢置等「經題」，劉向也能用一個清楚而且具體的中心意旨，即篇題，來統攝篇章中的古事。尤有甚者，內外〈儲說〉的「經」下皆對經旨有一簡短的說明，劉向這些篇章亦多於開篇即作一總論，〔註84〕與〈儲說〉相比，其議論更顯精密而仔細。因此，除了較少「七術」、「六微」這種標籤式的總論〔註85〕之外，這些篇章「有題有論」的型態較之「無題有論」的〈外儲說〉，甚至與〈內儲說〉更為相似而且還顯得更加成熟。

　　凡此，都可以見到劉向《說苑》、《新序》對於《韓非子》〈說林〉、〈儲說〉的寫作型態與意識的確有所繼承；可以說，劉向著作「依興古事」的特質，有其接續於先秦子家的學術路徑。但大量援引歷史故實以立其說，卻也使其

〔註82〕《漢書・楚元王傳第六》，頁1948。
〔註83〕徐興無，《劉向評傳》（南京：南京大學出版社，2006年），頁406。
〔註84〕如《說苑》的〈臣術〉、〈復恩〉、〈政理〉、〈尊賢〉、〈正諫〉等篇，篇首都有一總綱式的論述。
〔註85〕〈臣術〉有六正、六邪；政理有三品、二機。

著作發生究應以子或以史的眼光來評價的問題，且影響了其於目錄中的部別，並引發了後人的爭議。以下便擬從劉向《說苑》、《新序》及《列女傳》三部著作在目錄中改變的情形與意義入手討論，以期顯豁出「假事證道」的子書發展到末流時，之所以與「史」發生糾葛的癥結，並進而得窺當時史部著作所以蔚為大觀之一斑。

二、劉向「依興古事」引發的子、史之辨

關於《說苑》、《新序》及《列女傳》三書的成書緣由，《漢書·劉向傳》云：

> 向睹俗彌奢淫，而趙、衛之屬起微賤，踰禮制。向以為王教由內及外，自近者始。故採取《詩》、《書》所載賢妃貞婦，興國顯家可法則，及孽嬖亂亡者，序次為《列女傳》，凡八篇，以戒天子。及采傳記行事，著《新序》、《說苑》凡五十篇奏之。數上言得失，陳法戒。書數十上，以助觀覽，補遺闕。上雖不能盡用，然內嘉其言，常嗟歎之。〔註86〕

《列女傳》乃劉向「採取《詩》《書》」中的各種相關事例序次而成，而《新序》及《說苑》的定著，亦從劉向對「傳記行事」的擇取〔註87〕而來。劉向這三部書十分集中地體現了列舉人事以著論立說的情況，亦可見其符應於《漢書》本傳所云「依興古事」的特色。不過，也正是這樣有取於古事的著作型態，挑起了後來學者對於其書子史定位的討論。前面曾說劉向的特色有所沿襲於韓非，但韓非本屬先秦子家，而在後來的目錄分類中，其大量假借古事以證其說的著作型態，亦未受到是否屬史的質疑。那麼，劉向著作之所以會

〔註86〕《漢書·楚元王傳第六》，頁1957～1958。

〔註87〕宋本《說苑》有向奏上敘錄云：「所校中書《說苑》雜事，及臣向書、民間書，誣校讎，其事類眾多，章句相溷，或上下謬亂，難分別次序，除去與《新序》復重者。其餘者淺薄不中義理，別集以為百家後，令以類相從，一一條別篇目，更以造新事十萬言以上，號曰《新苑》。」關於《說苑》及《新序》究是劉向整理或自撰而成的問題，余嘉錫先生與徐復觀先生分別有不同的意見。余嘉錫以為，本傳謂「采傳記行事」，則書非向所自作，且《說苑·敘錄》說向「校中書《說苑》雜事」、「除去與《新序》復重者」，則當時本已有《說苑》、《新序》之書，不待劉向自撰。而徐復觀先生則以為，《漢書》本傳說「著《新序》、《說苑》凡五十篇上奏之」，「著」不同於「序次」只是加以整理編排，則兩部書當為向所自撰無疑。不過，無論是哪一種說法，成書的經過都有待於劉向的修整剪裁，所以這裡姑且以「擇取」名之。

引發這樣的討論，是否與後來目錄編修時世人在子史觀念上的變動有關？或是與子書及史書在當時的發展有關？以下即就劉向《說苑》、《新序》及《列女傳》三部著作在目錄中部別改換的情形及其意義討論之。

　　在《漢志》中，劉向《說苑》、《新序》、《列女傳》三書皆錄於諸子略儒家類，而在《隋志》及《四庫總目》中，《說苑》及《新序》仍屬子部，但《列女傳》轉置於史部之下，《隋志》屬雜傳類，《四庫總目》屬傳記類，名異實同。由此觀之，則《列女傳》較早地就已脫離子學的範疇而進入史學的領域之中。到了清朝張之洞的《書目答問》，這三本書則全部收於史部古史類之內；至此，這三本書的性質可以說完全地由子轉史，而且在歷經《隋志》分道揚鑣的部別安排後，又再次歸於同類。簡而言之，在《漢志》、《隋志》、《四庫總目》及《書目答問》中，三書於《漢志》都入子部，而《隋志》以下《列女傳》屬史部，《說》、《新》二書則至最後的《書目答問》亦轉而屬史。在這之間，唐朝劉知幾雖未編纂目錄，但他在《史通》中也談及劉向這三部著作，並以「廣陳虛事，多構僞辭」來批評劉向著論之識不周、才不足，〔註88〕那無疑是完全從「史」的角度來檢討這些書的價值。事實上，後來很多關於《說苑》、《新序》子史性質之爭議，也正是從檢討此說是否得當開始。因此，劉知幾此說也是在目錄書籍之外，不能忽略的一種看法。由於《列女傳》最早在目錄部別上有所改變，且後來學者亦較少對於它自《隋志》以下部居史部的位次有所質疑，因此，下文便先從《列女傳》由子入史的情形開始討論，然後再及於《說苑》、《新序》的部份。

（一）《列女傳》的性質與定位

　　前面曾引《漢書‧劉向傳》記錄他序次、定著三書的文字，這裡爲了討論的方便，姑且再次抄錄其中關於《列女傳》的部份。其文云：

　　　　向睹俗彌奢淫，而趙、衛之屬起微賤，踰禮制。向以爲王教由內及
　　　　外，自近者始。故採取《詩》、《書》所載賢妃貞婦，興國顯家可法

〔註88〕《史通‧雜說》云：「觀劉向對成帝稱武、宣行事，世傳失實，事具《風俗通》，其言可謂明鑒者矣。及自造《洪範五行》及《新序》、《說苑》、《列女》、《神仙》諸傳，而皆廣陳虛事，多構僞辭，非其識不周而才不足，蓋以世人多可欺故也。嗚呼！後生可畏，何代無人，而輕輕忽若斯者哉？夫傳聞失眞，書事失實，蓋事有不獲已，人所不能免也。至於故造異說，以惑後來，則過之尤甚者矣。」見〈雜說下〉，《史通通釋》（北京：上海古籍出版社，1982年），頁516～517。

則，及孽嬖亂亡者，序次爲《列女傳》，凡八篇，以戒天子。〔註89〕「王教由內及外，自近者始」，劉向所以作《列女傳》，乃以王教中心的天子后妃作爲陳戒的對象。其書由《詩》、《書》中可法可則的女性事蹟組成，或以賢妃貞婦的母儀、賢明、仁智、貞順、節義、辯通等言行作爲取法的典範，或以孽嬖之女性群像作爲負面的鑒戒，意在針砭后妃踰越禮制之不當。然而，更重要者，乃在使天子知所警惕，希望在肅清帝王身邊的后妃近臣之後，最終可以矯正時俗之淫靡。

《列女傳》值得注意的體例是，在每一段故事之末，劉向常擷引《詩》句作結，〔註90〕簡短地爲傳主事蹟作一收束，輔以結尾的「此之謂也」；不但強化了其中的教化意涵，同時也有轉而釋《詩》的作用。故學者或以爲，這樣的體例與《韓詩外傳》接近，也可算是「漢代一種《詩傳》的形式，這使得《列女傳》符合經學的規範」。〔註91〕劉向引《詩》篇幅雖短，常只有《詩》中的一兩句話，且他所借以勾勒、褒貶傳主事蹟的《詩》意，亦難免斷章取義之嫌，但這種有取於《詩》的模式卻是時人習慣的陳言進諫之方式。《漢書》〈儒林傳〉記載，昌邑王因爲淫亂而見廢，當時治事使者以「師何以亡諫書？」責問昌邑王師王式，而王式的回答是：

> 臣以《詩》三百篇朝夕授王，至於忠臣孝子之篇，未嘗不反復爲王
> 誦之也；至於危亡失道之君，未嘗不流涕爲王深陳之也。臣以三百
> 五篇諫，是以亡諫書。〔註92〕

觀其言可知，《詩》三百五篇中，示現著許多忠臣孝子的形象、國君危亡失道之實跡；當他授王以《詩》而「反復爲王誦之」並深陳其義時，其實就寄寓了他陳言極諫的心意。王式不僅直接點明了《詩》的諫書性質，也具體剖析了他所以能夠以《詩》爲諫的原因。《詩》於當時既可以爲諫，則劉向《列女傳》引《詩》之舉的意圖便清晰可知；他引《詩》作結的寫作方式，亦呼應了他「以戒天子」的著作意旨，兩者之間若合符節。雖然，劉向的作法與王式直接以《詩》爲諫不同，但也由此可證「《列女傳》實乃一特殊型態的諫書」。

〔註89〕《漢書・楚元王傳第六》，頁1957～1958。
〔註90〕劉向在每一段故事最後的引文，據大陸學者徐興無統計，引《論語》作結者三條，引《易》作結者兩條，其餘大部份都是引《詩》，而以「此之謂也」作結。見《劉向評傳》，頁392。
〔註91〕〈《列女傳》、《新序》、《說苑》及其他〉，《劉向評傳》，頁392。
〔註92〕《漢書・儒林傳》，頁3610。

〔註93〕

今見《列女傳》只有文字，然《漢志》所著錄者爲《列女傳頌圖》；《七略別錄》亦云：「臣向與黃門侍郎歆所校《列女傳》，種類相從爲七篇，以著禍福榮辱之效，是非得失之分，畫之於屛風四堵。」〔註94〕劉向歆父子圖畫列女故事之舉，有其承自「漢宮教化與美術傳統」的淵源，〔註95〕而圖畫於屛風四堵的列女故事如何收其「以戒天子」的成效？下文所引成帝與班伯的問答可以爲例。《漢書・敘錄》云：

> （成帝）設宴飲之會，及趙、李諸侍中皆引滿舉白，談关大噱。時乘輿幄坐張畫屛風，畫紂醉踞妲己作長夜之樂。上以伯新起，數目禮之，因顧指畫問伯曰：「紂爲無道，至於是虖？」伯對曰：「《書》云：『乃用婦人之言』，何有踞肆於朝？所謂眾惡歸之，不如是之甚者也。」上曰：「苟不若此，此圖何戒？」伯曰：「『沉湎於酒』，微子所以告去也；『式號式謼』，〈大雅〉所以流連也。《詩》《書》淫亂之戒，其原皆在於酒。」上乃喟然歎曰：「吾久不見班生，今日復聞讜言！」放等不懌，稍自引起更衣，因罷出。〔註96〕

「殷紂妲己」事見〈孽嬖傳〉，成帝幄坐之側所張屛風之上圖畫其事，可以想見的是，劉向父子欲以殷紂酒池肉林，嬖幸妲己，終致國亡見滅之事，陳戒於帝王以儆之。在「引滿舉白，談关大噱」的酣飲之際，成帝雖對班伯「數目禮之」，但「紂爲無道，至於是虖」這看來明知故問的徵詢，使其指畫發問的舉動頗有一點輕佻試探的意味。班伯引《論語》「紂之不善，不如是之甚者也」回答，他順利引起了成帝「苟不若此，此圖何戒」的追問，也在「踞肆於朝」之外，又別陳「《詩》《書》淫亂之戒，其原皆在於酒」的解釋。班伯從殷紂無道的實情中提出對於成帝當時引滿舉白、宴飲談笑之舉的針砭之意，成功地引起成帝的反思，也驅散了一班受幸胡爲的寵臣。將列女故事圖畫於皇帝坐側的屛風之上，其用爲何？自此清楚可知。而《列女傳》詳載女

〔註93〕朱曉海，〈劉向《列女傳》文獻學課題述補〉，《臺大中文學報》（臺北：臺灣大學中國文學系，2006年）。

〔註94〕姚振宗，《隋書經籍志考證》〈史部雜傳類〉，頁326/70。

〔註95〕〈《列女傳》、《新序》、《說苑》及其他〉，《劉向評傳》，頁388。徐興無認爲劉向父子圖畫列女故事的作法淵源有自，因高祖爲楚人，楚人好壁畫、帛畫之觀，所以後來漢崇楚風，上層人物喜之而多延用之：如西漢魯恭王靈光殿有壁畫，而東漢盛行畫像石，或亦受到此風之影響。

〔註96〕《漢書・敘錄》，頁4200～4201。

性事蹟，雖已有一固定的規戒方向，但仍無損於它提供像班伯這樣隨機詮解的空間；由此可見《列女傳》蘊涵飽滿的鑒戒意涵，也足證劉向「以戒天子」的想法之可行。不過，雖然劉向「採《詩》、《書》所載賢妃貞婦及孽嬖亂亡者」爲例的作法，事等王式以《詩》中國君以及忠臣孝子的行爲舉措作爲諫辭，但是，《列女傳》既有此種陳列「女性事蹟」的形式，其實在「以戒天子」的著作意旨與陳說對象之外，也同時對於身爲女性的後宮之后妃妻妾有著示範的作用。或許，劉向由近取譬地以列女作爲論述的媒介，在角色相近的情形下，后妃原本就很容易見之而內自省。

　　《列女傳》前六傳的大序中，有「姑母察此，不可不法」、「妃后覽焉，名號必揚」、「夫人省茲，榮名必利」、「諸姬觀之，以爲法訓」、「姜姒法之，以爲世基」，及「妻妾則焉，爲世所誦」等語，由此觀之，《列女傳》的傳主們，其形象與故事作爲一種可以被「察」、「覽」、「省」、「觀」、「法」、「則」的典範，〔註97〕似乎原本就被懸示在后妃、姑母、夫人、妻妾等後宮女性的面前。換言之，《列女傳》言說教化的對象，乃正以帝王身邊的「列女」爲主，如朱曉海先生便說，這正解釋了劉向本傳所謂「採取《詩》、《書》所載賢妃貞婦興國顯家可法則」者，「確實是就女性讀者而言。」〔註98〕雖然，他也也提醒，《列女傳》看來雖是提供了女性讀者「察」、「覽」、「省」、「觀」的典範，但亦不能忽略「編者原初預設更重要的位讀者是：天子。因爲縱使有再多『賢』、『貞』女子，如果天子觀念不清，賢否失辨，貞淫倒錯，『仍達不到王教『自近者始』的目的。」〔註99〕他這樣的說法合理地解釋了何以劉向寫作意旨在於「以戒天子」，但現實作法上卻是將典範樹立在后妃之前。不過我們也可以藉此看到，如果不特意強調「天子」這個重要的讀者，而直就《列女傳》其書及其形式來看，其實很容易便會遺忘了它原欲有所諫諍於天子的本意。《列女傳》對後宮的后妃嬪姬等女性讀者有所影響，可見於〈外戚傳〉的這段記錄：

> 成帝遊於後庭，嘗欲與健伃同輦載，健伃辭曰：「觀古圖畫，賢聖之
> 君皆有名臣在側，三代末主有嬖女，今欲同輦，得無近似之乎？」
> 上善其言而止。太后聞之，喜曰：「古有樊姬，今有班健伃。」健伃
> 誦《詩》及〈窈窕〉、〈德象〉、〈女師〉之篇。每進見上疏，依則古

〔註97〕朱曉海先生在〈劉向《列女傳》文獻學課題述補〉一文中，已申此意。
〔註98〕朱曉海，〈劉向《列女傳》文獻學課題述補〉。
〔註99〕朱曉海，〈劉向《列女傳》文獻學課題述補〉。

禮。〔註100〕

古代圖畫中，三代末主不有名臣而有嬖女在側，班倢伃以此爲戒，辭與成帝同聲，而太后聞倢伃之言，比之爲古之樊姬。其中，三代末主之嬖女即《列女傳》〈孽嬖傳〉首記之夏桀末喜、殷紂妲己及周幽褒姒，而樊姬之事則見於〈賢明傳〉中設法使楚莊王改過的「楚莊樊姬」一段。〈外戚傳〉這一段短短的記錄，便將成帝時后妃對於列女故事的熟悉表露無遺。若究其所以如此，事實上也就可以更進一步肯定，《列女傳》及其相關事物對於後宮女性影響之愷切。茲略論如下。

　　后妃爲何熟知列女故事？其一，正如班倢伃這裡說的「觀古圖畫」，她在〈自悼賦〉中也說自己「陳女圖以鏡鑒兮」；〔註101〕可見，她對於古代女性的了解源自於列女故事之圖畫。在披覽的過程中，她便慢慢了解女性言行舉止之應然，並以此自鑒。前面曾說成帝座側擺置有圖畫列女故事的屏風，那麼這裡說班倢伃覽觀列女圖畫，或亦代表了后妃的居處之室也張放著同樣的擺設；而太后對於古時懿美之姬嬪的了解，想亦有取於斯。史載王皇后生成帝於「甲觀畫堂」，〔註102〕應劭以爲所畫乃見於《列女傳》〈母儀傳〉的九子母故事，〔註103〕記敘魯國一位九子之寡母動合禮節，以禮教了，而受魯穆公封爲「母師」之事。可見，列女圖畫也是太后所據以了解列女事蹟的媒介。至此，我們更可以進一步總結地說，除了「以戒天子」之外，以圖畫方式呈現的列女故事，事實上也在后妃的身邊起著陳法戒、言得失的作用。而可以注意的是，《漢書‧劉向傳》記劉向於成帝時，因爲趙皇后及衛倢伃踰越禮制，故欲序次《列女傳》以戒天子，前引成帝與班伯對話之事亦可證此。此處圖畫母儀故事於太子宮之事，更在班伯陳戒成帝之前；由此觀之，則不但是在劉向序次整理之前，《列女傳》中的故事可能已經廣爲人知，就是圖畫列女故事的作法，亦正合於前引徐興無先生的意見，在劉向父子之前已自有其發展之淵源。簡而言之，懸鑒各種合其身份〔註104〕的列女故事於后妃之前，使其

〔註100〕《漢書‧外戚傳》，頁3983～3984。
〔註101〕《漢書‧外戚傳》，頁3985。
〔註102〕《漢書‧成帝紀》云：「孝成皇帝，元帝太子也。母曰王皇后。元帝在太子宮生甲觀畫堂，爲世嫡皇孫。」《漢書》頁301。
〔註103〕《漢書‧成帝紀》，註二，應劭云：「畫堂畫九子母。」頁301。
〔註104〕其時圖畫「九子母故事」於太子宮中，可見乃欲以此母儀故事教養即將生產太子的王皇后，因此，當時也許正是依照后妃身份之不同，而圖畫各種不同類型的列女故事於其宮室之中。

熟諳列女故事進而端正一己之視聽言行；這樣的作法或許正是後宮行之已久的女教方式，亦所以班倢伃及太后所以能精熟列女故事的原因之一。

其二，〈外戚傳〉這段引文說班倢伃誦《詩》及〈窈窕〉、〈德象〉、〈女師〉諸篇，合其言行與所誦習之書而觀之，則她的動止云爲之所以能「依則古禮」而不違失，或即受到以《詩》爲首的這些篇章的薰陶所致。〈窈窕〉、〈德象〉及〈女師〉等篇的內容今雖不得而知，但從其篇名與班倢伃的舉止看來，其意旨與女性教化相關應無疑義。這裡值得再加以思索的是：《詩》似乎蘊涵了豐富的女教養分。從劉向編次《列女傳》的角度來看，《詩》一方面是劉向採取賢妃貞婦之事的來源，一方面詩句又是結尾借以收束提點之語，《列女傳》有取於《詩》者斑斑可見；而《詩》之於《列女傳》，乃如前引王式以《詩》爲諫之例，證成了劉向欲藉《列女傳》「以戒天子」的諫書性質。但與此稍有不同的是，這裡班倢伃詳讀《詩》而能「依則古禮」，且她在〈自悼賦〉中亦自云「顧女史而問《詩》」，〔註105〕《詩》似爲班倢伃等後宮女性所能接觸到的少數讀物之一；而書中屢屢呈現的這種誦《詩》以自持的作法，也凸顯了《詩》有裨於女教觀念塑型的特質。可以說，《詩》在一定程度上幾可視爲箴戒后妃行爲舉止的書籍，雖與王式「以諫天子」的對象有異，然其提呈鑒戒的特質則一。且若從《詩》有裨於女教的這個角度來看，則劉向在《列女傳》中引《詩》作結，除了有當時以《詩》爲諫的意識背景之外，也因爲《詩》涵融了女教的養分，故以之爲列女事蹟作結，實亦能收恰如其份的提點之效。

綜而言之，不論是后妃居室中的列女圖畫，或是以《詩》爲首的書籍篇章發揮了女教的作用，都足可了解何以太后及班倢伃等后妃，身處後宮卻能習察前代女性的事蹟，隨口引之而自然成誦的原因。反過來說，此所謂列女圖畫乃是《列女傳》表現的重要形式，又班倢伃常覽之以自鑒的《詩》，是《列女傳》引以作結的素材，也是成其爲諫書的重要因素；那麼這裡所討論的后妃女性所以熟悉列女故事的原因，也剛好顯示了《列女傳》對於女性讀者的影響。此或亦其書在當時的重要作用。太后聞班倢伃之語，「喜」而贊之，作爲太后，她所代表的是以帝王爲考量核心的眼光，換言之，其喜在於帝王身邊的后妃能夠依則古禮，而不淆亂帝王之清明；那麼，她的這種快慰其實就等同於劉向序次《列女傳》的心情，亦即希望由內及外肅整趙衛之屬的女亂，然後自近者始地維護王教之尊嚴。以此爲基點再來理解《列女傳》似乎轉而

〔註105〕《漢書‧外戚傳》，頁3985。

影響后妃等女性讀者，而非帝王本身的現象，便能了解那其實是劉向在「自近者始」，而又以列女爲譬的處理方式下，其書所必然發生的特殊影響；不過，如果不只停留於女性讀者體悟的現象上而能更進一步觀察，其實也就可以看見其「以戒天子」著作目的的完成。

由前所述，《列女傳》對於女性有警醒的作用，然其意旨則在於自近者始地發揮「以戒天子」的效能，這是劉向此書不可磨滅的子學印記。不過，在後來的目錄中，卻逐漸把《列女傳》歸之於史。其書性質定位所以轉變的原因值得注意。《列女傳》作爲劉向子學精神的代表著作之一，它藉由大量歷史上的女性事蹟作爲說理的媒介，寄寓了子學家劉向對於后妃之屬踰越禮制之事的檢討與諫諍。其書陳列女性故事的形式，具有直接警惕嬪妃，同時間接、委婉地陳諫於天子的作用。於此，劉向在歷史素材的輔助下，想要導正帝王后妃之倫常，進而穩固王教的子家之期待，其實是清楚可見的。然而，這種以大量女性事蹟作爲寫作素材的特色，卻很容易就引導讀者以爲其書乃專爲女性而作。因爲，如果忽略了他序次此書的環境與心情，其「以戒天子」的著作目的其實並不能清楚地呈顯。這樣一來，劉向列述眾女之事以針砭時政的意圖變得隱晦，在後人看來，其書便只對趙皇后、衛婕妤這些后妃，甚至是對於後來更廣大的女性讀者，產生提撕規範的效用；而與「天子」這個子家意想中的讀者無涉。那麼，其教化的意義或仍存之，但子書原本有意於治平的期待便弱化，而無法攫取讀者的注意。隨著女性群體轉而成爲這類書籍的讀者，儘管書籍同樣呈現了以史爲鑒的意向，但以天子作爲預設讀者的原意若不受到注意，其書的價值和定位也就和子家原本的預想有差距。綜而言之，除了《列女傳》的「形式」問題之外，劉向陳諫之意旨隨著時移世異的淡化，都使其子學色彩逐漸湮沒。目錄中所見由子入史的改動，正說明了它本身的子學性質未受正視。

前面已大略提過，在《隋志》以後的目錄之中，《列女傳》都被轉置於史部，且這樣的改動並沒有引起太多爭議。《列女傳》大致上就這樣在大多數讀者的肯認之下，溫和地轉變了其書的學術性質。不過，在這樣溫和的過程中，可以思考的是：它究竟是以什麼樣的特色順利融入史部？史部的特色是什麼？同居於史部之書籍，又有怎樣的形式特色？後來史書中多有〈列女傳〉，那麼它們對於劉向《列女傳》的特質，是否也有什麼樣的繼承或轉變？若細究其變，《列女傳》由子學書籍轉而爲史學著作之一類，是則當它們的史學特質越被凸顯時，可能

也會同時隱沒了一些子學特質。換言之，這一部次變化的現象，其實應隱括了子、史如何在互有進退的交涉中，形成一種嶄新的學術範疇之面貌。因此，下文便擬由《列女傳》由子轉史的目錄改動現象為起點，在前述問題的引導下著手討論，希望可以凸顯出較為深刻的子、史交涉意涵。

（二）轉變中的史部〈列女傳〉

在今日可見的目錄中，《隋志》率先將《列女傳》移於史部雜傳類之下，更動了《漢志》視此三書為劉向所序、所著之「子書」的意見。《隋志》雜傳類小序云：

> 又漢時，阮倉作《列仙圖》，劉向典校經籍，始作《列仙》、《列士》、《列女》之傳，皆因其志尚，率爾而作，不在正史。後漢光武，始詔南陽，撰作風俗，……郡國之書，由是而作。魏文帝又作《列異》，以序鬼物奇怪之事，嵇康作《高士傳》，以敘聖賢之風。因其事類，相繼而作者甚眾，名目轉廣，而又雜以虛誕怪妄之說。推其本源，蓋亦史官之末事也。載筆之士，刪採其要焉。〔註106〕

《列仙傳》及《列士傳》，《隋志》史部雜傳亦皆著錄為劉向所撰；然據姚振宗考證，《列士傳》一書，《初學記》職官部引蔡質《漢官典儀》雖述及劉向為列士作傳，〔註107〕但「《七略》、《藝文》及本傳皆不載，惟見於此，然真偽不可知矣。」〔註108〕至於《列仙傳》，葛洪《抱朴子》〈論仙〉曾云：

> 劉向博學則究微極妙，經深涉遠，……《列仙傳》炳然，其必有矣。然書不出周公之門，事不經仲尼之手，世人終於不信。……多謂劉向非聖人，其所撰錄不可孤據，尤所以使人歎息者也。」〔註109〕

姚振宗根據葛洪的文字，亦云「則在西晉時已多有不信是書為劉向所撰者。」〔註110〕《隋志》史部同時著錄劉向所撰《列士傳》、《列仙傳》、《列女傳》三書於雜傳之中，雖則《列仙》、《列士》兩傳，單憑後來的記錄無法證明其亦為劉向所撰，但同時出現三本「人物類傳」性質的著作於劉向名下，便隱約

〔註106〕《隋志》，頁982。
〔註107〕蔡質《漢官典職》曰：「尚書奏事於明光殿省中畫古列士重行書贊，劉光祿既為《列女傳頌圖》，又取列士之見於圖畫者以為之傳。」見姚振宗，《隋書經籍志考證》，頁61。
〔註108〕姚振宗，《隋書經籍志考證》，頁61。
〔註109〕〈論仙〉，王明《抱朴子內篇校箋》（北京：中華書局，2002年）），頁16。
〔註110〕姚振宗，《隋書經籍志考證》，頁77。

烘托出在時人的看法中，劉向乃有一好作雜傳之書的著作傾向。《隋志》史部雜傳類本來就有許多人物類傳，以不同事類爲主題，其時撰著雜傳書籍的風尚斑斑可見；而好撰各種人物類傳的作者，亦頗有之。如皇甫謐，據《隋志》史部著錄，除《玄晏春秋》外，他亦作《高士》、《逸士》，及《列女》等傳，這是在當時雜傳紛出的風潮之下，很容易出現的一類作者。於此觀之，《列仙傳》及《列士傳》皆與《列女傳》同爲劉向所作的說法，似也有其成立的可能。然而，如前所述，《隋志》的著錄畢竟沒有得到絕對的支持；是則劉向著作此時多出前所未見的《列士傳》、《列仙傳》兩書，其實也可能是因爲當時雜傳紛出，劉向成爲一個箭垛式的雜傳作者，故時人將二書附會於其名下。

　　值得玩味的是，劉向眞正的著作《列女傳》，看來專以女性事蹟作爲陳述主題的書名與形式，必定因此確定了它在讀者眼中的雜傳定位；如此一來，它與《列士傳》、《列仙傳》，便能集中而且和諧地表現了劉向對於人物類傳寫作的好尚，也就提高了這種附會的合理性。這裡，《列仙傳》及《列士傳》似乎是倚附著《列女傳》看來鮮明的著作特色，而得以同屬於劉向名下；但是，如果我們知道劉向序次《列女傳》的初衷，其實並不在寫作女性人物類傳，那麼，《列女傳》轉而入於史部雜傳類，反倒成了被曳引的主角了。也就是說，雖則《列士傳》與《列仙傳》尚不能確定是否劉向所作，但若只先如實地就《隋志》的目錄來看，《列女傳》之所以有從《漢志》諸子略轉而入於《隋志》史部的變化，史部雜傳著作集中表現的這種對於人物的好尚，或許也是《列女傳》於《隋志》中離子入史的重要原因。如果這可以說是一種學術分類上同類相聚的引力，那麼可以知道的是，《列女傳》在《隋志》作者眼中已經脫去了它原本作爲一家之言的子學色彩，而與當時「因其事類」、「名目轉廣」的撰述風尚相同，也是一部以特定人物類型作爲寫作主軸的雜傳書籍。換言之，在六朝雜傳蔚然興起的時間點上，《列女傳》發生了前述書籍定位的改變，劉向著作的子學意識不再是其中最受矚目的元素，而由人物史傳的特色取而代之。

　　其實，如果直觀地看《列女傳》陳述列女事蹟，分類立傳的形式，儘管劉向在文末往往引《詩》、《左傳》及《易》之語，提點故事的鑒戒意義，其書的焦點卻還是很容易就轉移到列女事蹟之上，而紮紮實實地成爲一種纂輯人物故事的作品。當讀者更注意到其人物類傳的特色，而非其書的諫書性質時，或也就驅使了《列女傳》由子入史的轉變。事實上，不必等到《隋志》目錄將《列女傳》轉置於史部，從劉向以後許多與《列女傳》性質接近的著

作所呈現的樣貌，就能察其學術性質之漸變。

　　《隋志》史部雜傳類中收有杜預《女記》，此書今仍留有一些線索，可以提供我們觀察由劉向開始的「列女傳類」書籍，在發展過程中如何慢慢地另開新局。《晉書・杜預傳》說：

> 既立功之後，從容無事，乃耽思經籍，爲《春秋左氏經傳集解》。又參攷衆家譜第，謂之《釋例》。又作《盟會圖》、《春秋長曆》，備成一家之學，比老乃成。又撰《女記讚》。〔註111〕

有《左傳》癖的杜預寫作《女記讚》，在本傳中只一筆帶過，其作意爲何不得而知。如果姑且就其文字所述，至多可知的是這是在他「立功之後，從容無事，乃耽思經籍」，深究《左傳》之餘所寫成的著作。如此，則其心態之「從容」，相較於劉向有睹於后妃之僭禮，故欲序次《列女傳》，藉事以儆后妃，進而「以戒天子」的立言之急迫性以及苦心孤詣，便已不可同日而語。後來讀者對於杜書與劉向《列女傳》的看法，可藉《晉書》〈列女傳〉序文以窺之。《晉書》在其〈列女傳〉的序文中，約舉歷來列女傳主事蹟，以「既昭婦則，且擅母儀」〔註112〕總括其精神內涵，並對「子政緝之於前，元凱編之於後」〔註113〕的寫作，以「具宣閨範，有裨陰訓」〔註114〕之語點明其價值所在。「閨範」、「婦則」、「母儀」，凡此皆見《晉書》乃從「爲女作則」的角度，來理解自劉向以至杜預撰作列女故事的脈絡，並以此作爲續作的重點。劉向「以戒天子」的心意之所以不爲後人察知，杜預之書並未對此有鮮明的承繼與發揮，影響不可謂無。而如此一來，列女傳記這一類的書籍似乎便只有所謂「宣閨範」、「裨陰訓」的作用，也就只停留爲純粹的女性教化，而無法更進一步寄其眼光於「以戒天子」、「以導時政」之上，這類著作的子學意涵逐由此漸弱。

　　除此之外，劉知幾曾於《史通》〈雜說〉中說：

> 杜元凱撰《列女記》，博採經籍前史，顯錄古老明言，而事有可疑，猶闕而不載。斯豈非理存雅正，心嫉邪僻者乎？君子哉若人也！長

〔註111〕《晉書・杜預傳》，頁 1031～1032。
〔註112〕《晉書・列女傳》，頁 2507。其文先從后妃如漢代之馬、鄧，魏代之宣昭起論，表其「禮極中閨，義殊月室」之懿行，更云：「至若恭姜誓節，孟母求仁，華率傅而經齊，樊授規而霸楚，譏文伯於奉劍，讓子發於分菽，少君之從約禮，孟光之符隱志，既昭婦則，且擅母儀」，「既昭婦則，且擅母儀」之語正可見《晉書》〈列女傳〉作者對於前代撰錄列女事蹟之舉的總體評價。
〔註113〕《晉書・列女傳》，頁 2507。
〔註114〕《晉書・列女傳》，頁 2507。

者哉若人也！〔註115〕

與此同時，他並批評劉向的《列女傳》「廣陳虛事，多構僞辭」。〔註116〕顯而易見的，劉知幾乃從史學存眞求實的角度來檢討劉、杜著作之優劣。今且不論劉向序次《列女傳》之初衷是否適用於這樣的評論眼光，杜預《女記》「博採經籍前史，顯錄古老明言，事有可疑則闕而不載」的寫作方法，的確是在史學方法上更勝劉向。無論有意或無意，若忽略了劉向《列女傳》「以戒天子」這一層子學意涵，杜預反倒是在博採典籍，遇疑則闕的態度上，展現出其書別開史學生面的跡象了。

前曾略引《晉書》〈列女傳〉序文之語，謂劉向及杜預撰作列女傳記的價值在於「具宣閨範，有裨陰訓」，並甚有以此自期之意：「故上從泰始，下迄恭安，一操可稱，一藝可紀，咸皆撰錄，爲之傳云。」〔註117〕與劉向序次《列女傳》及杜預的《女記讚》不同的是，這是史書中的〈列女傳〉，與其他主軸各異的人物類傳同屬於史書中比物連類的列傳之體。此見史書中的〈列女傳〉既欲參蹤劉、杜自撰之書，則劉向及杜預撰作列女傳記的發展脈絡不僅如前所述，顯露了另開史學新局的端倪；同時，當史書中〈列女傳〉欲有所依仿於斯時，也預示了若順此發展，劉向《列女傳》到後來便極有可能被視爲爲這一類型著作之濫觴，然後眞正入史而爲史。其實，正史中有〈列女傳〉，今可見者始於范曄《後漢書》。《後漢書》〈列女傳〉序云：

> 《詩》、《書》之言女德尚矣。若夫賢妃助國君之政，哲婦隆家人之道，高士弘清淳之風，貞女亮明白之節，則其徽美未殊也，而世典咸漏焉。故自中興以後，綜成其事，述爲〈列女篇〉。如馬、鄧、梁后別見前紀，梁嫕、李姬各附家傳，若斯之類，並不兼書。餘但搜次才行尤高秀者，不必專在一操而已。〔註118〕

劉向《列女傳》有母儀、賢明、仁智、貞順、節義、辯通等傳，范曄則以賢妃、哲婦、及貞女等形象，要言不繁地概括了劉向所標舉的特質，並明女性之所以徽美可記。同時，其中加上「高士」一類，在隱逸之風盛行的當代，更見其書與時推移地反映人物類型的變化。是則范曄之作，不僅要記下「徽

〔註115〕〈雜說下〉，《史通通釋》，頁 524。
〔註116〕〈雜說下〉，《史通通釋》，頁 516。
〔註117〕《晉書·列女傳》，頁 2507。
〔註118〕《後漢書·列女傳》，頁 2781。

美」之事，更有一「如實」擴充列傳人物類型的寫作意識。然而，相對於范書只記賢妃、哲婦、高士及貞女這些事行「徽美」的女性人物，劉向書中還有〈孽嬖傳〉，序次三代末時嬖女禍國之事，對於懸鑒天子及儆示后妃，影響甚大。今范書既不書此類，則原本子家劉向著作所預設的那個的讀者—天子，便已不復見。儘管范書收錄了曹大家《女誡》七篇的全部內容，並明其「有助內訓」之意，〔註119〕但這或只能視爲范曄對傳主事蹟、著述的忠實呈現。統而言之，可說范曄之意，並不在對天子或婦女的陳諫，而只著力於人物類型的完整，並補足挂一漏萬的世典記錄。凡此，都是更趨近於史的著作要求。換言之，這樣的傳記形式越來越往純粹人物傳記方向走，可討論者並非傳記整體所提供的鑒戒意味，而是其人其事的精彩傳眞。正如范曄在序文的最後說「不必專在一操而已」，便指出了女子才行亦可列爲對人物才德的欣賞對象，較之「女訓」，范曄對於人物欣賞的眼光可說更爲宏闊。

當時作者競修史書，《隋志》史部正史類中可見《後漢書》及《晉書》等史作甚夥，惜今多已逸，只能於《八家《後漢書》輯注》及《九家舊《晉書》輯本》的吉光片羽中得其梗概。《八家《後漢書》輯注》中，謝承《後漢書》亦有〈列女傳〉，所記袁隗妻〔註120〕事略同於范書，除此之外其形式及精神皆無從詳知。比較可以注意的是，《九家舊《晉書》輯本》所輯東晉王隱《晉書》，有愍懷太子妃王氏、王坦之妻以及竇滔妻蘇氏等三條故事，〔註121〕然其傳名卻題爲「烈女傳」，〔註122〕直以「烈女」爲名，則其背後只肯定貞烈節義的纂錄焦點清楚可見。若以王隱《烈女傳》較之於歷來的「列女傳」，那麼在所收人物類型的規模上，相去便多；而那或便是范曄所欲與之區隔的「專在一操」的列女傳著作型態。以女性之「貞烈」爲高的這一層意思，《隋書》〈列女傳〉序文詳說之，其文云：

> 婦人之德，雖在於溫柔，立節垂名，咸資於貞烈。非溫柔無以成其仁，非貞烈無以顯其義。是以詩書所記，風俗所在，圖像汗青，流

〔註119〕《後漢書・列女傳》記曹大家云：「但傷諸女方當適人，而不漸訓誨，不聞婦禮，懼失容它們，取恥宗族。……閒作《女誡》七章，願諸女各寫一通，庶有補益，裨助汝身。」並說「後馬融善之，令妻女習焉。」
〔註120〕今可見者唯曹壽妻與袁隗妻二人，其中曹壽妻未見於其他史書之記載。
〔註121〕其中除王坦之妻的故事外，愍懷太子妃拔刀向賊之事及竇滔妻織錦迴文詩之事，在後來的《晉書・列女傳》中都可見之。
〔註122〕《九家舊晉書輯本》，王隱《晉書》〈烈女傳〉，頁353～354。

聲竹素，莫不守約以居正，殺身以成仁者也。若文王、伯陵之母……
或抱信以含貞，或蹈忠而踐義，不以存亡易心，不以盛衰改節，其
修名彰於既往，徽音傳於不朽，不亦休乎！……不入彤管之書，不
霑良史之筆，將草木以俱落，與麋鹿而同死，可勝道哉！……觀夫
今之靜女，各勵松筠之操，甘於玉折蘭摧，足以無絕今古。故述其
雅志，以纂前代之列女云。〔註123〕

序文開篇雖標溫柔爲仁，貞烈爲義，但細究其所看重者，乃在存亡不易、盛
衰不改的女性志節；故其不但以「抱信以含貞，蹈忠而踐義」來詮釋、歸納
歷來婦人傳徽音於不朽的原因，同時實亦以此作爲纂錄列女事蹟的標準。然
而事實上，只以劉向、范曄所著《列女傳》爲例，便可見其所錄女性類型之
豐富，並不專從單一的「含貞踐義」眼光來考量女性事蹟之足記與否；〔註124〕
如此，則《隋書》〈列女傳〉「立節垂名，咸資於貞烈」的理解並不貼近歷來
列女傳記的脈絡，而倒反映出當時對於女性「勵松筠之操」的強烈要求。其
傳雖仍以〈列女傳〉爲名，但究其實則如王隱《晉書》〈烈女傳〉題名所示，
專在貞烈的節操上肯定女性的價值，並擬以「詩書所記，風俗所在，圖像汗
青，流聲竹素」的記錄來足成這種要求其來有自的歷史性。例如，序文最後
拈出「靜女」二字來總括入於其傳的列女傳主，更堪玩味。「靜女」典出《詩
經・邶風》，其詩起首云：「靜女其姝，俟我於城隅」，毛《傳》以爲「靜，貞
靜也，女德貞靜而有法度，乃可說也。」〔註125〕鄭《箋》則再加敷衍：「女德
貞靜，然後可畜美色，然後可安，又能服從，待禮而動，自防如城隅，故可
愛之。」〔註126〕《隋書》〈列女傳〉藉《詩》中「靜女」之典，懸示毛《傳》
及鄭《箋》所言「貞靜有法」之意，以爲女性舉止之規繩。在這簡潔的化用
中，「靜女」一詞背後由漢人解《詩》而來的歷史意涵，亦便加諸於女性傳主
之上，不言而喻地展示了此處肯定貞節自誓，持守松筠之操的〈傳〉旨。〈靜
女〉中又說「靜女其變，貽我彤管」，「彤管」取意古代女史書事記過之事，
旨在「使人君妃妾知所警戒，進退得秩敘之美，宮闈無瀆亂之愆，所繫至重」，

〔註123〕《隋志・列女》，頁1797。
〔註124〕劉向《列女傳》有母儀、賢明、仁智、貞順、節義、辯通、孽嬖等傳，范曄
　　　　〈傳〉則以賢妃、哲婦、高士及貞女等形象，所謂貞義，都只是其所列女性
　　　　人物類型之一，並不專以此爲傳記之主軸。
〔註125〕《詩三家義集疏》（臺北：明文書局，1988年），頁204。
〔註126〕《詩三家義集疏》，頁204〜205。

〔註127〕自有其惕厲后妃婦女之深意。不過，此處以「不入彤管之書，不霑良史之筆」來嘆惋女子志節不能存跡於史，雖有其相承的脈絡；但若觀文末直陳「甘於玉折蘭摧」之語，卻又覺其意不免轉激，成爲一種對於「入彤管之書」的女性過份苛刻的要求。與《隋書‧列女傳》成書時代相仿的《晉書‧列女傳》，前云其亦以「宣閨範」、「裨陰訓」作爲傳記的核心價值；但或許因爲唐修《晉書》乃以其前十八家《晉書》爲底本，故它「一操可稱，一藝可紀，咸皆撰錄」的視角較之《隋書》仍開闊許多，所據以揀擇的準繩也尚未全以貞烈爲宗。儘管如此，《晉書‧列女傳》末史臣對於當時婦女風尚的剖析，亦云：

> 自晉政陵夷，罕樹風檢，虧閑爽操，相趨成俗。……三月歌胡，唯
> 見爭新之飾；一朝辭漢，曾微戀舊之情。馳騖風埃，脫落名教，頹
> 縱忘反，於茲爲極。〔註128〕

原來，在外族交侵，國勢危墜的時局中，當時婦女多有競歌胡新而不懸戀漢舊者，這樣恣縱不檢的舉止挑動了士人抵拒外族以維漢邦的機括；於是，自古即嚴的華夷之防觀念，遂轉而成爲對於婦女持守節操，蹈貞踐義的要求。從《晉書》對於女性操守的期待，讀之亦可知《隋書‧列女傳》何以會聲嘶力竭地強調貞烈之重要。

由劉向《列女傳》到史書中的〈列女傳〉，再合《隋志》史部雜傳所錄同類人物傳記的型態觀之，無論是目錄中對於《列女傳》的分類，或是繼作者對於劉向書的了解，傳記的焦點都已逐漸轉至人物類型的多元呈現；這類書籍的史學意味已日漸生發。然而，當後來列女傳記的人物主軸又轉以「烈女」爲大宗，則其傳記的精神至此又有一變。《明史‧列女傳》對此曾有檢討，其序文云：

> 劉向傳《列女》，取行事繫爲鑒戒，不存一操。范氏宗之，亦采才行
> 高秀者，非獨貴節烈也。魏晉以降，史家乃多取患難顛沛、殺身殉
> 義之事。蓋晚近之情，急庸行而尚奇激，國制所褒，志乘所錄，與
> 夫里巷所稱道，流俗所震駭，胥以至奇至苦爲能。〔註129〕

劉向《列女傳》所揭示的著作方向是，藉由不同類型的女性傳主事蹟，輔以

〔註127〕《詩三家義集疏》，頁 208。
〔註128〕《晉書‧列女傳》，頁 2528。
〔註129〕《明史‧列女傳》（北京：中華書局，1974 年），頁 7689。

列女圖畫的提醒，寄寓、提點一己對於后妃以至天子的諫戒之意。《明史》以爲「范氏宗之」，則可知范曄雖較有對於世典闕漏，不記列女之事的擔憂，但至少在人物類型的多元呈現和與時俱進的增補中，還能見到他承繼並推擴了劉向書的人物分類意識。可以說，劉、范所確立的一種列女傳系統，若只就其類列人物的形式而言，還能兼採博收各類型女子的事蹟，如才行高秀、仁德賢明，只要徽美可記者皆入其傳；但往後魏晉以下，列女事蹟之纂錄卻更著重在以傳主貞烈節義的操持，來昭示女性舉止之應然，如此一來，其作爲史學傳記的格局便又轉狹。

　　綜上所述，劉向序次《列女傳》，乃欲針砭后妃踰矩的亂象，防微杜漸，有諫戒天子進而澄清王道的自期；但是，其書採取陳列《詩》、《書》中女性人物的形式，卻無法凸顯他期於治平的子家精神，後來的讀者反倒更注意到它鮮明的人物類傳形式。欲「依興古事」卻反因事件以類相從的鋪排，而稀釋了作者寫作意旨的強度，劉向的子學內涵未易覺察，是其書子學的學術性格越見淡化的主因。於此同時，人物類傳的著作一時迭出，《列女傳》以其特殊的著作型態，與當時的人物類傳共同輻湊出史學著作興盛的一個面向；亦即因此，後來《隋志》入之於史部雜傳類，成其爲雜傳類中「列女傳」類的先聲，其於目錄中的史學的性格也越加篤定。所以，如杜預《女記》，劉知幾便憑藉著和《隋書》相同的史學眼光，以實錄闕疑的眼光肯定了它更爲精準的史學意識，這樣，便凸顯了這一類型的著作，在史學的性格上越顯成熟的發展。

　　除了史部雜傳中同質著作對於劉向《列女傳》有所繼承，史書列傳中的〈列女傳〉也取範於斯。如范曄《後漢書·列女傳》在人物類型上因時改易，便是有鑒於劉向書之分類，並在史學的脈絡上加以發揮擴展的表現。簡言之，劉向《列女傳》在《漢志》與《隋志》目錄間，部次有自子而史的改移；且史書的列女傳記以及魏晉以降雜傳類著作，亦不辨其子學之性格，並多從史學的觀點加以繼作。凡此，則由劉向《列女傳》所開啓的列女傳記著作，看來似已盡入史學脈絡；但事實上，劉向《列女傳》的子學意涵卻也尚未全然脫盡。如《晉書》所領略到的劉、杜書之「宣閨範，裨陰訓」，或如後來〈列女傳〉轉以「烈女」爲著錄之大宗，都仍可見劉向當初欲藉其書有所陳諫的企圖。只是，劉向其時作爲帝王身邊的近臣，既睹后妃踰矩日甚，其心思除徽戒後宮女性之外，最終乃在「以戒天子」，澄清王道，著作的格局不可謂不宏大。而魏晉以降的史官，想要矯正的是在外族入侵，漢室危墜傾頹的時局

中，女性不戀漢舊、競爭胡新的舉措，因此，其傳標舉貞烈的矩範，甚至以「甘於玉折蘭摧」來要求女性持守松筠之操。這種專以女性節烈為慮的寫作宗旨雖亦有諫意，但較之於劉向期於治平的初衷，難免相形見絀。此外，如前所述，《隋書‧列女傳》只以單一人物類型成傳，史學傳記的格局便已轉狹，而此處又見其於諫諍的氣度上止於時代變動中的女性舉措，而無更上一層的深意；那麼，若云劉向《列女傳》確曾由子入史地開啓了史學新局的發展，則由其發展的餘緒看來，既顯露了在史學發展上的後退，也丟失了此類著作原應可有的子學高度。

（三）《新序》、《說苑》的性質與定位

在前面的討論中，曾藉劉向本傳中「依興古事」一語，點明其著書立論的傾向，乃有承於先秦子家之「假事證道」。亦從《說苑》和《新序》的著作型態，如篇題的清晰完整，以及開篇多有總論的形式，具體說明劉向這兩部著作與韓非〈說林〉、〈儲說〉在形式上的相似，及其舉列人事以助議論的沿襲之跡。劉向對於所引歷史故實能有以類相從的整理編次，較之韓非，其「依興古事」、藉事立說的系統性又更為完足。《說苑》和《新序》自《漢志》以至《隋志》、《四庫》，都隸屬子部，自此一貫性觀之，可知歷來讀者尚能撥開其書多引歷史故實的表相，而明其意在委婉陳諫的用心。是以，《說苑》、《新序》在目錄之中並沒有太大的變化，目錄學者多能洞察其意在治平的子家精神。如《四庫提要》便云：

> 大抵採百家傳記，以類相從，故頗與《春秋》內外傳、《戰國策》、《太史公》互相出入。……要其推明古訓，衷之於道德仁義，在諸子之中猶不失為儒者之言也。〔註130〕

既識其採摘歷史故實的作法，亦明其以道德仁義為立說統紀的儒家心緒。這種穩定的目錄部次，一直到了清朝張之洞的《書目答問》才有所改變，《說苑》、《新序》及《列女傳》全被置於史部古史類之下。除了《說苑》及《新序》首次入於史部，《列女傳》雖仍屬史部，但它也脫離了自《隋志》以下所隸屬的「雜傳」類而轉隸於「古史」之中。張之洞在「古史弟四」題下注云：「古無史例，故周、秦傳記體例與經、子、史相出入。散歸史部，派別過繁，今彙聚一所為古史。」〔註131〕張之洞意謂，史派已多，細加歸類則恐怕又繁又

〔註130〕《四庫總目提要》，子部儒家類。
〔註131〕張之洞撰，范希曾補正，《書目答問補正》（臺北：漢京文化事業有限公司，

散，於是合爲古史一類。他認爲這三部書「雖漢人作，然皆紀古事，多本舊文，故列古史。」〔註 132〕這麼一來，這三本書便成爲劉向採輯舊文所取的古事之記錄。張之洞全然以材料爲慮，則劉向有所寄寓的意態便被忽視了。《說苑》、《新序》，依張氏之意，竟成漢人劉向抄纂歷史舊事而成的新作，書雖新成而事多舊說，其書作意似不甚高明。相較於《列女傳》，《說苑》及《新序》在目錄中的部次比較穩定，但就後人的討論而言，《說》、《新》二書卻爭議較多。張之洞將其定位爲抄撮古事而成的書籍，尤有甚者，唐時劉知幾還曾以存眞求實的史學要求，掎摭劉向《說》、《新》纂錄歷史故實之失。這便使得學者亟亟辨析劉向寓託書中的深意，以期豁顯其書幽微的子家心緒，而駁正視之爲史的謬誤。前所謂紛紜的爭議，正由此而起。〔註 133〕

　　前曾略引劉知幾對於劉向《列女傳》與杜預《女記》不同的意見，並由此看出「列女傳記」之體，已經越來越有史學著作的樣子，能夠符應於劉知幾史傳眼光的要求。爲明後來學者辨證劉知幾對於《說》、《新》意見的大要，在此仍須重引劉知幾的意見。他在《史通・雜說下》說：

> 觀劉向對成帝稱武、宣行事，世傳失實，事具《風俗通》，其言可謂明鑑者矣。及自造《洪範五行》及《新序》、《說苑》……諸傳，而皆廣陳虛事，多構僞辭，非其識不周而才不足，蓋以世人多可欺故也。嗚呼！後生可畏，何代無人，而輒輕忽若斯者哉？夫傳聞失眞，書事失實，蓋事有不獲已，人所不能免也。至於故爲異說，以惑後來，則過之尤甚者矣。〔註 134〕

劉向既能知曉世傳武、宣行事多有失實，則其識周才足而能明鑑史傳之本末，當無疑義。劉知幾既肯定劉向這樣的才識，於是也就更無法接受其書「廣陳虛事，多構僞辭」的情況；「非其識不周而才不足」，說的是對劉向不爲也而非不能也的不諒解。徐興無先生曾整理學者的意見，認爲「大多數學者都認爲此三書是劉向根據舊史料編纂、改寫並增補而成的」，〔註 135〕並說學者對於

1984 年），頁 113。
〔註 132〕除劉向所撰的《列女傳》等三書之外，張之洞此語還兼及郝懿行妻王照圓所著《列女傳注》八卷及汪遠孫妻梁端所著《列女傳校注八卷》。見《書目答問補正》，頁 119。
〔註 133〕如余嘉錫先生便說，「昔人攻擊劉向之說，莫先於此。」見余嘉錫，《四庫提要辨正》，新序十卷條，（雲南：雲南人民出版社，2004 年），頁 467～475。
〔註 134〕〈雜說下〉，《史通通釋》，頁 516～517。
〔註 135〕《劉向評傳》，頁 386。

《說苑》、《新序》二書成書意見亦有分歧,大抵可分為二:一是余嘉錫先生所說,二書原先就是兩種典籍;二是徐復觀先生所說,劉向所面對的原只是「一堆本無書名的零星故事和言論材料」。〔註 136〕無論哪一種意見,都是在《說》、《新》二書「前有所本」的認識上再加以深究。宋本《說苑》所錄劉向奏上〈敘錄〉說,

> 所校中書《說苑》雜事,及臣向書、民間書,誣校讎,其事類眾多,章句相涵,或上下謬亂,難分別次序,除去與《新序》復重者。其餘者淺薄不中義理,別集以為百家後,令以類相從,一一條別篇目,更以造新事十萬言以上,號曰《新苑》。」〔註 137〕

正可見劉向在斷簡殘篇中整理書籍,使此二書脈絡清晰、不相淆亂的一番苦心。劉知幾說「傳聞失眞,書事失實,蓋事有不獲已,人所不能免也」,似亦頗能理解劉向此諸書採撰、董理舊事的過程中,必得面對古書蕪雜錯謬的情況,故他所欲駁詰者,乃專就劉向能免卻不免的「故造異說」之舉而發,並及於由此產生的「以惑後來」的可能結果。在劉知幾看來,曾指摘前書「世傳失實」的劉向,這裡卻是重蹈其覆轍,「輕忽若斯」,以世人為可欺了。劉知幾於〈雜說下〉中,常指斥各種別傳〔註 138〕所記不實,如嵇康〈高士傳〉取《莊子》、《楚辭》二漁父事合為一篇,亦見責為「多引虛辭」。〔註 139〕此處所以語及劉向此諸書的缺失,乃以檢覈《列女傳》為主,而連及《說苑》、《新序》,一貫展現了他存眞求實的史學思考脈絡。前述《列女傳》自有其符應於六朝紛出之雜傳著作的特點,但《說》、《新》二書被執以史學眼光檢視,並被評為失實虛構,卻大大引起了後來學者的質疑,群起鉤稽《說》、《新》的子書意義,進而駁正《史通》這一評價的謬誤。

前引宋本《說苑》敘錄云,劉向將「淺薄不中義理者」別集以為百家,則可知《說苑》所收故事乃中於義理而有指於治道者。徐復觀先生由此發論,以為觀其「刪去其淺薄不中義理者」之言,可知其取舍之標準,在義理不在

〔註 136〕《劉向評傳》,頁 386。
〔註 137〕轉引自余嘉錫,《四庫提要辨正》,新序十卷條,頁 467~475。
〔註 138〕據《史通·雜述》中所言,「賢士貞女,類聚區分,雖百行殊途,而同歸於善。則有取所好,各為之錄,若劉向〈列女〉、梁鴻〈逸民〉、趙采〈忠臣〉、徐廣〈孝子〉,此之謂別傳者也。」
〔註 139〕劉知幾云:「夫以圄吏之寓言,騷人之假說,而定為實錄,斯已謬矣。」論嵇康《高士傳》之失者,見〈雜說下〉,《史通通釋》,頁 523。

眞僞，此與作史者不同。〔註140〕而朱一新亦云：

> 諸子書發攄己意，往往借古事以申其說，劉子政作《新序》、《說苑》，
> 冀以感悟時君，取足達意而止，亦不復計事實之舛誤。蓋文章體製
> 不同，……若紀事之文出於史……，則固不得如此也。〔註141〕

朱一新之語清楚補足了徐復觀先生所謂「與作史者不同」者，其實正是劉向
在借事申說，引書助文〔註142〕背後，所欲「感悟時君」的子家心緒；而所謂
「中義理」者，想亦以能否取諫於時君作為具體的標準。對此，余嘉錫先生
亦辨之甚詳，云：

> 既奏上之，以戒天子，亦以成儒者一家之言。……夫一書有一書之
> 宗旨，向固儒者，其書亦儒家者流，但求其合乎儒術而無悖於義理
> 足矣，至於其中事蹟皆采自古書，苟可以發明其意，雖有違失，固
> 所不廢。譬之賦詩斷章取義，要在讀者不以文害辭，不以辭害志耳。
> 〔註143〕

「不以文害辭，不以辭害志」，余嘉錫先生正欲讀者既見劉向采自古書的事
蹟，還能進一步得其著作之旨意。《漢書・劉向傳》述其《說苑》、《新序》之
作，意在「陳法戒」、「言得失」，譚獻亦云「《新序》以著述當諫書，皆與封
事相發，董生所謂陳古以刺今」；〔註144〕也就是說，劉向這種多引故事的作法，
實欲委婉諫上，而緩解批其逆鱗的險境。如果可以「將文本內容當作思想的
表達，而不再與歷史的眞實或文獻的眞僞糾纏在一起」，〔註145〕也才能直窺劉
向子家著作之眞意。反面言之，若如劉知幾以史學眼光糾舉其失，則劉向之
意既不在作史，以史核之當然多有疏漏；此所以徐復觀先生認為若欲討論其
書所呈現的劉向思想，便應擺落對於其中故事訛僞的考量，然後直探其義理
之究竟。〔註146〕綜而言之，相對於劉知幾的史學眼光，這些學者們廓清了劉

〔註140〕徐復觀，《漢代思想史》第三卷。
〔註141〕朱一新《無邪堂答問》卷四。
〔註142〕《文心雕龍・才略》云：「雄、向以後，頗引書以助文。」《文心雕龍義證》，
　　　　頁1796。
〔註143〕余嘉錫，《四庫提要辨正》，新序十卷條，頁467～475。
〔註144〕《復堂日記》卷六。
〔註145〕徐興無，《劉向評傳》，頁386。
〔註146〕徐復觀先生以為，今人若能將《說》、《新》二書之故事，較其同異，判其訛
　　　　僞，勒成專書，以補史書之所遺缺，這是很有意義的事情。但此無關於《說
　　　　苑》、《新序》二書自身的得失，也無關乎對於劉向思想的討論。

向著作的子學面目；由此立論，便以子書借事申說的特色，撥轉了劉知幾對其「廣陳虛事，多構僞辭」的詬病。因爲，《說苑》、《新序》之成固有其整理舊事的特色，然既衷之於仁義，讀者即應肯定其子家之意態。簡而言之，若從子學的眼光來看，雖疑而記之，但若能有所發明則其意可不廢，故事之眞僞並無傷於其旨之閎深；但若從史學的角度觀之，若明知其說虛誕而仍抄纂照錄，則其史的信實度便受質疑。

學者們不厭其煩地闡發劉向寄寓於《說苑》及《新序》中的深意，一方面澄清劉知幾以史衡之的誤評；同時，劉向這兩部書在這樣的辨證之中，其子家之精神與內涵確實爛然可見，而其子書之形象亦更爲清晰。不過，諸家之所以得大費周章地究論這些著作在子、史之間應該聚焦何處，以明其書之性格，實因子書之成本即有「假事證道」的傾向，此意前已論之；而余嘉錫先生在述論古書之通例時，亦闢一「古書多造作故事」專節，細膩地辨明子書「依興古事」的型態，兼明其所以如此的緣由，茲略引其說如下：

> 諸子之書，百家之說，因文見意，隨物賦形，或引古以證其言，或設喻以宣其奧。譬如童子成謠，詩人詠物，興之所至，稱心而談。若必爲之訓詁，務爲穿鑿，不惟事等刻舟，亦且味同嚼蠟矣。夫引古不必皆虛，而設喻自難盡實，彼原假此爲波瀾，何須加之以考據。
> 〔註 147〕

於此，躍然紙上的是諸子百家引古設喻時的隨興從容；余嘉錫先生生動地勾勒了他們出入古事，左右逢源的形象。但其所以能暢所欲言，假古事以爲論說之波瀾，余先生所未言明者，實乃作爲一子家，胸次澄明而知所欲言的基本質素，此其著論立說之宗本；而亦唯此，子家援事立說的從容才能在這個基礎上深刻地剝顯出來。換言之，子家若能不在踳駁的歷史故實中，失卻其凝鍊深刻的著作旨意，則其所引古、所設喻也才能退而居其立說之次；不需考據其眞，不必訓詁其實，而能隨子家興之所至的引用，燦然廓清其述論之深意。

在上述的討論中，劉向《說苑》及《新序》兩書的子書性質得到後來讀者的覺察與認可，甚而爲之糾駁《史通》的評斷；但事實上不能否認的是，子學至漢魏以下，已漸不復原本的高度。劉永濟先生校釋《文心雕龍・諸子》論子學之流變時便已云：「漢代已遜其宏深，魏晉尤難以比數。」〔註 148〕且他

〔註 147〕《古書通例》，《目錄學發微》，頁 238。
〔註 148〕劉永濟，《文心雕龍校釋》，頁 62。

只以「採摭往事」〔註149〕一語歸結劉向著作的特質，言既簡短又未及「往事」所烘顯之旨，是此種「著述之體」較之周秦《莊》、《墨》之儔，已難掩子學色彩之轉淡；故此種評價中實已寓寄了劉永濟先生對於子學大勢舉重若輕的觀察。劉向書有其興王致治的著眼，細加理會則能於字裡行間得其思致，若要說劉永濟先生只因劉向著論「依興古事」的鮮明取徑，便不察其子家立言的閎旨與治平之想望，進而總結出子學至此轉衰的態勢，則恐怕過份簡單地看輕了劉氏的眼光。不過，我們可於此得到的啓發是：子家「假事證道」的取徑，是否會使其所欲說明的「道」，很容易湮沒在「往事」的堆疊之中？故如劉向「依興古事」，胡適先生卻說「劉向陳意至淺」，〔註150〕似不能察知其寓義於事的旨意。而劉永濟先生說魏晉以後子學所以「尤難以比數」，又指其義理「木屑研求」，〔註151〕這樣的情況是否即與子家「採摭往事」的變本加屬有關？其實，從《隋志》子部所收書籍的形式內涵，便可察其一二。

（四）轉變中的類纂式雜子書

漢魏之際，學者文士多有欲自成一子的想望，前已借葛洪等人的文字作過討論。其中，亦曾以曹丕爲說，舉其《典論‧論文》「文章經國之大業，不朽之盛事」及「古之作者，寄身於翰墨，見意於篇籍，不假良史之辭，不託飛馳之勢，而聲名自傳於後」等語，來見證他著論〔註152〕成家，以求不朽的自期。然而，頗可注意的是，《隋志》子部卻於雜家中收了他主事編成的《皇覽》一書。《三國志‧魏書文帝紀》曾記其書之成云：「初，帝好學，以著述爲務，使諸儒撰集經傳，隨類相從。凡千餘篇，號曰《皇覽》。」書成雖仍屬子，然唐陸德明卻只以其無所不包的內涵而目其爲「類書之濫觴」。〔註153〕則其所言包括雖廣，區分或精，〔註154〕但卻似缺少了子家著眼於王事之大者，

〔註149〕劉永濟，《文心雕龍校釋》，頁62。
〔註150〕胡適，〈中國思想變遷之大勢〉
〔註151〕亦劉永濟語。
〔註152〕曹丕謂「唯幹著論，成一家言」，又在〈與吳質書〉中說偉長「著《中論》二十餘篇，成一家之言，辭義典雅，足傳於後，此子爲不朽矣」，更嘆德璉雖有述作之意，才學亦足著書，然「美志不遂，良可痛惜」，在曹丕對徐幹著作的評騭中，不難看到他對於著論不朽的心嚮往之。
〔註153〕據姚振宗《考證》，《釋文》稱《皇覽》「云魯讀六事則兼及經義。」姚氏以爲，此〈魏文帝紀〉所謂撰集經傳，隨類相從者，蓋後世所謂類書之濫觴，故無所不包矣。姚振宗，《隋書經籍志考證》，頁229。
〔註154〕《太平御覽文部著書篇‧三國典略》曰：「祖珽等上言，昔魏文帝命韋誕諸人

而抒其義正理平之議斷的氣魄。曹丕確曾表露出一種砠砠焉思以著篇籍而得不朽〔註155〕的積極態度，但在此書隨類相從、纂輯眾事的內容中，子家寄身翰墨篇籍以見其意的特質，卻無由得見；而只能略從其書名所指的「宜皇王之省覽」，〔註156〕多少得知他有增廣見聞以裨益朝政的意圖。《三國志·劉劭傳》記劉劭於魏黃初中受詔集五經群書，以類相從而作《皇覽》；〔註157〕《三國志·曹爽傳》注引《魏略》云桓範於延康中因「有文學」而與王象等人典集《皇覽》。〔註158〕延康元年十月漢獻帝遜位，同時即為魏黃初元年。是則可見，《皇覽》始撰於曹丕即位之時；而《皇覽》既多集諸儒〔註159〕以纂輯此書，不僅要求五經群書全備，還選「有文學者」以審文定篇，其書所預期的規模之宏闊可見一斑。若置曹丕此舉於曹魏初興的背景中觀之，則《皇覽》之作在「帝好著述」的動機之外，便儼然有一種炫飾新朝氣象昇平的意味；同時，「《皇覽》記先代之冢墓之處」〔註160〕的內容，似也有一種在新朝甫成之際，整理廓清此前舊事，冀起新局的期待。只是，如果回到子書的角度來看待《皇覽》，則其畢呈事類的眼光，雖聚焦於著作之大，搜羅之富，但此外其作為子著的神采畢竟大不如前了。

　　《玉海·藝文承詔撰述篇》曰：「類事之書始於《皇覽》，建雲臺者非一枝，成珍裘者非一腋，言集之者眾也。」〔註161〕具體說明了《皇覽》之為類書，眾端纂輯才能成就其豐富之內容。然而，雖言聚枝而後能建臺，集腋方始得成裘，但枝材與狐腋畢竟還只是資材而已；欲建雲臺除了枝材，尚須大

撰著《皇覽》，包括群言，區分義別」。轉引自姚振宗《隋書經籍志考證》，頁
229。

〔註155〕《魏志·文帝紀》注引曹丕〈與王朗書〉云：「生有七尺之形，死惟一棺之土，惟立德揚名，可以不朽。其次莫如著篇籍，故論撰所著《典論》、詩賦蓋百餘篇。」著篇籍雖居於次，然卻為較可施力於其上者。

〔註156〕《史記·五帝本紀》，《索隱》曰：「《皇覽》，書名也，宜皇王之省覽，故曰《皇覽》。」轉引自姚振宗《隋書經籍志考證》，頁229。

〔註157〕《三國志·魏書劉劭傳》。

〔註158〕《三國志·魏書曹爽傳》。

〔註159〕除前引《三國志·魏書》見劉劭、桓範及王象受詔撰集《皇覽》之外，《史記五帝本紀索隱》云「《皇覽》是魏人王象、繆襲等所撰也」，又及繆襲，又《太平御覽文部著書篇·三國典略》曰：「祖珽等上言，昔魏文帝命韋誕諸人撰著《皇覽》，包括群言，區分義別」，則又集韋誕。是知文帝所詔諸儒至少有劉劭、桓範、王象、繆襲及韋誕五人。

〔註160〕《史記五帝本紀》有云，「《皇覽》記先代冢墓之處」。

〔註161〕轉引自姚振宗《隋書經籍志考證》，頁229。

匠的精藝，欲成珍裘除了廣集狐腋，還得巧工的拼合。只以集腋成裘等語比
方類書之成，而未及於總其事者的識見與睿明，便難免凸顯了類書雖搜羅廣
泛的素材，但只以類相從地鋪陳其事，其書「一家之言」的殊意便不能呈現。
若以此來反觀曹丕亟亟著論，求得不朽的意態，那麼這樣卷帙浩繁而多所纂
錄的《皇覽》，雖然或許也表現了他初即位時的意氣風發，但其「著述」還是
不免看來膚泛。此或正恰好表現出他是「以著述爲務」，而並非欲寄身見意，
著論以發一己之宏旨精義。

　　《皇覽》既爲類書之濫觴，「由是而風會所趨，六朝之帝室皇枝、名卿碩
彥靡不延攬文學，抄撰眾書，齊梁時尤盛。」〔註162〕如梁武帝時，安成康王
亦因「精意術學，搜集經記」，〔註163〕便詔劉孝標「給其書籍，使抄錄事類」，
〔註164〕而撰成《類苑》一書。據載，其書「未及畢而已行於世」。〔註165〕書
未及成即大行於世而泛爲傳覽，可見這種類書著作在六朝之時應該頗爲盛
行；而既能以此廣受矚目，總成其事〔註166〕的「帝室皇枝、名卿碩彥」便或
因此而有一種「立言榮身」的錯覺，甚至欲以此互爭勝場。《南史・劉懷珍附
傳》便云，「及峻《類苑》成，凡一百二十卷，帝（梁武帝）即命諸學士撰《華
林編略》以高之。」〔註167〕至此，類書之作轉有一種炫才的意味，雖多託附
文學之士纂成，然其事既多在「抄錄」，則事類之多寡便比作者之思辨，來得
更爲重要。梁武帝欲以《華林編略》高於安成康王之《類苑》，其所謂高者，
或便以著作包括之廣狹作爲評據。即此觀之，《隋志》子部雜家類所收的這類
著作，當眞只爲「採摭往事」而已了。

　　錢穆先生曾說唐人以史學眼光來看待古代經籍，〔註168〕此如《隋志》子部
雜家類小序云：「古者，司史歷記前言往行，禍福存亡之道。然則雜者，蓋出史
官之職也。」〔註169〕是以《隋志》中四部各類小序都可考見一從古代史職而來

〔註162〕姚振宗《隋書經籍志考證》，頁229。
〔註163〕《梁書・安成康王秀傳》
〔註164〕《梁書・文學劉峻傳》
〔註165〕《梁書・安成康王秀傳》
〔註166〕胡應麟《詩藪》外編卷二語：「諸臣秉筆，帝總其成。」頗可形容這種著作的
　　　　模式。
〔註167〕《南史・劉懷珍附傳》。
〔註168〕〈孔子與春秋〉，《兩漢經學今古文平議》，頁259。
〔註169〕《隋書・經籍志》，頁1010。全段爲「雜者，兼儒墨之道，通眾家之意，以
　　　　見王者之化，無所不冠者也。古者，司史歷記前言往行，禍福存亡之道。然

的源起。此處雖標司史以為前驅,畢竟於歷記前言往行之外,尚能連及隱微的禍福存亡之道;是雜家之作,事或兼雜,而仍能抽繹剝顯其理,並不只是羅致前言往行而已。然而,序又云,「放者為之,材多而少學,言非而博,是以錯雜漫羨,而無所指歸。」〔註170〕前述《皇覽》、《類苑》等書著眼於聚纂之富,而未及擘析其中精義,抄錄雖博而其學無以治之,便是雜家著作體式流於鬆散的結果;《隋志》此處「錯雜漫羨,無所指歸」的評述指陳了其著作之特性及缺失,可謂一語中的。不同於《隋志》以為雜家出史官之職,班固在《漢志·諸子略》中說,「雜家者流,蓋出於議官。」〔註171〕並云:「及盪者為之,則漫羨無所歸心。」〔註172〕與《隋志》所言雜家之流弊看來幾乎無異。然若細考之,班固認為雜家長於「知國體之有此,見王治之無不貫」,〔註173〕其漫羨之失則在於議論之渙散無宗,能雜取各家學說不同的分數,〔註174〕但無一足能統括的主旨。至於《隋志》子部雜家,若以《皇覽》、《類苑》觀之,其錯雜漫羨之失,則另有從史學性的廣為搜纂而來的雜沓。張蓓蓓先生以為,「後來子家多能敘述沿襲而少能議論創獲」,〔註175〕是故《隋志》改動《漢志》解說雜家來源的說法,乃是如實地反映了其時子書的情況;由此我們實可得知,後來子家才力之轉弱,「實際上是子學墮落的一個縮影。」〔註176〕若以前所舉例觀之,那麼,此處更大膽一點地說,所謂「多能敘述沿襲」,或即指子學著作受到一種史學性寫作方式的影響。子學本有「子不離史」的傳統學術特色,但當其變本加屬地發展之後,便幾至於像似史學的博收廣探,反而渙失了子學應該議論宏闊的本色,此或正子學所以墮落的原因。然而,目錄的評斷畢竟是以後視前的歸納,當時子

則雜者,蓋出史官之職也。放者為之,不求其本,材多而少學,言非而博,是以錯雜漫羨,而無所指歸。」
〔註170〕《隋書·經籍志》,頁1010。
〔註171〕《漢書·藝文志》,頁1742。
〔註172〕《漢書·藝文志》,頁1742。
〔註173〕《漢書·藝文志》,頁1742。
〔註174〕劉咸炘《舊書別錄》論王符、王充及仲長統等人著作的學術性質時,便云後世目錄家不知「其言之相類固可驗也,特其參取法家分數有多少耳。」張蓓蓓先生在〈傅子探賾〉一文中申論《隋志》所以歸屬群書於雜、儒、法各家,自有其分派的著眼時便引此而云:「至於學說分派之依據,則當取決於兼容中之主從,或說分數多寡,並不是一定不能曰儒曰道曰法的。」見《魏晉學術人物新研》,頁121。
〔註175〕張蓓蓓,〈傅子探賾〉,《魏晉學術人物新研》,頁124。
〔註176〕張蓓蓓,〈傅子探賾〉,《魏晉學術人物新研》,頁124。

著雖有此弊病，而使其著作格局看來越形卑弱，但一時「風會所趨」仍使得其時作者競以搜纂抄錄爲著子之門徑；也許作者尙能意識到其缺失，但也難能自外，故時有撰述，并皆「包括天地，牢籠群有」，〔註177〕亦並「爭馳迂誕之說，騁末學之傳聞」。〔註178〕所以，儘管我們仍能見到當時作者意欲作子的心跡，但畢竟「流蕩忘反，殊途同致」，〔註179〕此可以梁元帝爲著例。

《金樓子・立言上》說：「周公沒五百年有孔子，孔子沒五百年有太史公，五百年運，余何敢讓焉。」〔註180〕明白地表露了梁元帝蕭繹欲應五百年期運而起，步軌史公繼志述事的心跡。〔註181〕然而，其語雖豪，但發而爲著作，格局卻弱，無能眞得史公之精意。太史公欲「正本五藝，繼踵《春秋》」，雖謂不敢自承，但其寓志思於《太史公》中的深意，仍斑斑透顯於紙背，此意前已及之。簡而言之，司馬遷爲就《太史公》，蘊涵了許多複雜的原因；有追跡前賢述志舒憤的不得不言，有揚名立身的顯親意識，亦有對於文采不表於後的憂懼。凡此都聚合於他對《春秋》典型的「心嚮往之」中，足成其著作高蹈的格局。相較而言，《金樓子》遺文中，處處可見的是梁元帝對於聚書甚廣的自豪，「河間之侔漢室，頗謂過之矣」，〔註182〕〈聚書篇〉文雖不全，但已可見繕寫抄纂書籍之勤。但除了這樣的自豪之外，他對於一己之著作立言所欲達致的境界如何，卻少見其描繪。今可見《金樓子》遺文云，「每就人間求善書，必爲好寫與之。留其眞本，加以金帛，士有不遠千里而至者，多獻其先祖舊書。」〔註183〕如果我們試著依準這種極言其聚書興奮之情的文字再加以推擴，則梁元帝所自得於著作者，或更在「古今聞見之迹咸爲苞載」〔註184〕之上；即如他在《內典碑銘集林序》中所說，「頃常搜聚，有懷著述」，〔註185〕著述乃所以顯明其搜聚之珍

〔註177〕魏徵《群書治要・序》之語，見《全唐文》卷一四一。

〔註178〕魏徵《群書治要・序》之語，見《全唐文》卷一四一。

〔註179〕魏徵《群書治要・序》之語，見《全唐文》卷一四一。

〔註180〕許德平，《金樓子校注》，頁152。

〔註181〕太史公曰，：「先人有言，自周公卒，五百歲而有孔子，孔子卒後至於今五百歲，有能紹明世，正易傳，繼《春秋》，本詩、書、禮、樂之際，意在斯乎？意在斯乎？小子何敢讓焉！小子何敢讓焉！」文見《漢書・司馬遷本傳》，頁1336。

〔註182〕《金樓子・聚書》，見《金樓子校注》頁102。

〔註183〕《金樓子・說蕃》，見《金樓子校注》頁110

〔註184〕《四庫提要》：「其書於古今聞見事迹，治忽貞邪，咸爲苞載，附以議論，勸戒兼資。」

〔註185〕轉引自《金樓子研究》，歷代評論輯要。

貴與全備。

而他之所以「有懷著述」，實亦有同於時人著述以求不朽的期待。其〈自序〉曰：

> 竊念臧文仲既沒，其言立於世。曹子桓云立德著書可以不朽，杜元凱言德者非所企及，立言或可庶幾。故戶牖懸刀筆而有述作之志矣。常笑淮南之假手，每嗤不韋之託人，由是年在志學，躬自搜纂以爲一家之言。〔註186〕

「立言或可庶幾」，是則梁元帝以爲，在立德、立言兩種達致不朽的途徑中，立言至少是自己所能掌握的部分，事在人爲而並不難；故其「戶牖懸刀筆」，由立言不朽的期待而來的述作之志可謂昭切。然而，他只以不朽爲目的，已遜於史公，而其「躬自搜纂以爲一家之言」的喜形於色之語，又更使其著作之格調終與《太史公》判若霄壤。司馬遷自云其著論《太史公》乃欲「網羅天下放失舊聞，略考其行事，綜其終始，稽其成敗興壞之紀」，〔註187〕其層次井然的著作取徑居然可見。「網羅舊聞」乃其基始，在「考」、「綜」的功夫之後，最終則能鉤稽出事件轉變中往往而在的統紀。前面曾說，這一進程的完成，一方面能夠清楚地剝顯舊聞之理致，另一方面則更可見史公鉤稽抽繹的識見，以及寄寓其中的一家之深意；「網羅舊聞」的意義須得此才能彰顯，著論也至此才算完成。相較於此，梁元帝在剖述前賢所提示的著書可以不朽之後，卻直舉「淮南之假手」與「不韋之託人」以爲嗤笑，而轉以「躬自搜纂」來標其「一家之言」的特出之處。司馬遷著書亦欲「成一家之言」，如果把他循序漸進的著論模式看作一完整的進程，則梁元帝前云「搜聚」而此云「搜纂」，所擬者蓋屬「網羅天下舊聞」的層次，不過止於「成一家言」的初階而已。梁元帝既未更進一步究論條貫事件的統紀，則其能否洞悉事情而思慮周詳，亦無得而見；故雖多所聚纂，但不免有中道而廢之憾。

同時，梁元帝洋洋而言「躬自搜纂」的得意之語，實也顯示出一種不得立言成家之要領的誤解。蓋司馬遷之網羅所以能著述成家，當然甚得力於其遊歷見聞的廣博；然除此之外，其要領更在最終能鉤稽出一種事件轉進的歷史性秩序，而搜羅之富自能於此成一支拄的基石。反觀梁元帝，不能有此識見而徒以聚纂爲勞，是以儘管是親力親爲的搜索，實則「雖多亦奚以爲」？

〔註186〕轉引自姚振宗《隋書經籍志考證》
〔註187〕司馬遷〈報任少卿書〉，《古文觀止》，頁274～275。

其實，司馬遷也注意到了「不韋遷蜀，世傳《呂覽》」〔註188〕之事，但他不像梁元帝譏其「託人搜纂」，而是著眼在呂不韋抒發鬱結，發憤而作的生命形象；梁元帝與司馬遷同見一事而領會著眼各異，亦可旁證梁元帝對於著述的看法實已有所轉變。而這樣不重志思的轉變，若就欲成一子的期待而言，便不能不拉低了梁元帝子著的高度；畢竟一子家有一子家之殊處，若不能有獨出機杼的見地，子著之價值亦便不高。此所以黃伯思《東觀餘論》說「梁元帝《金樓子》自謂絕筆之製，余久欲見之。及觀其書，但裒萃傳記，殊無襟臆語，恐所著諸書類若是。」〔註189〕不見梁元帝「襟臆」，而有期待落空之感，而《四庫提要》更直言其不敢讓五百年運會之自期「尤爲不經」〔註190〕了。

事實上，梁元帝雖務爲搜纂，但亦多少意識到當代子書之煩冗，並謂唯有博達之士能刪整蕪穢，以助觀覽。《金樓子‧立言上》云：

> 諸子興于戰國，文集盛於兩漢。至家家有製，人人有集。其美者足以敘情志，敦風俗，其弊者祇以煩簡牘，疲後生。往者既積，來者未已。翹足志學，白首不遍。或昔之所重，今反輕，今之所重，古之所賤。嗟我後生博達之士，有能品藻異同，刪整蕪穢，使卷無瑕玷，覽無遺功，可謂學矣。〔註191〕

是梁元帝亦明白「煩簡牘，疲後生」之弊，正爲著作之中未有充實懇切的情志；製作雖盛，只爲徒費簡牘，不能啓發讀者於觀覽之間。準此而言，作者前仆後繼的著述看來竟只爲災梨禍棗似的累積堆疊，卻不能收著作蔚然，巧思迭出之效。這裡梁元帝糾舉諸子流弊，他以情志之有無爲界，來評論諸子所以爲美、所以爲弊。那麼，其所謂「煩簡牘」，是否包括徒務搜纂而不能董理條貫之弊？梁元帝以「躬自搜纂」爲《金樓子》之殊處，則其抄纂所費簡牘想亦不少，如果他的著作除此特點之外沒有稽考統紀之功，那麼他自己的著作便可能正坐蕪穢之失。對於梁元帝之《金樓子》，劉咸炘先生有一段精采的評述，如下：

〔註188〕司馬遷〈報任安書〉云：「文王拘而演《周易》，仲尼厄而作《春秋》，屈原放逐，乃賦《離騷》；左丘失明，厥有《國語》；孫子臏腳，《兵法》修列；不韋遷蜀，世傳《呂覽》；韓非囚秦，〈說難〉〈孤憤〉；《詩》三百篇，大抵聖賢發憤之所爲作也。」
〔註189〕黃伯思《東觀餘論》卷下〈跋《金樓子》後〉。轉引自《金樓子研究》，歷代評論輯要。
〔註190〕《四庫提要》語。
〔註191〕《金樓子‧立言上》，見《金樓子校注》，頁164。

諸子引事皆以明理，旨無旁出，非泛論雜鈔。……及於梁元《金樓》
遂成類書矣。其人本無學術，非有立言之旨，而猥慕著書之名，……
恃其聚書之富，鈔纂陳說，雜記近事，以充篇幅，……。今存者凡
十四篇，……統觀全書，竟是書鈔文集，陳言纍纍，絕少胸中之造，
謂之纂言可耳，何謂立乎？……學識不逮，既無統宗，又無鑒別，
智小謀大，故并類書而不成，僅與當時抄詞之書較其長短。〔註192〕

「少胸中之造」，無立言之旨，劉咸炘認爲這樣沒有思想議論的著作簡直算不
上諸子立言之書，更說「謂之纂言可耳」。劉氏的駁評看來嚴峻而直切，然而
這正由於子書原就應該「引事以明理，旨無旁出」，而不能只是「泛論雜鈔」；
若梁元帝欲自成一子，這也是他本應達到的基本水平。《四庫全書總目提要補
正》引〈雜記篇〉語，指《金樓子》「亦可爲談噱之助」，〔註193〕正因其陳言
纍纍卻渙散而無統宗，終以其博搜廣纂的寫作方式見評如此，可見《金樓子》
欲作子書，「遂成類書」的失格。

　　另外可以注意的一事是，譚獻謂《金樓子》「自謂切齒不韋、淮南之倩人，
而雜乎子史，取《淮南》者尤多。」〔註194〕前曾略及，《隋志》與《漢志》都
指出子部雜家終有「漫羨無所指歸」的流弊，但對於其緣起的意見略有不同。
《漢志》雜家之失在於「兼儒、墨，合名、法」〔註195〕之際泯其主從；《隋志》
雜家之漫羨，則有自廣爲搜纂而來的雜沓，「材多而少學，言非而博」。而此
處譚獻「博雜子史」一語，似正可櫽括《隋志》子部雜家之所以爲「雜」。事
實上，較之《漢志》「諸子略」雜家之雜采眾家分數，《隋志》所收六朝子部
雜家之書，乃更以雜取、聚纂子史材料爲要務；也可以推測，《隋志》以「司
史」爲雜家之源起，是則當時雜家務爲搜纂的特色，已暗伏於史官「歷記前
言往行」的職責之中了。同時，《隋志》小序在論及雜家之發源時，改以史官
而不以議官爲宗，便亦剛好恰如其份地統括了當時已漸不能擘析議斷的子
著；如果，以這樣的大原則來檢視六朝子部雜家之作，其多爲「纂言」而無
能「立言」的情況，似亦並不成爲顯而易見的缺失。不過，《隋志》本有以史
學眼光考究學術源流的傾向，所以我們似乎也不能那麼篤定地說，《隋志》以

〔註192〕劉咸炘，《推十書・舊書別錄》。
〔註193〕《四庫全書總目提要補正》卷三十五雜家類，轉引自《金樓子研究》，歷代評
　　　　論輯要。
〔註194〕譚獻，《復堂日記》。
〔註195〕《漢書・經籍志》，頁1742。

「雜家出於史官之職」，就是專為其時雜家情形所做的避重就輕的調整。只是，應該注意的是，《隋志》雜家類小序所述，畢竟還是較像一種史學性的考核眼光，似乎不能很切要地呈顯子書著作發展至此，幾至不得為子的實情。因此，若能如劉咸炘先生把握住子學著作原本的要求，或便能作為一個依準，然後較為清晰地觀照，「博採子史」的《隋志》雜家子著，究竟如何在變本加屬地發展「子不離史」的特色時，拉大了其與傳統子書之間的距離。

　　前面藉由子書殊無立言之旨而多「泛論雜鈔」的情形，討論六朝子書境界之滑落。其實，從雜家中同時出現「子鈔」〔註196〕一類著作，便可想見時人對於大部份的子書評價已經不高，且其原因正由於子書務在裒萃，而不能有「議論創獲」的格局。《隋志》雜家目錄中，梁時有庾仲容作《子抄》三十卷，同時稍前也有沈約《子鈔》十五卷。〔註197〕據姚振宗考證，庾氏其書與後來唐時馬總以此為底稿，重加刪採而成的《意林》，乃正以東晉臨賀太守孟儀之《子林》為先聲，一脈相承而於《四庫》中總別為雜纂之體。〔註198〕關於「子鈔」這種類型的著作，後人對於庾仲容《子鈔》的描述及評價，可作為參照。陳振孫《直齋書錄解題》云其「所取子書百有五家」，〔註199〕可見庾仲容所取資之子書甚廣；而由此可推知的是，庾氏能夠盡取天下子書而抄之的可能性不高，是故當時子書想必不止此數。而宋高似孫《子略》則說：「仲容所取或數句，或一二百言，是以有契其意、入其用，而他人不可共享者也。」〔註200〕似以「他人不可共享」來表明庾氏此作仍有其不與他人相同的殊性，「契其意，入其用」，顯示他自有一己汰選之標準，把持著作之初衷而使他家子書為己所用。然而，足堪玩味的是，既然百五家子書中，能夠入選者一書不過數句至一二百言，是所須檢覽者多，所能契用者少；那麼，若欲著書而自覺立意頗有新穎之處，或亦可自成一家，何以庾仲容不直接以一己之言談表出其意，而要如此大費周章？且其書雖成，觀後人對它「略其要會而立言之本或不求全」〔註201〕的評語，則與他原本匯聚眾言以烘顯其意的構想又有差距。

〔註196〕鈔子以為子，要用以說明當時人未言而顯的對於子書評價之不高，或是要再結合譚獻「博雜子史」一語，另作除了「鈔史」之外的討論？
〔註197〕見姚振宗《隋書經籍志考證》「子抄三十卷，梁黟令庾仲容撰」條下案語，頁229。
〔註198〕見姚振宗《隋書經籍志考證》「梁有《子林》二十卷，孟儀撰，亡」條下案語，頁222。
〔註199〕轉引自姚振宗《隋書經籍志考證》，頁228。
〔註200〕轉引自姚振宗《隋書經籍志考證》，頁228。
〔註201〕見戴叔倫《意林·敘》，轉引自姚振宗《隋書經籍志考證》，頁228。

欲作子書而取徑如彼、成書面貌又如此，不但給人拾人牙慧之感，亦顯出子家才力之窘迫。而子家之不才，不僅表現為庾仲容等人檢摭前書英華的作法，實則那些已經寫成，卻只數句至一二百言可資取用的子書，也顯現了其於內容上的冗雜浮泛。

唐朝柳伯存在《意林・序》中，除說明馬總「精好前志，務於簡要」，故將庾仲容所抄三十卷另存為六卷的《意林》之外，亦言及庾仲容之所以作《子抄》：「子書起于鬻熊而部帙繁廣，尋覽頗難。梁朝庾仲容抄成三帙，汰其沙石，簸其秕糠，而猶蘭蓀雜於蕭艾，……」；〔註202〕其書「部帙繁廣」的情況，從前面對於《隋志》子部雜家書籍的討論中，已可見其一二。蓋其時作者既「猥慕著書之名」而專施力於雜收廣纂之上，其結果如此實不在意料之外。然而，庾仲容雖已有過刪汰，柳伯存仍以為「猶蘭蓀雜於蕭艾」，也正因此，馬總才能再刪削為六卷；高似孫亦說馬總取錄的眼光，較之庾氏更為精嚴。〔註203〕換言之，原初六朝子書至此須經再汰之功，方能得其精要，則百五家子書內容的蕪菁之比不可謂不大。前云梁元帝知子家著作有「煩簡牘」之弊，然無能改之，而其書《金樓子》亦被視為泛論雜抄的纂言。這裡，庾仲容雖有睹於其前子書之雜沓，但所作的卻只是汰蕪存菁式的鈔子以為子；或有披沙揀金之功，卻不能真正撥見子書之原貌而一新耳目。綜而言之，《隋志》雜家子書總歸無法避免冗雜蕪蔓之作風的情形，一方面是子家才力不足，雖已見當世子書此弊，但卻也無法起而矯之；不能以言議精當、立意不群的著作來復反子書原本的高度。而另一方面，若藉劉咸炘「諸子引事皆以明理，旨無旁出」的子學眼光來看待這些雜家子書，則可知其所以「漫羨無所指歸」，而終致因堆疊前言往行之「史」，澳失了原本的「子」意，正可說是「子不離史」特色一種變本加厲的流弊。

第三節　史不離子：「論」體的舊範與新猷

一、子論的興起與轉變

《文心雕龍・諸子》泛論自先秦以下，諸子學術發展的盛衰運會。劉勰

〔註202〕轉引自姚振宗《隋書經籍志考證》，頁 228。
〔註203〕亦見宋高似孫《子略》，其文云「馬總《意林》一遵庾目，多者十餘句，少者一二言，比《子鈔》更為取之嚴、錄之精且約也。」轉引自姚振宗《隋書經籍志考證》，頁 228。

在談到魏晉子書時說，「迄至魏晉，作者間出，讕言兼存，璅語必錄，類聚而求，亦充箱照軫矣。」〔註204〕當時子家不能發抒一己獨到的見解，取材瑣碎而多所抄纂的著論傾向，可從前一節的討論窺知一二。而范文瀾注《文心雕龍》此篇時，更以「幾至不能持論」〔註205〕一語，直指魏晉子書格局餒弱；當時作者雖不在少數，但卻幾已無法架構、闡述精當的議論。所謂「論」者，於漢魏之時常常近同子書，近人多已就此加以申說。〔註206〕而《文心雕龍》在〈諸子〉篇末，歷數「陸賈《典語》，賈誼《新書》，揚雄《法言》，劉向《說苑》，王符《潛夫》，崔寔《政論》，仲長《昌言》，杜夷《幽求》」等子書之後，亦述及「子」與「論」的關係。他說這些書：「咸敘經典，或明政術，雖標論名，歸乎諸子。何者？博明萬事為子，適辨一理為論，彼皆蔓延雜說，故入諸子之流。」〔註207〕劉勰認為，有些著作雖標名為「論」，但按其「敘經典、明政術」的特色，實可歸本於諸子之脈絡，此正合於前述近人認為「論」可以指稱子書的意見，「論」之於「子」似為無甚差異的別名。不過，劉勰接著說：「博明萬事為子，適辨一理為論」，則又進一步為「論」與「子」下了比較清楚的界義。在「適辨一理」與「博明萬事」之間，「論」與「子」在著作包羅範圍的廣狹上有了分別，連帶地也形成了一種著作進程的位階，似乎集「論」適足以成「子」；逆而言之，則「論」便只為子書大觀之一隅。至此，原本與「子」同指的「論」，因為劉勰為其各賦詮解，便指實了「論」只能專意辨思，而不能宏觀廣泛地作一種大格局的思考；較之於「子」相形見狹。

　　劉永濟先生曾整理六朝時期的「論」作，〔註208〕那些作品的旨意突出，可

〔註204〕周振甫，《文心雕龍注釋》，頁326。
〔註205〕「魏晉之世，學術更衰，所謂讕言兼存，璅語必錄，幾至不能持論矣。」見范文瀾，《文心雕龍‧諸子》校注，頁78～79。
〔註206〕如余嘉錫先生引《論衡》〈對作〉：「漢家極筆墨之林，書論之造，漢家為多」之語，說明自桓寬《鹽鐵論》開其先以下，漢人多命所作子書為論，並云「論文之源，出於諸子，則知諸子之文，即後世之論矣。」見余嘉錫，《古書通例》〈秦漢諸子即後世之文集〉，頁228～229。又如楊明在解讀《典論‧論文》「書論宜理」之義時，亦云「論」不應只指單篇論文，而應與「書」字合為一個短語，指論說性文字，包括單篇論文，亦包括成一家言的子書。見《漢唐文學辨思錄》（上海：上海古籍出版社，2005年），頁43。以此二者為例，都可以得到漢魏實有直以「論」來題名子書者。
〔註207〕周振甫，《文心雕龍注釋》，頁327。
〔註208〕附於《文心雕龍校釋》〈論說〉之後，頁65～79。

依主題區分其類別。〔註209〕就其一「論」辨明一種思考的特色而言,劉勰對於「論」「適辨一理」的概括確是實情。余嘉錫先生也有相似的意見。他認爲劉勰此論似欲清楚地界分「子」與「論」的定位,然而漢魏以後的子書卻「大抵適辨一理而已,未見其能博明萬事也。」〔註210〕事實上,「博明萬事」與「適辨一理」這種對於文章特色的概括,若無作品可以作爲印證,其說即很難成立。因此,當漢魏子書大多只能成「論」而不能作「子」,子書無法擔負起「博明萬事」的評價時,再作「子」與「論」的區別便顯得意義不大,無法眞如劉勰所云,鮮明地呈現「子」與「論」的對比。六朝「子」與「論」的實際情況雖已不能適用於劉勰所作的鮮明判語,但他所指出的「博明萬事」這個子書特色,卻適足以在六朝子書精神風貌漸趨餒弱的走向中,作爲一個判斷的參照:當子家的著作愈成爲專辨一理之「論」時,「子」往「論」的靠攏,便使得「子」的範疇與高度都有所不足。那麼上述劉永濟之以「幾至不能持論」來責求於子家,竟或透露了當時子作甚至連低一階的「適辨一理」的要求都無法達成了。

不過,「諸子風衰,而文士集中乃有論說辨解諸體」,〔註211〕「論」的確是六朝子家發言的一個重要形式。前云劉永濟先生曾整理六朝單篇論著之文,他也對擇取的對象有一簡短的說明,由此我們可以掌握當時「論」旨大致云何的消息。其文云:

> 六朝論著之文,以三學爲其宗:一曰《易》,二曰《老》《莊》,三曰佛。大抵魏晉之際,《易》與《老》《莊》爲盛,劉宋以後,則老莊與佛相比,而儒學者常與之爭衡。今取論及此三學者爲主,其餘如刑禮之論辨,人物之品藻,音樂文學之平騭,世風時俗之譏彈,以及天文數理之研討,皆因緣風會,隨時代興,故略附焉。〔註212〕

六朝論著之文於此觀之,多以三玄及佛理爲核心論題;當時處於玄學大興的時代風尚中,故多有針究這些問題進行思辨的著作,並不令人意外。相較於此,「世風時俗之譏彈」,雖較接近於傳統子書關注社會問題的性質,但整體而言卻並不是六朝論著之文中的大宗,故劉永濟先生僅略及之而已。事實

〔註209〕劉永濟自云所取六朝論著之文,以《易》、老莊及佛學三者爲宗,其餘則依時代風會,略附人物品藻、音樂文學之評騭與世風時俗之譏彈和天文數理之研討一類的「論」文。見《文心雕龍校釋》,頁65。
〔註210〕余嘉錫,〈漢魏以後諸子〉,《目錄學發微》,頁235。
〔註211〕章學誠,〈和州文徵序例〉,《文史通義校注》,頁697。
〔註212〕劉永濟《文心雕龍校釋》〈論說第十八〉,頁65。

上，玄學之總性質是論世界存在及其法則的，其思辨是超越的，它們亦可能觸及現實，論證「名教同於自然」，但大致只是消極的純哲學式的思考，對現實世界與人事皆並沒有實在的關切；就傳統子學而言，其實是一種歧出。然而，當六朝論著之文所呈現的情況是，玄學論著大行其道，〔註213〕而子家對於世風時俗的評議卻反成小宗時，所啓發我們思考的方向有二：其一，由此可見，傳統子家精神的確處在一種漸趨消沉的時勢當中；原本以子家精神爲內涵的「論」文，其眼光逐漸從天下治平，轉於形而上的純哲學式思考。其二，漢魏六朝子學的衰頹是學術發展的大勢所趨，這已不必贅言；但若只以這些單篇「論」文的著作情況附會其勢，則除了確定其符於子學大勢之外，便無法再繼續究論子學轉衰之後，其餘緒還有若何發展？畢竟學術轉變的興起或衰弱，都不是轉瞬之間的樓起樓塌，學術之興，應有其潛行醞釀的伏流，及其就衰，亦應可鉤稽出其漸行漸淺的足跡。換言之，雖則這些單篇「論」文大抵都以三玄及佛學爲核心論旨，但未嘗不可能是因爲關注社會的傳統子家心緒，其實已轉於他種形式上繼續發揮，而只是較少發揮於「論」上罷了。

　　六朝玄風方熾，影響所及，世道人心都漸以虛無放誕爲高，國家社會的運作也因爲這樣疏離現實的風尚，而漸失其常序。西晉初年的傅玄曾上疏對此現象有所探究針砭，謂：

　　　近者魏武好法術而天下貴刑名，魏文慕通達而天下賤守節。其後綱維不攝，而虛無放誕之論盈於朝野，使天下無復清議，而亡秦之弊復發於今。……〔註214〕

傅玄在子學漸趨衰頹的時局中，還可算是正統子學的代表；由他對於清議的推崇以及承襲賈、董深戒「亡秦之弊」的言論，即可清楚見出他心態之好尚，與由儒家立場出發的反玄眼光。不過事實上，除了子家傅玄之外，亦有其他欲起而矯時者，但那大抵並非子家，而以史家爲多。如劉永濟先生所列，以《易》、《老》、《莊》及佛等主題爲大宗的篇論之中，即有孫盛所作，「大旨揚儒抑道」〔註215〕的〈論老聃非大賢論〉。今見其文云：

　　　六經何嘗闕虛靜之訓、謙沖之誨哉？孔子曰：「述而不作，信而好古，

〔註213〕雖然劉永濟先生歸類於談論三玄的「論」文中，亦有如孫盛「老耼非大賢論」這種意在掎摭玄風的著作，但較之宣暢玄風者畢竟仍屬少數，整體而言，以談玄爲主的論著還是居六朝「論」文之多數。

〔註214〕《全晉文》頁469，傅玄〈掌諫職上疏〉。

〔註215〕劉永濟，《文心雕龍校釋》，頁67。

竊比我於老彭。」尋斯旨也，則老彭之道，以籠罩乎聖教之內矣；

且指說二事而已，非實言也。聖人淵寂，何不好哉？又三皇五帝以

下，靡不制作。是故《易》象經墳，爛然炳著，棟宇衣裳，與時而

興，安在述而不作乎？……〔註216〕

孫盛以為，老子所標舉的虛靜之訓、謙沖之誨，自可於六經中尋得；孔子雖

有自比於老彭的言論，然若究其實情，可知並非實言，老彭的地位亦不以此

見高。且若論老聃位階，實居中賢，是次於大聖及大賢之後的第三之人而已，

去聖有間，是故「冥體之道未盡自然，運用自不得玄同。」〔註217〕是則此論

雖亦與《老》、《莊》有所牽繫，然其旨乃在針就老聃之動靜云為，進而評其

「非不亞聖之迹，而又其書往往矛盾」〔註218〕的缺失。除此之外，孫盛〈老

子疑問反訊〉甚而採取條舉老子之言，然後一一加以駁正的方法，具體且直

接地挑戰了其時風行的顯學。《世說新語》記孫盛與當時能言諸賢共論〈易象

妙於見形〉，而「一坐咸不安孫理，而辭不能屈」，〔註219〕他從「六爻變化，

群象所效，日時歲月，五氣相推」的象數《易》觀點出發，認為王弼所開啟

的新方向「恐將泥於大道」。而干寶談《易》亦同此見。可見，干、孫二人雖

也談《易》，但取徑異於當時清談之路數。蒙文通先生歸其二人為「申漢法，

而絀玄學者流之言《易》也」，並云「令升、安國必一反輔嗣輩之持說，排老

氏，崇漢《易》，從而顛覆其根本。」〔註220〕孫盛及干寶，於《晉書》中同屬

卷八十二，而該卷所記幾乎都是當時史家。其中如作《晉書》的虞預，史書

亦記其「雅好經史，憎疾玄虛，其論阮籍裸袒，比之伊川被髮，所以胡虜遍

於中國，以為過衰周之時。」〔註221〕這種史家反玄的現象，其實有趣而且值

得注意。蒙文通先生對此意頗有發明，語曰：

史家以備明興衰之故，究洞往事，立言制義，咸知所裁。方江左清

談風靡一世，乃干寶、孫盛凡諸史人，胥扼腕垂涕而爭之，以期挽

狂瀾之既決。〔註222〕

〔註216〕《全晉文》，頁 653。

〔註217〕《全晉文》，頁 653。

〔註218〕《全晉文》，頁 653。

〔註219〕余嘉錫，《世說新語箋疏》（臺北：華正書局，1993 年），頁 238。

〔註220〕此兩段俱見蒙文通，《經史抉原》，〈史學與江左清談〉，頁 272。

〔註221〕《晉書》卷八二

〔註222〕見蒙文通，《經史抉原》，〈史學與江左清談〉，頁 271。

於此觀之，則前云作爲當時著作之大宗的玄論，雖較「譏彈世俗時風」一類的論著爲多，看來頗合於玄風熾盛的時俗，但其實這樣的情形並不能準確地表現出時俗對於玄學風尚的反應。因爲，如果比觀同時史家之發論及其對於當時玄風影響情況的檢討，便能得知一種站在玄學風尚之對面，且可與之相互頡頏的意見；然後知道玄論到底不是全面性地獨擅勝場。如干寶便於《晉紀・總論》中說：

> 學者以莊老爲宗而黜六經，談者以虛薄爲辯而賤名檢，行身者以放濁爲通而狹節信，進仕者以苟得爲貴而鄙居正，當官者以望空爲高而笑勤恪。是以目三公以蕭杌之稱，標上議以虛談之名，劉頌屢言治道，傅咸每糾邪正，皆爲之俗吏。其倚杖虛曠，依阿無心者，皆名重海內。若夫文王日仄不暇食，仲山甫夙夜匪懈者，蓋共嗤點以爲灰塵，而相詬病矣。〔註223〕

清晰而且眞切地糾舉了玄學風尚之下的世俗之弊。金毓黻先生說：「魏晉以後，轉尚玄言，經術日微，學士大夫有志撰述者，無可抒其蘊蓄，乃寄情乙部，一意造史。」〔註224〕一語道出當時的學士大夫，對於由玄風影響所及的世情之失序不能無感。雖然我們今日不能逆臆其是否即在玄論盈於朝野，而又亟欲發聲的情形下，清楚且有意識地選擇了「史」的形式來寄其懷抱；但無可諱言的是，當「史」承載了越來越多學士大夫的心聲時，史家反玄的特殊現象也於焉成形。如蒙文通先生便以「挽狂瀾於既決」，來形容干寶、孫盛等人面對江左清談盛行的心情。之所以如此，實可以溯及這一類學士大夫作爲「史家」，「備明興衰，究洞往事」，故能「立言制義，咸知所裁」的學術性格，而此間，實有一種自就衰的子學中暗暗移轉而來的軌跡。

前面曾說傅玄對於當時「虛無放誕之論盈於朝野」的情形，比之如「亡秦之弊」而上疏儆之；傅玄所作的《傅子》內篇初成時，司空王沈歎其「言富理濟，經綸政體，存重儒教」，並擬玄爲當朝之賈誼。〔註225〕賈誼針對漢初的社會政治問題，援引儒家精義來構建一己治平之方；近代學者劉咸炘推崇其爲「命世之儒」。而傅玄對於政治時局以儒教爲方針所作的擘畫，正承襲於

〔註223〕干寶，《晉紀・總論》，《全晉文》，頁1368。
〔註224〕《中國史學史》。且《隋志》似已發此語。
〔註225〕《晉書・傅玄傳》，史書記沈與玄書云：「省足下所著書，言富理濟，經綸政體，存重儒教，足以塞楊、墨之流遁，齊孫、孟於往代；每開卷，未嘗不歎息也。不見賈生，自以過之，乃今不及，信矣。」

賈誼的徑路，〔註226〕其期許天下治平的子家性格無可置疑。然而，《傅子》書除了內篇「撰論經國九流」之外，卻還有外篇評論得失的「三史故事」，以及以《魏書》作爲底本的中篇。〔註227〕劉咸炘曾說：「諸子既衰，而子書變爲雜記。其所以變者，記載淆之也。……傅玄記載遂侵史職……」〔註228〕張蓓蓓先生在討論《傅子》一書的學術屬性問題時引及此說，並進一步說明，這種子、史混雜的問題，其實無涉於仍屬「純正的子書典型」的內篇，而應是源自於外篇及中篇所給人的「記載滋多，雜事間廁」的印象。〔註229〕章學誠曾論古人著書分篇的體例：

古人著書，凡內篇必其立言要旨，外、雜諸篇取與內篇之旨相爲經緯，一書只如一篇，無泛分內外之例。〔註230〕

若由此以觀《傅子》的情況，則外篇從《史記》、《漢書》及《東觀漢紀》中選取舊事、舊例加以評論，應正是將「經綸政體，存重儒教」的內篇要旨，取來「評論作爲與觀念，尤其是那些關涉政風治法或世道人心的處事方式」；〔註231〕二者之間相爲經緯，互有發明。〔註232〕換言之，傅玄在究論三史故事的本末得失時，實即更具體且清楚地陳述他對國務政事的見解；在樹立了以儒教爲本的立言要旨後，對於三史故事得失的評論，正是他所能用以敷衍並且申論的媒介。由此再來看劉咸炘「子侵史職」的評語，他固然揭示了在

〔註226〕雖然《隋志》入《傅子》於雜家，紀昀於纂修《四庫全書》時才將其書升入儒家，但張蓓蓓先生認爲「《傅子》的造詣雖不精醇，但大略正以儒術爲宗，劃歸儒家亦無可厚非。」見〈《傅子》探賾〉談「《傅子》書的學術屬性與流派歸屬」一節，《魏晉學術人物新研》頁 116～125。

〔註227〕此處所分述之《傅子》內、外、中篇的內容，見嚴可均輯本序云「內篇撰經國九流，外篇三史故事，評論得失，中篇《魏書》底本而以〈自敘〉終焉」。轉引自姚振宗《隋書經籍志考證》，頁 216。

〔註228〕劉咸炘《學略》，《推十書》，轉引自張蓓蓓〈《傅子》探賾〉，《魏晉學術人物新研》頁 126。待查。

〔註229〕張蓓蓓〈《傅子》探賾〉，《魏晉學術人物新研》頁 126。

〔註230〕章學誠，〈立言有本〉，《文史通義》外篇卷一。

〔註231〕張蓓蓓先生以爲，傅玄撰論三史故事並評斷得失，基本上不是評斷事件或人物，而是評斷作爲與觀念。見張蓓蓓〈《傅子》探賾〉，《魏晉學術人物新研》，頁 98。

〔註232〕此處只以《傅子》內、外篇討論當時作者於著論時，在子、史之間的選擇；其原因在於，中篇的《魏書》，據《晉書》傅玄本傳云：「與東海繆施俱以時譽選入著作，撰集《魏書》。」可知其乃受命而作，且其篇幅之大亦有自成一書的條件，與內、外兩篇較能分而視之，所以這裡姑且不言。

諸子就衰的時點上，子書混雜史體而為例不純的現象，就《傅子》書的內容而言確為的論；不過，可以由此再作思考的是：如果子家當下著論立說，並沒有經過一個涇渭分明的子、史形式之選擇，那麼所謂「侵職」之說，便應是在後來清楚的學術分界觀念中才能豁顯的「越界」。究其實際，「評史論政」〔註233〕之所以成為子家發論的一種取徑，一方面可說是延續了「假事證道」的「子不離史」舊規；另一方面，如果姑且不以子自子、史自史的精確範疇來察覈其「不純」，則這種表面上看來學術職責之間的侵越，其實正預示了在子學轉衰的時局中，其精神漸漸過渡而轉由史學繼起的動向。

更清楚地說，對於玄風之失當所導致的家國亂象，傅玄有欲起而矯之的子家之心緒，而他取徑「評史論政」，看來雖不免「以子侵史」而失其倫類，但卻為當時就衰的子學時局另闢了可以新起的蹊徑。之所以如此，乃因若由此再往前發展，則「評史論政」的子家取徑即可轉上「備明興衰，究洞往事」這種史家的學術性格。另一方面，史家在玄學風尚中察其失序而發論糾舉其弊的特識，亦可與子家務求天下治平的心緒接軌；如史家反玄的現象，正可隱隱見其承繼了子學精神的痕跡。事實上，玄與史都是子的分化發展，只是玄學由名理之談轉往虛無的路上發展，究論天道，是子學的歧出；而史家則延續了子學面對人事的一路，所關懷者在社會，屬子學之正體。當玄學的思想形成風尚，並逐漸擴大成為一種社會問題的病根時，雖則子家不能無憂，但其發論卻不能很好地檢討玄風；方此之時，反玄之論多從史家著作中出現，並成為當時史家所關心的重要議題。是或可見，史之發展正有其紹續子學而踵事增華的源流。

六朝時人對於作史的看法，可從《晉書》卷八二所錄王隱與祖納的這段對話察其一二：

> （祖）納好博奕，王隱每諫止之。納曰：「聊用忘憂耳。」隱曰：「蓋古人遭時，則以功達其道；不遇，則以言達其才，故否泰不窮也。當今晉未有書，天下大亂，舊事蕩滅，非凡才所能立。君少長五都，游宦四方，華夷成敗皆在耳目，何不述而裁之？應仲遠作《風俗通》，崔子真作《政論》，蔡伯喈作《勸學篇》，史游作《急就章》，猶行於世，便為沒而不朽。當其同時，人豈少哉？而了無聞，皆由無述作

〔註233〕張蓓蓓先生說，三史故事的重心「意主評史論政」。見張蓓蓓〈《傅子》探賾〉，《魏晉學術人物新研》，頁107。

-121-

也。故君子疾沒世而無聞,《易》稱自強不息,況國史明乎得失之跡,
何必博奕而忘憂哉!」納喟然歎曰:「非不悅子之道,力不足也。」
〔註234〕

當時盛行博奕,三國時韋昭已論及時人沉迷其中的情狀:

> 廢事棄業,忘寢與食,窮日盡明,繼以脂燭。當其臨局交爭,雌雄
> 未決,專精銳意,神迷體倦,人事曠而不修,賓旅闕而不接,雖有
> 太牢之饌,韶夏之樂,不暇存也。至或賭及衣物,徙棊易行,廉恥
> 之意弛,而忿戾之色發。〔註235〕

當時大吳受命未久,韋昭勸人應把握朝廷急於簡才的時機,「使名書史籍,勳
在盟府,乃君子之上務,當今之先急也。」〔註236〕若能移博奕之力而用之於
詩書、用之於智計、用之於資貨、用之於射御,〔註237〕一反妨日廢業的沉淪,
必能有不可程量的發展。韋昭論理懇切,欲明博奕之不足耽溺,其憂心時俗
的急切情見乎辭;但在低迷的時代氛圍中,他的鼓舞勸戒卻不免有隔靴搔癢
的泛泛之感。相較於此,時至東晉,王隱則是在祖納剖明了博奕以期「忘憂」
的心緒之後,提出了「著史」這個對治的辦法。祖納欲以博奕忘憂,說明了
在當時更迭變遷,相互傾軋爭奪的政治局勢中,大部份人對於生命的動盪無
寄其實感到惶惑憂懼。王隱於此鼓勵祖納著作晉史,除了揭示在混亂的時局
裡,一種以言達其才的遭時處世之道,實則亦透露了著史之殊處。

　　就立言達才的角度看,王隱將著作晉史比作「應仲遠作《風俗通》,崔子真
作《政論》,蔡伯喈作《勸學篇》,史游作《急就章》」,寄意於筆墨之中,便得
沒而不朽,聲聞傳世。在混沌不明的大環境中,生命無依的焦慮隨之襲來;時
人之所以汲汲於不朽之追求,或正因為這種述作不朽的期待,不僅暫且消解了
遇與不遇之間的患得患失,更使人自覺可以把握些什麼、留下些什麼,進而確
定生命的存在感。若僅於此觀之,則作史似乎也只是在這樣的時代氛圍之中,
一種立言發論的形式而已。但述作不朽的冀望,雖或亦能寬慰在動盪的時代中
惶遽的生命,卻畢竟不是從根本上消解對於生命的不安全感,就像浮木一樣,

〔註234〕《晉書·王隱傳》。
〔註235〕韋昭,〈博奕論〉,《文選》,頁2284。
〔註236〕韋昭,〈博奕論〉,《文選》,頁2285。
〔註237〕其文云:「假今世士移博奕之力而用之於詩書,是有顏、閔之志也;用之於智
　　　　計,是有良、平之計也;用之於資貨,是有猗頓之富也;用之於射御,是有
　　　　將帥之備也。」韋昭,〈博奕論〉,《文選》,頁2285。

提供了寄託但還不能夠完全的踏實。王隱說「國史明乎得失之跡，何必博奕而忘憂」，其實正說明了作史所需之對於歷史興衰的洞察與考論，是一種特殊的反思過程；當從中尋得了一份對於世情變化了然於胸的篤定之後，當下的生命似乎才能在歷史的長流中安頓下來，而對於人生的惶惑也才能真正寬解。這是作史的重要意義。史家有與子家相同的爲國爲民之深衷，也更具有一種「備明興衰，究洞往事」的清明，此所以史「非凡才所能立」。

二、史論的繼承與發展

周一良先生說，「除去體制編排之外，紀傳體史書仍自有最能體現作者特色的地方，就是序或論部份。」〔註238〕其實不只紀傳體，即使是編年體史書，雖然不像紀傳體統於傳末發論，但其中「因事抒議」〔註239〕之處也足可照見作者之思想見地。事實上，史論的傳統很早就已開始。劉知幾《史通・論贊》開篇即敘歷來史書論贊之異名，其中明標《左傳》爲首，以爲「《春秋左氏傳》每有發論，假君子以稱之。」〔註240〕楊伯峻《春秋左傳注》說，「『君子曰』云云，《國語》、《國策》及先秦諸子多有之，或爲作者自己之議論，或爲作者取他人之言論。」〔註241〕而這樣的議論內涵大抵爲何？

《左傳》隱公元年，鄭伯克段於鄢，置其母姜氏於城穎，既而悔之；穎考叔爲言「闕地及泉，隧而相見」，於是莊公與姜氏得見於隧中，其樂融融，遂爲母子如初。此傳末，君子曰：「穎考叔，純孝也，愛其母，施及莊公。《詩》曰：『孝子不匱，永錫爾類』，其是之謂乎！」〔註242〕「君子曰」於此所關注者，乃在於穎考叔以純孝的性情更加興發了莊公的悔意，並進而以隧中相見之樂化解了姜氏及莊公母子之間矛盾的怨懟與繫戀；簡而言之，其論闡揚者爲「孝」的入人之深。章學誠曾說，「《文選》諸論，若〈過秦〉、〈辨亡〉諸篇，義取抑揚詠嘆，旨非抉摘發揮，是乃史家論贊之屬，其源略近詩人比興一流。」〔註243〕實則《左傳》此處的「君子曰」，就近似於一種「抑揚詠嘆」的比興之辭；之所以生發那樣的感懷，乃因穎考叔的舉止體現了《詩》對於

〔註238〕周一良，〈略論南朝北朝史學之異同〉，《魏晉南北朝史論集續編》，頁99～100。
〔註239〕語出蒙文通〈史識〉，《經史抉原》，頁290。
〔註240〕《史通通釋》，頁81。
〔註241〕《春秋左傳注》，隱公元年，頁15。
〔註242〕《春秋左傳注》，隱公元年，頁15～16。
〔註243〕章學誠，〈永清縣志文徵序例〉，〈論說敘錄〉，頁791。

孝子的禮讚所言不假。但相對而言,這樣的「君子曰」所未「抉摘發揮」者則在於:莊公寤生,故姜氏惡之而愛共叔段,是則「鄭伯克段於鄢」這一兄弟交惡的歷史事件,實由母子之間偏寵和嫉妒的本質遙啓其序幕;亦正因此,所以事件的結束不在鄭伯克段,而必須由潁考叔的純孝牽動莊公作爲人子對於母親的依戀,進而在大隧的相見中回復母子關係的常軌,才終究修補了因爲不可抗力的「寤生」所劃下的裂痕。

又如隱公十一年,會鄭伯與齊侯共同伐許。當時潁考叔取鄭伯之旗先登,卻被子都自下射之,顛墜而死。《左傳》云:「鄭伯使卒出豜,行出犬、雞,以詛射潁考叔者。」其後則記君子謂鄭莊公:「失政刑矣。政以治民,刑以正邪。既無德政,又無威刑,是以及邪。邪而詛之,將何益矣。」楊伯峻注以爲,莊公雖知射者爲子都,卻因寵其貌美,佯爲不知,而欲藉「詛」的儀式以平息眾怒。〔註244〕是則若只憑傳後君子所論,則只見其歎惋莊公之政刑失當,而未能見出子都之驕寵與莊公之昏昧。張桂萍先生認爲,「《左傳》『君子曰』論史事、評人物多以仁、義、忠、孝等倫理道德爲準則,而對人物和事件的歷史意義發掘不多。」〔註245〕合上述兩例觀之,則《左傳》的「君子曰」雖然很早就開始了史論的形式,但或許是由於它依經而作的特色,所以那樣的史論所擔當的地位,乃更在「示後學以褒貶之大法,聖人作經之義」,〔註246〕是對於經典的教訓再次的印證與感懷,而並不是針對史事條理本末的鉤稽論斷。

《左傳》以後,《史記》是史論傳統發展中一個重要的階段。白壽彝先生說,「《史記》在史論上有繼承《左傳》及《國語》之處,但無論在使用的範圍上、深刻的程度上和形式的多樣上,都比後者大大地發展了。」〔註247〕因此,不論是「寓論贊於敘事」,或是「太史公曰」,〔註248〕都是後來學者在研究史論傳統的源流時所關注的要點。張桂萍先生以《史記》最常見的篇末論「太史公曰」統言《史記》的論贊,並在研究歷來對於「太史公曰」的評價

〔註244〕此處引文及楊伯峻注文皆見《春秋左傳注》,隱公十一年,頁66。
〔註245〕張桂萍,《史記與中國史學傳統》,頁169。
〔註246〕宋朝李石撰《左氏君子例》云:「《左氏傳》有所謂君子曰者,又有稱仲尼、孔子曰者,皆示後學以褒貶之大法,聖人作經之義。」《四庫全書總目‧經部》,春秋類存目一。轉引自張桂萍,《史記與中國史學傳統》。待查。
〔註247〕《中國史學史》。
〔註248〕張桂萍先生歸納,「《史記》中的評論,就表現形式來說,有兩種:一是寓論斷於敘事,即把史家的評論滲透在敘事的過程中;二是以史家或史官的身份,直接發表評論,稱『太史公曰』。」張桂萍,《史記與中國史學傳統》,頁163。

之後，總結其特色。其一，託贊褒貶，勸懲繫焉；其二，補傳之不足，極人情所難言；其三，明述作之本旨，見去取之從來。〔註249〕這是在通盤了解司馬遷《史記》的體例後，對其論述旨意的體貼鉤稽，要言不繁地概括了《史記》論贊的內容與作用。除此之外，在關於「太史公曰」的討論中，亦可見到許多學者鉅細靡遺地分析司馬遷「太史公曰」的論述形式。〔註250〕其中邱逢年先生在舉列「太史公曰」的體例之正變後，有此一語頗值注意：「要之吾所論者讀史之法耳，作者變化因心，何嘗預擬一例而爲之。」〔註251〕質言之，「太史公曰」作爲史論，當然是史學傳統的形成與推進中一個舉足輕重的環節，而它所呈現的種種表達意見的形式，也都是我們在閱讀的過程中，很容易注意到，並藉以發掘、貼進太史公著作本意的途徑。然而，這種史學眼光所企圖究論的「史例」，其實並不可能有一個預先的規範與設定，而是在太史公褒貶議論存乎一心的發抒中，才形成它難拘一格的論述樣貌。如果要深究其所謂「心」的內涵，則〈太史公自序〉所說的「網羅天下放失舊聞，略考其行事，綜其終始，稽其成敗興壞之紀」〔註252〕或能當之。因爲，這具體呈現了太史公爲自己的一家之言所立定的論述進程，也說明了他於此間自有一把拿捏穩當的尺規；事異則思變，太史公對於歷史事件和人物不同的評價與意見，便在這個基礎上建構成他獨樹一格的精彩史論。

本章第一節曾討論過，《史記》原名《太史公》，故其書在後世所認識的史學性質之外，實自處於百家言的位階，而嚮往王官學之典範，想要自成一子的印記。而「網羅天下放失舊聞，略考其行事，綜其終始，稽其成敗興壞之紀」，是司馬遷自謂面對歷史的方法和進程，較之單純的記述史事，其處理方式來得遠爲精緻；呈現了其格局之超邁，也蘊含了他自成一家的匠心巧思。

〔註249〕關於這三種特色具體的分析論述，詳見張桂萍，《史記與中國史學傳統》，頁172～181。

〔註250〕如牛運震《史記評注》云：「太史公論贊，或隱括全篇，或偏舉一事，或考諸涉歷所親見，或證諸典記所參合，或于類傳中摘一人以例其餘，或於正傳之外摭軼事以補其漏，皆有深意遠神，誠爲千古絕筆。」又如邱逢年《史記闡要》說，「《史記》諸論，則千岐百變，而不可以一格拘。自常例外，有舉大該小者，有舉半見全者，有別出一義者，有因事生感者，有借閒情寄意者，有通敍世家、諸人合傳而止論其一者，有既序復論或序論全無者，甚有一例而兼數例者，皆有深意。」

〔註251〕邱逢年，《史記闡要·體例正變》。轉引自張桂萍書，頁180。

〔註252〕司馬遷〈報任少卿書〉，《古文觀止》，頁274～275。

那麼，承上所述，針對邱逢年先生對「太史公曰」的體例「變化因心」的觀
察，司馬遷自云由網羅而至考、綜、稽的進路正好可以作爲一個理解的基礎，
而「太史公曰」因爲隨事申論，無法加以例說，進而展現出變化因心而不拘
的彈性，就可以回歸到這裡來把握。「太史公曰」作爲後世關注的史學傳統之
要角，其意義在於它如何由史學的方法發展爲成就特出的史論；亦即由史學
眼光觀之，它究竟形成了怎樣影響後來史學傳統的「史例」。但是，如果從太
史公亦欲自成一子的期待上觀之，則「變化因心」就剛好說明了一種面對歷
史事件與歷史人物時，清楚而不與人共的自我評價體系，而那便正是子之所
以爲子的重要特色。

邱逢年在討論《史記》「太史公曰」體例不拘一格之前，曾先就「史論」之
常例作了定義。他認爲：「凡作史論，篇中即含論意，論即全篇總斷，此常例也。」
其實如果我們不將討論「史論」的眼光與範圍拘就於史書中之論贊，這樣的總
括也正可以移作辨識一般史論文章的依準。前面曾說余嘉錫先生考知漢人多命
所作子書爲論，且子家的論述本就有依興歷史舊事的傾向，因此實際上，一般
子家立論亦往往藉著對於歷史事件與人物的評斷，提呈一家之旨意，換言之，
在許多子家的著作中，早已可以看到後來所謂「史論」之影跡。

《文選》中專門設立「史論」一目，此舉首先即表明了「史論」在當時
的確是一種很受注意的著作形式。不過，蕭統此目有其獨出機杼的簡擇標準。
他在《文選・序》中說明史論所以入《選》的原因：

> 至於記事之史，繫年之書，所以褒貶是非，紀別異同，方之篇翰，
>
> 亦已不同。若其讚論之綜緝辭采，序述之錯比文華，事出於沉思，
>
> 義歸乎翰藻，故與夫篇什雜而集之。〔註253〕

可以注意的是，蕭統所著眼的精采「史論」，乃是史書「綜緝辭采」的讚論以及
「錯比文華」的序述，此二者可以總括於「事出於沉思，義歸乎翰藻」的評價
之下。齊益壽先生以爲，「事」指「紀別異同」之「事」，「義」指「褒貶是非」
之「義」；意指史書序述，乃經由史家的史觀、史識、史德「沉思」出來，而史
書中的贊、論所含的褒貶是非之義，則要透過精練華美的「辭藻」加以表達。
〔註254〕如此，史論看來雖仍不離「太史公曰」所樹立的史論矩範，然總體觀之，

〔註253〕《文選》。

〔註254〕齊益壽，〈《文心雕龍》與《文選》在選文定篇及評文標準上的比較〉，《古典
文學第三集》（臺北：學生書局，1981年）。

也已可見這樣的評價眼光實漸染於其時昌盛之文風，是故「辭采」、「翰藻」，都成為他的選文標準。「史論」在史學大盛的時代有其不可忽略的地位，而時人採取什麼樣的標準來看待「史論」，也可藉以探究當時史學的面貌。

《文選》簡擇史論標準的問題，會在下一章作較詳細的討論。這裡，所要藉由《文選》的「史論」一目討論的是，緊接於「史論」與「史述贊」之後，《文選》收錄的是五卷的「論」，以西漢大儒賈誼的〈過秦論〉為首。柯慶明先生認為，《文選》中歸為「論」類的諸篇，如〈過秦論〉、〈王命論〉、〈六代論〉、〈辨亡論〉、〈五等諸侯論〉等篇，「雖然並非史官在史書中的論贊序述，其實仍都是一種各有主題的『史論』，它們都有著『網羅天下放失舊聞，王迹所興，原始察終，見盛觀衰，論考之行事』的性質。」〔註255〕這些不從史書中摘出的「論」，論其內涵可以視作「史論」，是以蕭統緊置其於「史論」之後；但若究其實際，像賈誼〈過秦論〉出自《新書》，則這些「論」亦自有其作為子家論述的本色。雖然從《文選》所選諸論觀之，子家之論述的表現已不如史書中之論贊來得亮眼，然而，由子家所提示的剖析事情見解獨到的著作特色，對於後來的史論卻也不無影響，《文選》置之於論篇之首的〈過秦論〉，就是一個很好的例子。

賈誼在〈過秦論〉中，先敘明秦國宰割天下之大業如何成形。孝公得商鞅之輔佐，用其法而修守戰之備，拱手而取西河之外，鞏固了秦的基本勢力版圖，並確立了以法治國的基本方向。其後惠王用張儀之計，盡舉四方膏腴之壤、要害之郡，一時之間所向披靡。六國儘管頗有制兵之將與謀略之士，終未免從散約解，爭相賂秦而為其所困。其後歷經武、昭襄、孝文王、莊襄王以至始皇「履至尊而制六合」，御六國於宇內而拒異族於境外，秦國之勢至此已極強大。始皇又以嚴刑峻法縝密地統治天下，廢先王之道，銷鋒鏑以弱天下之民。至此，強秦國勢之燄盛，其地位之不可動搖，以及它能夠成就傳之久遠的子孫帝王萬世之業，似都無可置疑。然而，始皇這樣的遠圖並未實現，其後陳涉以甕牖繩樞之子揭竿起義；崛起於阡陌之中的這群豪俊之士，雖不如曩昔精銳盡出的六國之士，反倒輕而易舉地顛覆了強秦之大業。六國之於秦國，是以小搏大的情勢，而陳涉起義亦然；且較之於六國抗秦，其軍力與謀略又更加艱困。然而，其結果的成敗卻判若雲泥。秦面對陳涉等阡陌之士，卻「以六合為家，殽函為宮，

〔註255〕柯慶明，〈「論」、「說」作為文學類型之美感特質的研究——中古文學部份的考察〉，《廖蔚卿教授八十壽慶論文集》（臺北：里仁書局，2003 年），頁 16。

一夫作難而七廟隳，身死人手，爲天下笑」。之所以如此，賈誼以「仁義不施，而攻守之勢異也」的結論提呈了他「出於沉思」的見解。他認爲國勢的攻取與守成有異，天下既已一統，而始皇卻未能轉以仁義持之，甚而變本加厲地騁其高壓；此所以六國與陳涉之反秦「成敗異變，功業相反」，而秦終不能保其運祚之綿延。西漢初年，當時子家多有考論亡秦之弊者，所論雖是秦亡之舊事，然其意則多在轉使漢朝避其覆轍之跡。吳忠匡《文體小識》說：「昔賈生著論〈過秦〉，其卒章曰：『觀之上古，驗之當世，參之人事，察盛觀衰之理，審權識之宜。』鏡往繩來，援彼證此，遂以啓後世論說之法。」〔註256〕賈誼此論的取徑確多爲後來著論所援用，如《文心雕龍》云「陸機〈辯亡〉，效〈過秦〉而不及」〔註257〕便是一例。駱鴻凱《文選學》一書亦云：「〈過秦〉三篇爲論文之宗，覆燾無窮。文士著論則效最工者，有士衡〈辯亡〉，與曹冏〈六代論〉、干寶〈晉紀總論〉諸篇。」〔註258〕於此甚可注意者，是干寶〈晉紀總論〉亦可見模擬〈過秦論〉之跡。

　　干寶〈晉紀總論〉是史論一體中的傑出作品，劉知幾稱許其爲史論中之最善。〔註259〕對於西晉開國以來所以強盛，所以漸趨頹靡的原因，干寶討論了情勢轉折的關鍵；他以洞察西晉大勢的識見爲基底，也寄寓了補弊之意。賈誼究論秦國的覆滅之因，分析出當朝可以引以爲鑑的治國方針；干寶則直就當朝積弊，提出批判性的見解，欲振其頹唐之風尚。是則干寶《晉紀》較之於賈誼〈過秦〉，雖其表現的形式有子、史的不同，但它們論說的內涵與取徑，卻都是因爲洞悉國勢轉變或將變的癥結，心有所得而不能不發論以矯之。賈誼將亡秦之弊歸因於攻守勢異卻不施仁義，干寶則見玄風之熾，而云：

　　　　朝寡純德之士，鄉乏不二之老。風俗淫僻，恥尚失所，學者以莊老爲宗，而黜六經；談者以虛薄爲辯，而賤名儉；行身者以放濁爲通，而狹節信；進仕者以苟得爲貴，而鄙居正；當官者以望空爲高，而笑勤恪。〔註260〕

〔註256〕轉引自詹鍈，《文心雕龍義證》，頁690。
〔註257〕《文心雕龍・論說》，《文心雕龍義證》，頁687。。
〔註258〕轉引自詹鍈，《文心雕龍義證》，頁689。
〔註259〕《史通・論贊》，《史通通釋》頁82。其文云：「仲豫義理雖長，失在繁富。自茲以降，流宕忘返，大抵皆華多於實，理少其文，鼓其雄辭，誇其儷事。必擇其善者，則干寶、范曄、裴子野是其最也。」
〔註260〕《文選》，頁2186。

又總結說：「禮法行政，於此大壞，如室斯構而去其鑿契，如水斯積而決其隄防，如火斯畜而離其薪燎也。國之將亡，本必先顛，其此之謂乎！」〔註261〕認爲國本不能不固。賈誼與干寶，都點明了當朝不能忽略的要務所在。由此觀之，我們可以在子、史形式的轉換之際，抉發其內涵的承效之跡；左思〈詠史〉所說的「著論準〈過秦〉」，竟或是當時有識之士欲著論以矯時弊的普遍期待了。這種內涵上的共通性既跨越了子、史的分界，便也同時表明了在漢魏以下子學轉衰而史學興起的過程中，著論的形式雖或轉換，我們卻也能從內涵的繼承上察見子、史之間的內在聯繫。

三、荀悅、袁宏的史論

劉咸炘先生曾云：「荀書爲斷代編年之祖，其論已繁於《左氏》，多是子家之嘉言，而非史家之要義。」〔註262〕荀悅《漢紀》作於東漢末年，其著作的時間點正在子學由峰頂下行的階段，且尚屬史學風起雲湧的前夕；因此，較之干寶、左思等人所處的西晉時期，其著作更能見出一種處於過渡時期的學術特徵。前云史論的內涵實有由子入史之痕跡，那麼這裡所引劉咸炘觀察荀悅作史，提出「多是子家之嘉言」的卓識，便成爲一個極有意義的切面。自〈過秦〉可見賈誼對於政治施爲的走向，有從秦亡之事提煉出的「施仁義」的警醒；而荀悅《漢紀》也有對於教化與刑法之輕重本末，如何拿捏的思辨。〈孝元皇帝紀〉後有論云：

> 荀悅曰：自漢興以來至於茲，祖宗之治迹可得而觀也。高祖開建大業，統辟元功，度量規矩不可尚也。時天下初定，庶事草創，故〈韶〉、〈夏〉之音未有問焉。孝文皇帝克己復禮，躬行玄默，遂致昇平，而刑罰幾措，時稱古典。未能悉備制度，玄雅禮樂之風闕焉，故太平之功不興。孝武皇帝規恢萬世之業，安固後世之基，內修文學，外耀武威，延天下之士，濟濟盈朝，興事創制，無所不施，先王之風，燦然復存矣。然猶好其文不盡其實，發其始不克其終，奢侈無限，窮兵極武，百姓空竭，萬民疲弊。當此之時，天下騷動，海內無聊，而孝文之業衰矣。孝宣皇帝任法審刑，綜核名實，聽斷精明，事業修理，下無隱情，是以功光前世，號爲中宗，然不甚用儒術。

〔註261〕《文選》，頁 2188。
〔註262〕蒙文通，〈中國史學史・史識〉《經史抉原》，頁 290～291。

從諫如流，下善齊肅，賓禮舊老，優容寬直，其仁心文德足以爲賢
主矣。而佞臣石顯用事，隳其大業，明不照姦，決不斷惡，豈不惜
哉！昔齊桓公任管仲以霸，任豎刁以亂，一人之身，唯所措之。夫
萬事之情，常立於得失之原，治亂榮辱之機，可不惜哉！楊朱哭多
岐，墨翟悲素絲，傷其本同而末殊。孔子曰「遠佞人」，《詩》云「取
彼讒人，投畀豺虎」，疾之深也。若夫石顯，可以痛心泣血矣，豈不
疾之哉！初，宣帝任刑法，元帝諫之，勸以用儒術。宣帝不聽，乃
嘆曰：「亂我家者，必太子也。」故凡世之論政治者，或稱教化，或
稱刑法；或言先教而後刑，或言先刑而後教；或言教化宜詳，或曰
教化宜簡；或曰刑法宜略，或曰刑法宜輕，或曰宜重：皆引爲政之
一方，未究治體之終始，聖人之大德也。聖人之道，必則天地，制
之以五行，以通其變，是以博而不泥。夫德刑並行，天地之常道也。
先王之道，上教化而下刑法，右文德而左武功，此其義也。或先教
化，或先刑法，所遇然也。撥亂抑強則先刑法，扶弱綏新則先教化，
安平之世則刑教並用。大亂無教，大治無刑。亂之無教，勢不行也；
治之無刑，時不用也。教初必簡，刑始必略，則其漸也。教化之隆，
莫不興行然後責備；刑法之定，莫不避罪然後求密。未可以備，謂
之虐教；未可以密，謂之峻刑。虐教傷化，峻刑害民，君子弗由也。
設必違之教，不量民力之未能，是陷民於惡也，故謂之傷化；設必
犯之法，不度民情之不堪，是陷民於罪也，故謂之害民。莫不興行，
則毫毛之善可得而勸也，然後教備；莫不避罪，則纖介之惡可得而
禁也，然後刑密。故孔子曰：「不嚴以蒞之，則民不敬也。嚴以蒞之，
動之不以禮，未善也。」是言禮刑之並施也。「吾末如之何」，言教
之不行也。「可以勝殘去殺矣」，言刑之不用也。《周禮》曰：「治新
國，用輕典。」略其初也。《春秋》之義，貶纖芥之惡，備至密也。
孔子曰：「行有餘力，則可以學文。」簡於始也。「繪事後素」，成有
終也。夫通於天人之理，達於變化之數，故能達於道。故聖人則天，
賢者法地，考之天道，參之典經，然後用於正矣。〔註263〕

這一大段洋洋灑灑的文字，荀悅於前半段歷述漢興以來高祖至於宣帝「可得
而觀」的治跡，並指明當世相應於帝王治術，各自不同的國情利弊，接著，

〔註263〕荀悅，《漢紀・孝元皇帝紀》，頁 406～408。

再提出「故凡世之論政治者，或稱教化，或稱刑法」的小結。是則荀悅這裡的回顧，不在抉發漢興以來治術轉變的歷史意義，其用意在於表明，帝王政治施爲的走向，乃決定於教化與刑法的本末、輕重、緩急之分寸，並由此形成各自不同的治情。

在前半段中，荀悅攝舉他對漢興以來各世治情的考察，而在後半段中，則可見他反復辨證教化與刑法的施用如何取舍拿捏。荀悅對於教化與刑法的重要意見是，「夫德刑並行，天地之常道也」，他認爲兩者之間畸輕畸重的辯論，實則都有「未究治體之終始」的偏失。在確立了教化與刑法理應並轡的基本主軸之後，荀悅繼之進一步分析了於教、刑初始與進階的狀態究應如何；大抵而言，是抽繹六經與孔子之思想，然後內化成其思想的脈絡，可以代表荀悅自己對於治術的反思。而值得注意的是，荀悅這樣的言論，並不是憑空而起，而是在前半段觀察漢興以來治情的大勢之後，所生發的種種研思。兩相比觀，則全段幾成「因事抒議」的文字，前面的敘述較之於後半段的究論闡釋，反倒成爲一種可以借觀的印證。至此，則可說全篇史論文字的重點，並不在分析歷史大勢，或深究其轉變意義；而是荀悅藉著歷史故實，剴明他對教化與刑法之應然的想法。於此同時，其背後所蘊涵的治平想望也一覽無遺。前面提過的賈誼〈過秦論〉，在檢討亡秦之弊時聚焦於「仁義不施，而攻守之勢異也」，其實可以作爲天下甫定的漢朝初年之借鏡；而荀悅之書作爲史論，也有對於當世之前的治情之探討。他的取徑雖有入史見義的特色，但就其後半段所涵括的全文要旨觀之，實則甚至比賈誼〈過秦〉來得更像援史爲說，進而離史申論的子家言論，他爲當世掘顯歷史之借鑒的意味也甚而相對淡薄。簡而言之，作史而意不在論史，卻反而因事抒議地於史論中鳴放自己關於治平之王道的見解，這樣的情形於《漢紀》全書中屢見不鮮，難怪蒙文通先生要說他「多是子家之嘉言，而非史家之要義」了。

除了荀悅《漢紀》之外，袁宏於《後漢紀》中義理深明的史論，也有近似一子的特色。〔註264〕〈光武紀〉記桓譚屢次上疏，以爲天下草創，宜廣進輔佐之臣而抑遠讖記之事，然光武始終不悅而未納。袁宏於此發論曰：

桓譚以疏賤之質，屢干人主之情，不亦難乎！嘗試言之，夫天下之

〔註264〕張蓓蓓先生在〈袁宏新論〉討論袁宏史學時曾說，袁宏史論在記事、錄事、收文上都別具用心而自成體格，頗與當代其他史著不同，而他的史論之義理深明，更幾乎近於一子了。見《魏晉學術人物新研》，頁183。

所難，難於干人主之心，一曰性有逆順，二曰慮有異同，三曰情有
好惡，四曰事有隱顯，五曰用有屈伸，六曰謀有內外，七曰智有長
短，八曰意有興廢。夫順之則喜，逆之則怒；同之則新，異之則駭；
好之則親，惡之則疏，……此皆人君非必天下之正也。人臣所以干
人君者，必天下之正也。然而八者之間，禍福不同，可不察也夫！
一人行之，萬人議之，雖人君之所資，亦人君之所惡也。百姓有心，
一人制之，雖百姓之所賴，亦百姓之所畏。而干人君之所惡，求其
心入，天下所難也；縱不致患於其胸中，固未能帖然也。故有道之
君，知所處之地，萬物之所不敢干也，故柔情虛己，布其腹心，引
而盡之，常恐不至，而況抑而劫之，使其自絕哉！自三代已前，君
臣穆然，唱和無間，故可以觀矣。五霸、秦、漢其道參差，君臣之
際，使人瞿然，有志之士，所以苦心斟酌，量時君之所能，迎其悅
情，不干其心者，將以集事成功，大庇生民也。雖可以濟一時之務，
去夫高尚之道，豈不遠哉！〔註265〕

以桓譚之事作為引子，袁宏這裡也用了很大的篇幅來分析，在進諫之事上，
人君與人臣之間因為權力之不對等，故人臣須攖其逆鱗，而人君又欲拒諫飾
非的難局。他細膩地從八個方面解釋了進言之所以難，而於論說的中後段提
出了有道之君實應「柔情虛己，布其腹心」，而不應自絕於臣下之諫言的意見。
這樣的分析有幾點值得注意。其一，袁宏跳脫於桓譚的進言屢屢不受光武青
睞的歷史故實之外，而講的是自己對於治國必須廣開言路的見解。其二，他
開頭歸納臣下進言之八難，也有韓非分析「說難」的影跡。其三，他在後面
企圖平衡君臣之際受諫與陳諫的互動關係，應可視為他欲於史著中究明的「名
教之本」，但亦只可說得桓譚故事之啟發，而意不在豁顯其歷史意義。簡而言
之，這樣的史論與荀悅史論類似，都有一種子家之議論的意味。

　　不過，關於袁宏史論還可注意的另一個特色是，劉知幾對他「務飾玄言」
的批評。〔註266〕前面曾說六朝時期史家反玄甚力，然若由劉知幾此評觀之，
則是否時至東晉之袁宏，史家反玄之傾向已幡然改轍？袁宏《後漢紀·序》
曾說明自己作史的期待，其文云：
　　夫史傳之興，所以通古今而篤名教也。丘明之作，廣大悉備。史遷

〔註265〕袁宏，《後漢紀》。
〔註266〕〈論贊〉，《史通通釋》頁82。

剖判六家，建立十書，非徒記事而已。信足以扶明義教，網羅治體；
然未盡之。班固源流周贍，近乎通人之作；然因籍史遷無所甄明。
荀悅才智經綸，足爲嘉史，所述當世，大得治功已矣；然名教之本，
帝王高義，韞而未敍。今因前代遺事，略舉義教所歸，庶以弘敷王
道。前史之闕古者，方今不同其流，言異言行，趣舍各以類書。故
觀其名迹，想見其人，丘明所以斟酌抑揚，寄其高懷。末吏區區，
注疏而已。其所稱美止於事義，疏外之意歿而不傳，其遺風餘趣蔑
如也。〔註267〕

史遷「非徒記事」，而丘明「斟酌抑揚，寄其高懷」，這些說明了袁宏作史之時所仰冀的典範是，能夠在史著的注疏和如實地稱美事義之外，提出一套足可「扶明義教，網羅治體」的眼光與見解。這是太史公之所未盡，而袁宏躍躍欲繼的著作目標。他將著史之作用歸結於「所以通古今而篤名教也」，而他又曾對自己所謂「名教」提出解釋：「夫君臣父子，名教之本也。然則名教之作，何爲者也？蓋準天地之性，求自然之理，擬議以制其名，因循以弘其教，辯物成器，以通天下之務者也。」〔註268〕張蓓蓓先生認爲，「名教」造詞之初雖指種種有名之教，意義偏於負面，然而時至東晉，則已從「世俗虛名僞禮的代稱」轉而成爲正面的「倫常大道」的代指。〔註269〕這裡袁宏說名教之作乃欲求自然之理，則換言之，天下一切事務，如君臣父子之際的倫理綱常，都可回到自然之理上去作最貼切的把握。這麼一來，他便剔去了倫常禮教僵固的桎梏，而重新賦予一種合理且生生不息的動力，〔註270〕其對於名教面目的廓清與扶正之力自不容忽視。於此，我們可以看到袁宏歸本儒家的思想意態。雖則「自然」與「性理」云云或有玄學的味道，然卻未必即能以此斷論其爲「務飾玄言」。〔註271〕事實上，袁宏之與干寶、孫盛，其反玄的意態也有其相近之處。干、孫注《易》，看似同入於當時鑽研三玄的時風，實乃欲藉發明象數《易》，來反制王弼所開啓的

〔註267〕袁宏，《後漢紀》，頁1。
〔註268〕袁宏，《後漢紀・初平二年紀論》，卷二十六。
〔註269〕〈袁宏新論〉，頁171。
〔註270〕張蓓蓓先生說，「袁宏汲取魏晉玄學『名教出於自然』的妙義，以大道、天理、人性、物性、性情、人心等疏通早已僵固的名教關係，使得名教上與自然通氣，下於人心植根，成爲順天應人的要道。倫常禮教的合理性，經他的論證，始能大有突破。」見〈袁宏新論〉，頁172～173。
〔註271〕此意張蓓蓓先生於〈袁宏新論〉已辨之甚詳，另胡寶國先生亦曾針就歷來學者對於袁宏《後漢紀》的普遍看法加以駁正。

玄學新方向。而袁宏「道明其本，儒言其用」〔註272〕的自陳，看來似亦關涉玄風而或拂染道家靜退崇隱的思維，〔註273〕並未有激烈的反玄言論；然而，我們卻能於其史論中察其「借玄說理，以道通儒」〔註274〕的基本底蘊。是以，前云史家之反玄，是史學繼子而起後，反過來糾劾岐出於子之玄學影響時政的弊病；而這裡袁宏史論「借玄說理，以道通儒」的取徑，不能說是入室操戈式的史家反玄，但其將名教歸本於自然，而又處處以倫理綱常之名教作為圭臬的論述，實表現了另一種儒史之於玄的抗衡型態。

由荀悅、袁宏的史論來看，其中大有不可抹滅的近似於子家發言的特色。雖則胡寶國先生認為，自西晉以後，史論漸漸回到純粹史學的路上去，如何之元《梁典·總論》、裴子野《宋略·總論》，多能綜觀歷史局勢演變之大勢，逐漸跳脫了子學的影響。〔註275〕然而就像劉宋范曄認為自己的史論「筆勢縱放，實天下之奇作」，亦仍云「其中合者，往往不減〈過秦篇〉」，〔註276〕是則子家著論之舊規對於後來魏晉以還史論的影響，其痕跡雖或漸行漸淺，但畢竟不可能猛然抽離；而史學大盛的學術現象，其繼承子學餘緒而有所推進發展者，亦便可見是一重要的原因。除了我們可從史論之內涵中見其承繼子學而起的因襲之跡外，由上所述，從史家反玄的情況，我們還可以看到，當就衰的子學已漸不能糾舉時弊，史學在六朝玄風熾盛的時期，還轉而承擔了這樣的負荷，以及期於治平的社會責任與士人心緒。總而言之，在子書「幾至不能持論」的時候，士人繼承了關懷社會的精神，而轉於史中發論檢討時弊，寄其深意，同時這也從一個方面促成了史學興起的運會。

第四節　結　語

子學與史學，論其實際，都是繼經而起的學術。經、子都著眼於進德興化的著作旨意，而子書一方面佐翼經典，一方面又寄寓其「一夫之澄思」。而史之從出於經，前一章已詳論之；在先王實跡、歷史舊事之上，經明其義，

〔註272〕《後漢紀》卷十二〈章帝紀〉。
〔註273〕如〈光武紀〉論王霸、逄萌歸隱之事，便有「先王順而通之，使各得其性，故有內外隱顯之道焉」之語。頁84。
〔註274〕張蓓蓓先生認為，「借玄說理，以道通儒」，乃袁宏之長，非袁宏之短。〈袁宏新論〉，頁220。
〔註275〕胡寶國，《漢唐間史學的發展》〈史論〉。
〔註276〕范曄，〈與獄中諸甥姪書〉。

而史詳其事。究其源流，子、史既都自經轉化、敷衍而來，兩者關係原就接近。司馬遷《太史公》的寫成，究其意義，正很好地示現了這一點。司馬遷著作此書，有其複雜的心緒，然究其理想，乃欲「正本五藝，繼踵《春秋》」；然後，「成一家之言」。自其《太史公》觀之，對於史事的鉤稽條理固亦有之，然而自居於子而嚮慕於經的眼光亦不可否認。是則，正如前所討論，他「成一家之言」的理想，實則蘊蓄了亦「子」亦「史」的內涵；換言之，由司馬遷所立定的成家立言的著作心態，我們便可看出子、史之分立，其實可以尋得一自經而出的統緒。所以，六朝史學大盛現象的形成，除了經學的繼承之外，亦不能忽略其與子學之間的分合轉化。

事實上，若就子、史二者本身的牽繫而言，先秦子家「假事證道」之風習，在借鑒歷史的學術路徑上，亦已揭示了子史之間「子不離史」的密切關係。可以說，在史學興起之前，那些歷史舊事的材料，即是在子家縱橫捭闔的運用中顯出其價值。然而，當子學「證道」的力量減弱，而不能提出鏗鏘有力的子家論旨時，其中所博收廣采的歷史故實，便較成爲一種漫漶其旨的堆疊；這一點，六朝時期類纂式雜家子書的出現，可爲印證。同時，從劉向《說苑》、《新序》、《列女傳》在目錄部次中的轉移，也可以看出，如果抽離了子家著作有所陳諫的精神，其實就很容易使其書看來像是史部的著作。這些共同指出的是，史的顯明，乃可於子的衰落中求之。不過，這是史繼子起的消極意義。

於此同時，當時史家多能發「挽狂瀾於既決」的言論表現，可以看到的則是，史家轉承子家精神，並多所發揮的積極意義。當時社會風尚多有自玄風而來的弊病，而當時史家反玄現象的出現，正說明了史家對於社會現象的關心，與維繫其時倫理綱常的自覺。本章說明了，史家發論原就有其承襲子論而來的議論精闢，此可由當時史論對於賈誼〈過秦〉的繼承察其一二；而今見荀悅、袁宏於史論中對於時局的全面檢討，亦可見其近於「子家之嘉言」的特質。簡言之，當六朝子論多只成爲疊床架屋的小議小論時，史家的言論表現，適正補上了子學已無力爲之的糾正時弊，並承擔起期於治平的社會責任；這是史學於當時大興的重要意義。

第四章　文學與史學的互動

　　白《晉書》以下，「文史」一詞出現的次數越顯頻繁，史書中常稱時人為學「文史溢於機篋」〔註1〕、「披閱文史」〔註2〕、「好文史」。〔註3〕其中，有的用以稱述才學之博贍，如「談論鋒起，文史間發」〔註4〕、「義該玄儒，博窮文史」；〔註5〕有的意在表明舉才之道，「觀夫二漢求賢，率先經術；近世取人，多由文史」。〔註6〕這些「文史」連用的情形，在在都顯示了文、史之間必定有其連繫。不過，「文史」看來雖是一成詞而多連言之，但文、史二者結合得緊密與否，卻還是另一層問題。宋文帝元嘉年間，分使會稽朱膺之、穎川庾蔚之、何承天及謝元等人分立文學、史學、玄學、儒學。〔註7〕四學分立，文學與史學是清楚不淆的兩門學科，是則「文史」則又是文自文，史自史了。文與史之交涉，於此觀之，在六朝時期表現出似近而遠，似合卻離的特殊情況。今見南朝蕭統《文選·序》及唐朝劉知幾《史通》的論述，隱約可見一種區隔文、史之眼光；這種論述之所以存在，究其原因，或因其時文、史關係彼此互涉而界限模糊，但是，蕭、劉兩人卻又明顯察知它們各自不同的特性，故為文以別之。在這個過程中，他們所據以區隔文、史的眼光，以及認為文、史應當有別的焦點，可以讓我們更了解兩者的差異；同時，從這些論述本身，其實也可以相當程度地看

〔註1〕　《晉書·張華傳》，頁1074。
〔註2〕　《晉書·祖納傳》，頁1699。
〔註3〕　《南齊書·王僧虔傳》，頁594。
〔註4〕　《宋書·王惠傳》，頁1589。
〔註5〕　《梁書·周捨傳》，頁376。
〔註6〕　《梁書》，頁258。
〔註7〕　《宋書·隱逸雷次宗傳》，頁2293～2294。

出當時文史互動的情況。因此，以下便從蕭、劉兩人的意見討論他們各自的文史區隔觀，藉由檢討他們的眼光，冀能探析其背後所蘊蓄的文、史意涵。

第一節　文史區隔觀及其檢討

　　唐時史家劉知幾寫作《史通》，對於唐以前的史學現象多所觀察，他分析關於史學的種種問題，並進而確立一個清楚的史學系統。前云六朝時人多有「文史兼綜」的特色，這種同時對於文學的擅長，無可避免地會影響到史家著史的面貌；此所以劉知幾以其清晰的史學觀念，對此多有思辨論述。而南朝梁時蕭統編修《文選》，這樣一部上起先秦下迄齊梁的文學總集，亦必須面對當時作品文史兼具的特色，而有所取捨；其去取之際的標準如何，同樣頗值注意。本節擬先討論劉知幾的意見，看他作爲一個史家，站在回顧的角度上，如何看待前朝「史」多與「文」相配而言的情況。這可以視爲由史學的角度來區隔文史。然後，再討論蕭統《文選》的簡擇標準，看他如何決定文史篇章是否入《選》。這一方面，則可算是由文學的角度，說明六朝時人對於當時文史互涉現象的意見。

一、史家論文、史之別──劉知幾《史通》

　　六朝史家善文、能文者，大有人在。例如謝沈。何法盛《晉中興書》云：

　　沈爲祠部郎，何充、庾冰並稱沈有史才，遷大著作郎。撰《晉書》三十餘卷。時年五十二，沈先後著《後漢書》百卷及《毛詩》、《漢書外傳》，所著述及詩賦文論，皆行於世。其才學在虞預之右。〔註8〕

謝沈不但有史才，所作亦多詩賦文論。又如撰著《後漢紀》的袁宏，《世說·文學》記其軼事，文云：

　　桓宣武北征，袁虎時從，被責免官。會須露布文，喚袁倚馬前令作。手不輟筆，俄得七紙，殊可觀。東亭在側，極歎其才。袁虎云：「當令齒舌間得利。」〔註9〕

又如撰有《晉書》三十六卷的謝靈運，除了與顏延之俱以詞彩齊名於世〔註10〕

〔註 8〕 何法盛，《晉中興書》，《九家舊晉書輯本》，頁 473。
〔註 9〕 《世說·文學》第 96 條，頁 273。
〔註 10〕 《宋書·顏延之傳》文云：「延之與陳郡謝靈運俱以詞彩齊名，自潘岳、陸機之後，文士莫及也，江左稱顏、謝焉。所著並傳於世。」頁 1904。

外,《宋書‧謝靈運傳》還說他:「靈運少好學,博覽群書,文章之美,江左莫逮。」〔註11〕此外,撰作《宋書》的沈約,史書亦云其人:

> 永明末,盛爲文章。吳興沈約、陳郡謝朓、琅邪王融以氣類相推轂。
> 汝南周顒善識聲韻。約等文皆用宮商,以平上去入爲四聲,以此制
> 韻,不可增減,世呼爲「永明體」。〔註12〕

他對於文學專長與對聲韻的鑽研,使他在文學史上亦頗有地位。這些例子,都可看見六朝時期史家善文的傾向。史家著史,雖有其史學上的特殊要求,但能夠嫻熟於文,則用字遣詞的能力想必亦高;然而,這雖屬好事,卻亦有壞處。劉知幾在《史通‧覈才》中,討論世重藻采導致史書面貌幾乎變調的情形,其實正由「文士兼史」這一六朝史書撰作的特殊現象所引發:

> 自世重文藻,詞宗麗淫,於是沮誦失路,靈均當軸。西省虛職,東觀
> 佇才,凡所拜授,必推文士。遂使握管懷鉛,多無銓綜之識;連章累
> 牘,罕逢微婉之言。而舉俗共以爲能,當時莫之敢侮。假令其間有術
> 同彪、嶠,才若班、荀,懷獨見之明,負不刊之業,而皆取窘於流俗,
> 見嗤於朋黨。遂乃餔糟歠醨,俯同妄作,披褐懷玉,無由自陳。此管
> 仲所謂「用君子而以小人參之,害霸之道」者也。〔註13〕

從這段話可以看出,在文學華美的風向開始流行之後,文士在當時史職的選才中亦已成爲炙手可熱的對象,故云「凡所拜授,必推文士」。史才本不易得,而「史之爲務,必藉於文」,〔註14〕文士混迹其間,實亦有其原因。《晉書‧袁宏傳》錄有袁宏所作之〈三國名臣序贊〉,〔註15〕雖不是原原本本的「名臣傳」,但作爲傳後的史贊,某種程度上也體現了袁宏對於《三國志》中名臣風標的論析。其文一方面呈現了知人論世的識鑒,同時從它以四言的形式來表達贊文凝鍊的深意,便可想見寫作「名臣傳」本身所需的文才,以及能文之士的適任優勢。然而,劉知幾這裡同時也指出了文士著史的限制。劉知幾以爲「銓綜之識」與「微婉之言」,是史家之所需,文士不能當此;然而時俗對於文藻麗淫的好尚,卻使時人甚至因此而遏阻了檢討反省的聲浪,故云「舉

〔註11〕《宋書‧謝靈運傳》,頁1743。
〔註12〕《南齊書‧文學傳》,頁896~898。
〔註13〕劉知幾,《史通‧覈才》,《史通通釋》,頁250~251
〔註14〕劉知幾,《史通‧敘事》,《史通通釋》,頁180。
〔註15〕《全晉文》,頁593~597。又,《晉書‧文苑傳》作〈三國名臣頌〉,頁2392
　　　~2398。

俗共以爲能，當時莫之敢侮」。相對於此，史才應有的「懷獨見之明，負不刊之業」的格局，卻反而「取窘流俗，見嗤朋黨」；在文士大擅勝場的時風下，史才的格局竟是受到排擠而模糊起來了。

劉知幾對於史學之應然，已有清晰之見解，他從文士作史的現象中，看到史學發展過程中的歧出；但是，換個角度想，如果沸揚興盛的六朝文學原就提供了孕育文士迭出的土壤，那麼，當這些應著文學風尚而起的文士們，也加入了撰史的行列，是否亦可說，六朝史學著作之所以能蔚爲大觀，也是有所拂染於當時大盛的文學風潮？「齒迹文章而兼修史傳」〔註16〕的寫作，難免會有「或虛加練飾，輕事雕彩；或體兼賦頌，詞類俳優」〔註17〕的缺失；但由此而來，「文非文，史非史」〔註18〕這種文史兩方並皆「失眞」之敘事方式，卻正反映了彼此學術面貌定型之前，不斷的交涉互動。而一種學術面貌的定型，似乎必得如此經歷一些辨證的過程，然後才能在作者們的參與、疑惑和釐清之中，輪廓越趨清晰。史學之大興躬逢六朝異彩紛呈的學術盛況，各種學術都在這個時期經歷自身的變革，則學術彼此之間的碰撞和互涉，亦勢必更不可避免。因此，與其從「文應自文，史應自史」的角度，來檢討六朝時期文士參與史學的不倫不類，不如回到那個互涉變動中的學術脈絡來考察這樣的情況。文士參與著史，自後視之儘管備受質疑，但這其實也從反面推波助瀾地促成了史學特質的凝聚。換言之，由於學術面貌的底定畢竟不是一蹴可幾，於是，當我們確立了可以在文、史互有進退的學術變動中，考察史學面貌的路徑之後，一切六朝文史摻雜的模糊現象也就都變得有意義了。

文士參與著史，是六朝時期一個特殊的現象，前引劉知幾的論述表現了對於這種現象的憂慮；而他之所以質疑、批評文士能否著史，實則可歸結於史才難得的核心問題。劉知幾視此爲著史之必需，也是文士雖備文才，但卻不一定能替代的能力。《舊唐書‧劉子玄傳》記載了下面這段對話：

> 禮部尚書鄭惟忠嘗問子玄曰：「自古已來，文士多而史才少，何也？」
> 對曰：「史才須有三長，世無其人，故史才少也。三長：謂才也，學
> 也，識也。夫有學而無才，亦猶有良田百頃，黃金滿簏，而使愚者
> 營生，終不能致於貨殖者矣。如有才而無學，亦猶思兼匠石，巧若

〔註16〕劉知幾，《史通‧覈才》，《史通通釋》，頁250。
〔註17〕劉知幾，《史通‧敘事》，《史通通釋》，頁180。
〔註18〕劉知幾，《史通‧敘事》，《史通通釋》，頁180。

公輸，而家無梗柄斧斤，終不果成其宮室者矣。猶須好是正直，善
惡必書，使驕主賊臣，所以知懼，此則為虎傅翼，善無可加，所向
無敵者矣。脫苟非其才，不可叨居史任。自夐古已來，能應斯目者，
罕見其人。」〔註19〕

雖則文士多而史才少的概括，未必即是針對六朝文士著史的現象而發；但若
推擴來看鄭惟忠這種史才難得的觀察，多少也凸顯了唐人對於其前史著的整
體成果並不滿意。劉知幾的回答以才、學、識三長清楚地剖析了史才的內蘊，
可以看出已經是較為成熟的史學觀念，在這樣成熟的標準上再回頭去看六朝
的史著，則他之所以對於文士著史的結果有所批評，也就可以理解了。著史
究竟所需何才？劉知幾提出了清晰的史才觀念，指出六朝某些史著，實則文
學意味更濃而算不上史書；這是劉知幾自唐回顧所展現的史學批評眼光。與
此相反，在六朝時期對於文章的辨證中，我們則可以看到一種關於何者應是
史、何者應屬經，實都夠不上是文章的思考。在那裡，維護文的純粹反倒成
了重要的考量。最典型的代表即是蕭統《文選·序》。

二、文家論文、史之別——蕭統《文選·序》

南朝梁時，蕭統開始編撰《文選》，觀其〈文選·序〉，實亦可察知作為
一部文學總集，《文選》的選文標準究竟反映了文、史之間什麼樣的取捨。《文
選·序》中，關於文、史的論述如下：

若賢人之美辭，忠臣之抗直，謀夫之話，辯士之端，冰釋泉涌，金
相玉振，……蓋乃事美一辭，旁出子史，若斯之流，又亦繁博。雖
傳之簡牘，而事異篇章；今之所集，亦所不取。〔註20〕

「賢人之美辭，忠臣之抗直，謀夫之話，辯士之端」等等，都是以國情的安
危，治亂的情況為慮，在言語機鋒縱橫捭闔的文字之外，還可以見到他們期
望治平的肝膽忠心。但《文選》卻以其「旁出子史」、「又益繁博」，而不收這
些篇章；是則此語清楚區別了子、史之文與《文選》所收之文的性質。文與
史究竟何別？這可自蕭統對於「記事之史，繫年之書」的意見觀之。

至於記事之史，繫年之書，所以褒貶是非，紀別異同，方之篇翰，
亦已不同。若乃贊論之綜輯辭采，序述之錯比文華，事出於沉思，

〔註19〕《舊唐書·劉子玄傳》，頁3173。
〔註20〕《文選》。

義歸乎翰藻，故與夫篇什，雜而集之。〔註21〕

《文選》中設「史論」一目，所收史書中之贊論與序述，乃以「事出於沉思，義歸乎翰藻」作為標準；干寶〈晉紀總論〉、〈後漢書二十八將傳論〉、〈宋書謝靈運傳論〉入於「史論」之中，可知其正符應於此標準。它們「綜輯辭采」、「錯比文華」的表現方式，相較於史書純粹記事、繫年的功能性文字，已經更加接近文學的手法了；此所以它們得以入《選》。如干寶〈晉紀總論〉分析劉淵、王彌之亂：

> 劉淵者，離石之將兵都尉；王彌者，青州之散吏也。蓋皆弓馬之士，驅走之人，凡庸之才，非有吳先主諸葛孔明之能也。新起之寇，烏合之眾，非吳蜀之敵也。脫耒為兵，裂裳為旗，非戰國之器也。自下逆上，非臨國之勢也。然而成敗異效，擾天下如驅群羊，舉二都如拾遺。……愛惡相攻，利害相奪，其勢常也；若積水於防，燎火於原，未嘗暫靜也。〔註22〕

他將劉淵、王彌與西晉前期所遭遇的吳蜀作一對比，認為他們沒有運籌帷幄之能，也沒有精良的武器和臨國相逼的優勢；在這些並不渥裕的條件之下竟還能成功地侵擾西晉，正符應於干寶指出晉室「樹立非權，託付非才，四維不張，而苟且之政多也」的觀察。干寶幾方面的分析都切中肯綮，而可觀者更在於他藉由文字的描寫，加強了劉淵、王彌與吳蜀戰力之間的良窳之別；二者之間反差越大，晉室之餒弱也就更明顯。這其中，幾個反覆的對比十分懾人。「弓馬之士，驅走之人，凡庸之才」，講劉、王等人才能的平庸與出身的卑微；「新起之寇，烏合之眾」，形容他們成軍的倉促和軍容的參差；「脫耒為兵，裂裳為旗」，更可見其軍隊的將就和兵器的簡陋。除此之外，「擾天下如驅群羊，舉二都如拾遺」之語，更以誇張的譬喻使讀者震懾於西晉之頹敗，也感受作者無法置信的情緒。其後「積水於防，燎火於原」的說法，更令人如在目前地想見當時西晉所面臨的動盪時局。

又如范曄〈後漢書二十八將傳論〉，論述了秦漢以還，因為擁有戰力且能翼扶王室，故武人崛起的背景。但「勢疑則隙生，力侔則亂起」，往後，各據一方的武人成為國家的隱憂。有鑑於此，故後漢光武帝無論分封土地，或者加官進爵，都有意識地抑制武人、將領的勢力，不使壯大。范曄於此分析，

〔註21〕《文選》。
〔註22〕《文選》，頁2181。

國君與功臣之間關係微妙，而如何拿捏對待的分寸，實則十分重要。其文云：

> 若格之功臣，其傷已甚。何者？直繩則虧喪恩舊，撓情則違廢禁典，選德則功不必厚，舉勞則人或未賢，參任則群心難塞，並列則其弊未遠。不得不校其勝否，即事相權。故高秩厚禮，允答武功，峻文深憲，責成吏職。建武之世，侯者百數，若夫數公者，則參與國議，分均休咎，其餘並優以寬科，完其封祿，莫不終以功名，延慶於後。〔註23〕

范曄在下半段文字中，清楚交代了光武帝究竟如何對待功臣武將；而光武帝所以決定如此的緣由，則可於前半段尋之。自「直繩則虧喪恩舊」以下，他用一連串排比的文字，舉列了各種對待方式的難處，可見他對帝王心理的洞察。這種看透君臣之際緊張關係的眼光，未經深刻的思考不能得之。而他用字遣詞的精準與文字敘述的簡潔，則又不同於平鋪直敘的方式，節奏鮮明地呈現了細密的思致。簡言之，這一段文字正很好地說明了何謂「事出於沉思，義歸乎翰藻」。在如實的記事之外，這樣的史論開展了另一種史書文字的風貌，此正是蕭綱所以不能因其綴屬於史書，便棄而不選的原因。

柯慶明先生對於《文選》「事出於沉思，義歸乎翰藻」這一選文標準，曾有一段精彩的解讀：

> 「事出於沉思」「義歸乎翰藻」這兩句的性質，其實是針對「記事之史，繫年之書」所包涵附麗的「讚論」、「序述」而言，因而它所「序述」之「事」與「讚論」之「義」……寫作的重點反而在於「取事在約」，以便在「讚論」中「徵義」，或作「據事以類義，援古以證今」之表現。……另一方面也因「史事」已經由「史書」記繫了，此處只要按「讚論」之「主題」呈現的需要，來徵取、重組以作「序述」即可，於是就容許作者，於此種徵取、重組的序述中，有了「綜輯辭采」，「錯比文華」作形式美感之追求與表現的空間。〔註24〕

由此可見，史書中的序述與讚論，在史書已然如實記事、繫年的基礎上，所要表現的重點便不在重複的記繫，反在於轉而呈現一種具有形式美感，「綜輯辭采」、「錯比文華」的文字敘述；而對於史事意涵的深刻思考，也因此展現

〔註23〕《文選》，頁 2203。

〔註24〕〈「論」、「說」作為文學類型之美感特質的探究—中古文學部分的考察〉，收於《廖蔚卿教授八十壽慶論文集》，頁 15。

出來。從另一個角度說，這些「序述」、「讚論」，雖完成於史書進行的過程之中，但因其蘊涵豐富的文學美感，也就與講究記繫如實的史書有所差別，而更像是文學性的文字了。前曾徵引劉知幾的意見，他從史學的眼光出發，認為若「文士」過份輕易地成為「史官」，而將適用於文學的寫作傾向與技巧，套用在史書的著作之上，不但不恰當，也會相對壓縮到史學原本應該展現「銓綜之識」與「微婉之言」的空間。簡言之，「文士」一類作者寫作時，「或虛加練飾，輕事雕彩；或體兼賦頌，詞類俳優」，具有濃厚的文學意味；這在劉知幾看來，是史學著作一種歧出的表現。因為清楚了解史學特性及其應然的面貌，他便進而想要廓清這種謬誤的越界，以維護史學的純粹性。而〈文選‧序〉的思考路徑正好相反。在蕭統決定去取的考量中，他肯定了純粹史學性質的「記事之史」、「繫年之書」，有其「褒貶是非，紀別異同」之用；但《文選》所欲選錄者，卻正是史書除此之外，那些綜輯辭采的論讚與錯比文華的序述。史書的論讚與序述，在不須擔負記繫的時候，其實有一經營文學美感形式的空間。作為一部文學總集，《文選》在選錄篇翰的過程中，深入史著，看到這些篇章可以入《選》的特色。在這樣的情況下，在《文選》中，標準史學性的文字其實反倒是被排除於文之外的。反對文與經史混同的意見，還可以蕭綱〈與湘東王書〉的文字為說。

　　蕭綱在這一封給湘東王蕭繹的信中，論述了文不應擬經而作。他說：

　　　若夫六典三禮，所施則有地；吉凶嘉賓，用之則有所。未聞吟詠情
　　　性，反擬〈內則〉之篇，操筆寫志，更摹〈酒誥〉之作，遲遲春日，
　　　翻學《歸藏》，湛湛江水，遂同《大傳》。〔註25〕

六典三禮經典的地位崇高，然而蕭綱此處直指的是，若將這樣的經典論述套用於應主吟詠情性的文學創作之上，未免失其倫類。除此之外，對於當時文人學效謝靈運及裴子野之文，他也剖析其弊。其中關於裴子野文章的意見，亦可見蕭綱清楚的文史分際觀念。他認為，「裴氏乃良史之才，了無篇什之美。……師裴則蔑絕其所長，惟得其所短。……裴亦質不宜慕。」〔註26〕蕭綱肯定了裴子野的「良史之才」，亦理解在要求如實敘事的史書記繫中，文字的雕琢並不是重點所在。這裡，蕭綱對其「了無篇什之美」的概括，就史學的角度觀之並不為非，他之所以因此而反對文士模仿，以其「質不宜慕」，其

〔註25〕《魏晉南北朝文論全編》，頁485。
〔註26〕《魏晉南北朝文論全編》，頁485。

思考乃從要求文字美感的文學角度出發。從這個角度來看，「了無篇什之美」看來就成為一種在文學形式中不太能被接受的表現了。蕭統和蕭綱的意見同樣表現出了區隔文、史的傾向，並都以文學性的簡擇眼光，剔除以覈實記繫為要的史學論述，與後來唐時劉知幾的思考恰恰相反。然而，這種表面上剛好相反的思維，卻共同說明了文、史之際慢慢浮現一種比較清晰的界限；而劉知幾作為後起的史學批評家，雖是嚴肅地駁正史學論述之應然，其思考或許也有所得力於六朝時期蕭統、蕭綱這種傾向於以文別史的論述。

　　羅宗強先生曾說，「『文』的觀念的探討，實質上是在朦朧地意識到了一種純文學的存在，企圖把純文學從廣義的文中分離出來的願望的反映。」〔註27〕胡寶國先生也說，「文史分離在南朝的發生，卻是因為人們越來越認識到文學的特性，所以才漸漸將史從文中排斥出去。」〔註28〕至此，前面雖然舉了很多六朝時期學綜文史的例子，但其實文史結合得並不緊密；且反倒因為時人對於文學特性的認識，兩者是漸行漸遠了。但雖如此，這些區隔文、史的論述之所以存在，可以想見文、史之際定仍有其錯綜糾結的地方；也就是說，其間或可看出文學之於史學，或者史學之於文學的影響互涉。就前者而言，那理所當然會影響到當時史學的面貌；而就後者言，則或可見出當時也站在浪頭上的史學，一種學術觸角的延展。二者都饒富意義。因此，下文便擬先以袁宏、范曄為例，討論文才輔佐著史的情況，此欲見出的是，在當時文學大盛，而士人亦多善文的時風中，文之於史的關涉；其次，再鉤稽史學對於文學的潛在影響，並以史學論述中文學性格的增強為眼目，探討文學寄跡於史學的新發展，以見史學觸角的延伸。

第二節　文才無礙著史

一、史家擅文例一 —— 袁宏

　　上一章提到著作《後漢紀》的袁宏，他藉由史書的寫作，意欲「扶明義教，網羅治體」；在稱美事義之外，還能進而敘明「名教之本，帝王高義」，發掘了歷史故實的遺風餘趣，也凸顯他懷藏的關於治平的種種想法。這其中，

〔註27〕羅宗強，〈文學思想的多元發展〉，《魏晉南北朝文學思想史》，頁372。
〔註28〕胡寶國，〈文史之學〉，《漢唐之間的史學發展》。

頗有近似一子的意味，可視爲子學流風的影跡。而《後漢紀》一書的寫成，往後更影響了范曄《後漢書》的史論，其於史學上的重要性不言可喻。然而特別的是，當《晉書》卷八二幾可視爲當世史家人物的集傳時，袁宏卻不在其中，而須轉查《晉書‧文苑傳》方能得之。史書中對於人物屬性的歸類，並不就框限了人物的絕對樣貌，而列傳的類別，也不是壁壘分明不得而踰的疆界；因此，袁宏入〈文苑〉而不與其他史家共處一卷，其意義不在袁宏是否不爲史家，而在袁宏其實更以文學家的形象廣受當世矚目。這一情況，從《晉書‧文苑傳》所載袁宏逸事多可於《世說‧文學》中見之，便可知一二。

《世說‧文學》記袁宏作〈東征賦〉，記述東晉以來的功臣，因不及陶侃，陶侃之子胡奴便以白刃臨之而逼問其故。〔註29〕同條下劉孝標注則引《漢晉春秋》亦記袁宏〈東征賦〉不記桓彝，而使桓溫不能無忿。〔註30〕袁宏在這兩次事件中，雖都幾乎因文致禍，但最後也都以其捷才，隨口爲文而化解一觸即發的緊張情況。有趣的是，《續晉陽秋》記桓溫雖欲責之，但「以宏一時文宗，又聞此賦有聲，不欲令人顯聞之」，〔註31〕這樣的心緒亦表露在胡奴誘袁宏於狹室，並加以脅問的舉動之中。由此觀之，袁宏於當世的文名，及其文章寫成之後的影響及地位，實都有舉足輕重的份量，否則陶、桓等人何必幾至以死脅宏，而必欲使其父祖入賦？又如袁宏於桓溫座上作〈北征賦〉，諸賢共看，而王珣以爲若得「寫」字足韻當佳，袁宏當下攬筆即益「感不絕於余心，泝流風而獨寫」一句，遂使一座嘆服。《晉書》記桓溫即此而云：「當今文章之美，故當共推此生」，〔註32〕標明袁宏文章幾乎冠絕當世。而《續晉陽秋》記桓溫以爲「當今不得不以此事推袁」，〔註33〕則推崇的意味更爲悠長，並烘託出袁宏實爲當世文壇不能或缺的人物。不過事實上，文史兼能的表現，袁宏並非特例。前已述及六朝史家善屬文的例子，而如孔稚圭〈北山移文〉寫隱士周顒「既文既博，亦玄亦史」，〔註34〕亦可了解當時玄學、文學及史學，

〔註29〕《世說新語‧文學》第97條，頁274。袁宏始作〈東征賦〉，都不道陶公。胡奴誘之狹室中，臨以白刃，曰：「先公勳業如是！君作〈東征賦〉，云何相忽略？」宏窘蹙無計，便答：「我大道公，何以云無？」因誦曰：「精金板鍊，在割能斷。功則治人，職思靖亂。長沙之勳，爲史所讚。」

〔註30〕《世說新語‧文學》第97條，頁274。

〔註31〕《世說新語‧文學》第97條，頁274。

〔註32〕《晉書‧文苑袁宏傳》，頁2398。

〔註33〕《世說‧文學》第92條，頁270～271。

〔註34〕孔稚珪，〈北山移文〉。

在士人身上雜然並陳的時代風格。玄學與史學的牽繫前已略及之，而如袁宏「學綜文史」的表現，劉知幾於《史通‧史官建置》中亦曾舉出多例。云：

> 其有才堪撰述，學綜文史，雖居他官，或兼領著作。亦有雖為秘書監，而仍領著作郎者。若中朝之華嶠、陳壽、陸機、束皙，江左之王隱、虞預、干寶、孫盛，宋之徐爰、蘇寶生，梁之沈約、裴子野，斯並史官之尤美，著作之妙選也。〔註35〕

鮮明地指出這些史家不能忽略的善於屬文的特質。著史實並不離文章之寫作，自是一個原因；反之，文風文義若能肆直而悠長，則亦更能鍛鑄史著之成色。從六朝史家范曄的言談中，即可探掘身為第一線的史家，他對於著史所需之才能的認識。

二、史家擅文例二 —— 范曄

范曄在〈獄中與諸甥姪書〉中，曾自述寫作《後漢書》的種種理想與心緒，雖自云恐怕世人不能盡得《後漢》佳處，故寫成這一篇「稱情狂言」；但他所亟亟言說者，正如實地表達了他對於著史一事的態度，也透露了關於著史的見解。他自道作意與時俗的同異，從中我們可以察覺當世重「才」，而「才」確實不能無涉於當世著作之成。

他說自己讀書「至於所通解處，皆自得之於胸懷耳」，而「文章轉進，但才少思難，所以每於操筆，其所成篇，殆無全稱者。」〔註36〕這說明了著史須才，因為才高思睿，剪裁合宜，方能縱洩胸懷之意於筆端。他又說：

> 常恥作文士。文患其事盡於形，情急於藻，義牽其旨，韻移其意。雖時有能者，大較多不免此累，政可類工巧圖繢，竟無得也。常謂情志所託，故當以意為主，以文傳意。以意為主，則其旨必見；以文傳意，則其詞不流。然後抽其芬芳，振其金石耳。此中情性旨趣，千條百品，屈曲有成理。自謂頗識其數，嘗為人言，多不能賞，意或異故也。〔註37〕

范曄直截地表明了自己「恥作文士」的意向，因為，文士之作多流於「工巧圖繢」而竟無得。在過度講究美文的時候，表面的雕飾鋪張往往拘限了事意

〔註35〕《史通‧史官建置》，《史通通釋》，頁311。
〔註36〕范曄，〈獄中與諸甥姪書〉。
〔註37〕范曄，〈獄中與諸甥姪書〉。

的發揮；太求窮形盡相以及藻采，以致幾乎蓋過了事，壓過了情。再者，當
時考究聲律，所以文意也常得遷就於押韻的需求。范曄認為，這些精雕細琢
雖然促成了「工巧圖繪」般的華采，卻也成了一種負累，牽絆了文章應該涵
融深刻的立說目的。他進一步說明文章應「以意為主」，立定此大處，則千條
百品的情性旨趣便都能於此本幹之上，自然舒展其風姿；這是他自得於心的
認識，雖多為人言，卻未見賞用。至此，范曄說明的是使他「恥作文士」的
種種當時文士作文之弊，也因此他立定了作文「以意為主、以文傳意」的根
柢。范曄隨後轉進另一層論述：

> 性別宮商，識清濁，斯自然也。……吾思乃無定方，特能濟難適輕
> 重，所稟之分，猶當未盡，但多公家之言，少於事外遠致，以此為
> 恨，亦由無意於文名故也。〔註38〕

能夠別宮商、識清濁的「性」，其實由自然的稟分而來。范曄說自己「所稟之
分，猶當未盡」，則雖然「無意於文名」，但對於自己尚未能淋漓盡致地發揮
稟分，止於「多公家之文，少於事外遠致」，卻不能沒有遺憾。和前面不同的
是，前述恥作文士，是對於文士為文流弊的自覺，其中已有對於作文之應然
的主見，在依違於時風之中，有一可自把握的「以意為主」之標準。而這裡，
則站在天份才情的角度上，流露「不為也非不能也」的自我評價，並嘆惜自
己未能盡其稟分。然而，范曄在《後漢書》的寫作中，也找到了一個作文以
意為主，可以盡其稟分又能多及「事外遠致」的可能。

范曄自云：

> 既造《後漢》，轉得統緒。詳觀古今著述及評論，殆少可意者。班氏
> 最有高名，既任情無例，不可甲乙辨，後贊於理近無所得，唯志可
> 推耳。博贍不可及之，整理未必愧也。吾雜傳論，皆有精意深旨，
> 既有裁味，故約其詞句。至於〈循吏〉以下及六夷諸序論，筆勢縱
> 放，實天下之奇作。其中合者，往往不減〈過秦篇〉。嘗共比方班氏
> 所作，非但不愧之而已。欲徧作諸志，《前漢》所有者令悉備。雖事
> 不必多，且使見文得盡；又欲因事就卷內發論，以正一代得失，意
> 復未果。贊自是吾文之傑思，殆無一字空設，奇變不窮，同含異體，
> 乃自不知所以稱之。……自古體大而思精，未有此也。恐世人不能

〔註38〕范曄，〈獄中與諸甥姪書〉。

盡之，多貴古賤今，所以稱情狂言耳。〔註39〕

他說「詳觀古今著述及評論，殆少可意者」，是則在著作《後漢書》前，他已詳覽了其前的史書，直指班固「任情無例」、「後贊於理近無所得」的不足。而當范曄於著史的過程中，對此有所改進、有所超越的時候，他也同時轉而得到了足堪開解前述未盡稟分之恨的東西。由於在史書著作之中，可以「見文得盡」，可以「因事以就卷內發論」並編綴其文之傑思於贊論之中，凡此，都提供了立言作文的場域；當史書作者也可於此間傾注其稟賦的文思時，范曄原先「多作公家之文」而「少於事外遠致」的遺憾，也就於此得到彌補。於此，值得注意的是，范曄認為文章不應是「工巧圖繢」式的美文，故敘寫應「以意為主，以文傳意」，且作文亦不必過份挹注辭藻，或細膩拘就聲韻，以免模糊了文章的深度。然而，當他進一步從性稟自然的觀念展開省察，卻亦以為自己雖無意於文名，但自覺尚有未盡發揮的稟分，還是不免有憾。其實，范曄說自己「筆勢縱放」、「奇變不窮」，其史書得力於文的影跡處處可見；是則我們或能藉此得知，以意為主的作文方式對於寫作史書來說，其實或並不會產生文史之間表述方式的扞格。

至此，我們可以見到，入於〈文苑傳〉的袁宏，很有代表性地呈現六朝史家兼長屬文的樣貌，他以文章之美冠絕當世，更凸顯了當時似乎更看重其文才的面向。而劉宋范曄所寫的〈獄中與諸甥姪書〉，一方面絮絮地自陳對於作文的想法，另一方面，則又序跋似地說明寫作《後漢書》的因由與自得。他欲藉由著史來展現其足可為文的稟分，我們則更明顯地看出，史著可以是展現文學的場域，而著史確實亦需文才。雖然後來劉知幾對文士作史的缺失多所批評，但我們在這裡看到了，六朝文學之盛行，史書也有所得力於茲。

第三節　史學對文學的潛在影響

在文學與史學互動的過程中，史學不能自外於當世勃興之文學風尚，故前面討論了六朝時文才輔佐著史的現象；那麼，文學又受到當時大盛的史學怎樣的暈染？這正是這一小節所要探討的主題。以下，便藉左思《三都賦》及六朝志怪、志人小說這些文學作品為例，究明其中的歷史性格，以觀史學對於文學的影響。

〔註39〕范曄，〈獄中與諸甥姪書〉。

一、左思《三都賦》的歷史性

西晉時，左思費時十年寫成〈三都賦〉後，多得激賞，豪貴之家競相傳寫，一時洛陽爲之紙貴。才思原有遲速之別，左思耗時十年始成三都之賦，總是被當作「思遲才苦」之一例。但是，《晉書》本傳說他起筆之際，先就著作郎張載訪問岷邛之事，〔註40〕又「以所見之博，求爲秘書郎」，則十載年歲之費，或可於這種寫作的取徑中，得到一種有別於才思遲速的理解。細繹其訪求博問之舉，可以想見他在作賦之前對於資料收集的審慎與積極。〈三都賦序〉開篇即云：「蓋《詩》有六義焉，其二曰賦。班固曰：『賦者，古詩之流也，先王采焉以觀土風』。」〔註41〕則漢儒以爲賦原自《詩》出的觀念仍存，且他對於《詩》「見『綠竹猗猗』，則知衛地淇澳之產；見『在其版屋』，則知秦野西戎之宅。故能居然而辨八方」〔註42〕的形容，也說明了他從經典當中得到的，乃是賦應紀實的理解。因此，他對於「相如賦〈上林〉，而引『盧桔夏熟』」，以及揚雄、班固和張衡等人「假稱珍怪，以爲潤色」等等爲賦不實的情況，便有這樣的批評：

> 若斯之類，匪啻於茲。考之果木，則生非其壤；校之神物，則出非其所。於辭則易爲藻飾，於義則虛無無徵。且夫玉巵無當，雖寶非用；侈言無驗，雖麗非經。而論者莫不詆訐其研精，作者大抵舉爲憲章，積習生常，有自來矣。〔註43〕

左思對於前人賦作的考察，即以核實作爲基本的判準。也由於他保留了賦自經出的觀念，所以便認爲這種藻飾之辭與無徵之義，既不屬經，且亦無用，故云「侈言無驗，雖麗非經」。可見，相較於描寫事物的徵實，麗詞華藻的具足並不是左思作賦的重要目標。這一點，從他自云寫作〈三都〉的過程與所持的態度，亦能知其一二。他說：

> 余既思摹《二京》而賦《三都》，其山川城邑，則稽之地圖；鳥獸草木，則驗之方志；風謠歌舞，各附其俗；魁梧長者，莫非其舊。何則？發言爲詩者，咏其所志也；升高能賦者，頌其所見也；美物者，貴依其本；贊事者，宜本其實。匪本匪實，覽者奚信！且夫任土作

〔註40〕《晉書卷九二》，頁 2376。
〔註41〕《魏晉南北朝文論全編》，頁 79～80。
〔註42〕《魏晉南北朝文論全編》，頁 80。
〔註43〕《魏晉南北朝文論全編》，頁 80。

貢，《虞書》所著；辨物居方，《周易》所慎。聊舉其一隅，攝其體統，歸諸詁訓焉。〔註44〕

前已述及左思大抵以為賦從詩而出，見賦文即可「博物志、知風俗」，於此，信實為主要的考量。左思期許自己屬文作賦，要使賦中所述事物考之稽之無疑，這是自經的嚴正性而來的要求。這裡他說「稽之地圖」、「驗之方志」，又說「各附其俗」、「莫非其舊」，這些寫作之時謹慎的驗察與如實的陳述，事實上都可以歸結於「匪本匪實，覽者奚信」的態度；而他既欲賦成之後取信讀者，寫實的要求就顯得更加重要了。事實上，左思「摹《二京》而賦《三都》」，在他之前，班固有〈兩都賦〉，而張衡有〈兩京賦〉，對於左思這樣要求寫實的著作態度應亦有所影響；且如班固亦作《漢書·地理志》，其賦作的寫作態度應該也有自著史而來的嚴謹要求。

左思賦成之後，以皇甫謐有高譽，造而示之，而皇甫謐〈三都賦序〉也肯定了左思作賦徵實不誣的佳處。序文云：

若夫土有常產，俗有舊風，方以類聚，物以群分；而長卿之儔，過以非方之物，寄以中域，虛張異類，托於有無，祖構之士，雷同影附，流宕忘返，非一時也。其物土所出，可披圖而校，體國經制，可得按記而驗，豈誣也哉！〔註45〕

「物土所出，可披圖而校，體國經制，可得按記而驗」，因為能夠不誣，故能得皇甫謐之贊許。〈三都賦〉是一文學作品，卻從徵實的特點獲致了它本身的地位與價值，這一點很值得玩味。再回到左思自述其作意的文字中，可以發現，因為左思欲追摹《詩經》、《虞書》、《周易》等經典，因此，雖則作賦原應是一種文學創作，但觀其「攝其體統，歸諸詁訓」一語，則經典足堪考證的特點竟似移植於此，而成為評判賦作的標準了。左思以此律己，而後來的評論家亦正以此為〈三都賦〉作注。衛權〈左思《三都賦》略解序〉云：

余觀〈三都〉之賦，言不苟華，品物殊類，稟之圖籍，辭義瑰瑋，良可貴也。……中書著作郎安平張載、中書郎濟南劉逵，并以經學洽博，才章美茂，咸皆悅玩，為之訓詁；其山川土木，草木鳥獸，奇怪珍異，僉皆研精所由，紛散其義矣。〔註46〕

〔註44〕　《魏晉南北朝文論全編》，頁80。《晉書卷九二》，頁2376。
〔註45〕　《魏晉南北朝文論全編》，頁41～42。
〔註46〕　《魏晉南北朝文論全編》，頁82。亦見《晉書卷九二》，頁2376。

張載及劉逵，都是當時通達經學的人物；〈三都賦〉得其以經學訓詁的方式爲之作注，一方面表示了時人對於左思此作的看重，一方面則也證明了，左思十年的研精覃思事實上經得起檢驗，而他也很大程度地實踐了對於作賦的自我要求。經學所昭示的咏其志、頌其見，著其實跡、愼其所辨的典範，對左思認爲賦應徵實的看法，有重要的影響；不過，如果在當時的環境中觀之，則這種博物、徵實、取信的動機，卻多少應亦受到了當時史學方法的影響。劉逵的〈注左思蜀都吳都賦序〉說「非夫研核者不能練其旨，非夫博物者不能統其異」，〔註47〕一語點出作賦的人必須具有的能力：研核以練旨，博物以統異。「研核」與「博物」，都是當時史傳作者的特點。而另一方面，他賦中的地理名物云云，全是史之所重；可見的是，左思作賦，其實原就不能擺落史的影響。

　　當時這種對於傳眞寫實的要求，在六朝小說中也可以看到。不過，必須先說明的是，今天所謂六朝小說，當時多入史部雜傳類，但亦有入於子部雜家類者。入於史部，其要求覈實、傳眞的寫作似毋須再議，就是入於子部者，在前一節關於「子不離史、史不離子」的討論之後，從六朝子部書籍多具補史功能的角度，亦可理解其所以注重紀實的特質。但儘管如此，小說自「唐人作意好奇，假小說以寄筆端」〔註48〕以下，「傳奇」而作「幻設語」的發展徑路便開啓了寫作虛構的空間；而小說在後來的眼光中，實亦脫去了史學存眞紀實的色彩與要求，轉而成爲一種創作的場域，是文學範疇中一種重要的表現形式。換言之，史學對於小說—作爲文學形式的小說—的影響，到後來實已漸弱。但是，史學之於小說的關係由密切至於淡薄，表現爲小說作品中史學色彩的轉淡；這其間的發展轉折，卻正好凸顯出，史學的影響力至此其實已漸不敵於文學觀念的轉盛。因此，這裡在討論文學如何受到史學影響的時候，取意於現代「小說」劃屬文學的觀念，故亦連及於當時史學對於小說的影響。

二、志怪、志人小說的歷史性

　　前云「博物」、「研核」是當時史學作者的特徵，此可以張華爲說。《晉書‧張華傳》說他：

> 強記默識，四海之內若指諸掌。家無餘財，唯有文史溢於几案。秘

〔註47〕《晉書卷九二》，頁2376。
〔註48〕胡應麟《筆叢》三十六，轉引自魯迅《中國小說史略》，頁59。

> 書監摯虞撰定官書，皆資華之本以取正焉。天下奇秘世所希有者悉
> 在華所，華由是博物洽聞，世無與比。〔註49〕

撰定官書竟須就張華之本以取正，其藏書之富博可見一斑。這種學問傾向上的博物洽聞，發而為文，便表現為《博物志》一書的特色。他曾自述《博物志》之作云：

> 余視《山海經》及《禹貢》、《爾雅》、《說文》、地志，雖曰悉備，各
> 有所不載者，作略說。出所不見，粗言遠方，陳山川位象，吉凶有
> 徵。諸國境界，犬牙相入。春秋之後，並相侵伐。其土地不可具詳，
> 其山川地澤，略而言之，正國十二。博物之士，覽而鑒焉。〔註50〕

可見的是，張華著作此書時，想要略說《山海經》等書所不載者，對於春秋以後侵伐不斷淆亂難明的春秋諸國之土地境界，他亦欲具詳而考正之；而他最終的期待，則更在希望「博物之士，覽而鑒焉」。這除了和左思的「匪本匪實，覽者奚信」一樣，在著作的當下就已賦予其書取信讀者的責任之外，也呈現了對於著作的自信和期許。且其中就教於方家的意味，也說明了「博物」之學在當時隱然亦為當時風尚之一端，或並不只是他孤芳自賞的一家之學。康韻梅先生認為，張華此序「透露出一種致使山川地澤的知識更為完備的意圖，並提供給博物之士閱覽和鑑識，充分地彰顯《博物志》的敘事中著眼於資料的保存和真相探究的知識性。」〔註51〕她在討論漢魏六朝小說的敘事動機時，便以此例說明在當時地理博物類小說中普遍存在的「知識動機」。其所謂「知識動機」，就撰作者而言是保存文獻，對於讀者來說則可獲得知識上的增進，書中所記思想內容雖未必深刻，但讀之則可增廣見聞是無可置疑的。〔註52〕如《博物志》卷一為地理略，所記者如：

> 秦，前有藍田之鎮，後有胡苑之塞，左崤函，右隴蜀，西通流沙，
> 險阻之國也。〔註53〕
>
> 魏，前枕黃河，背漳水，瞻王屋，望梁山，有藍田之寶，浮池之淵。

〔註49〕《晉書・張華傳》
〔註50〕《博物志校證》，頁7。
〔註51〕康韻梅，〈漢魏六朝志怪小說的敘事動機〉，《廖蔚卿教授八十壽慶論文集》，頁357。
〔註52〕康韻梅，〈漢魏六朝志怪小說的敘事動機〉，《廖蔚卿教授八十壽慶論文集》，頁356。
〔註53〕《博物志校證》，頁8。

〔註54〕

齊，南有長城、巨防、陽關之險。北有河、濟，足以爲固。越海而
東，通於九夷。西界岱嶽；配林之險，坂固之國也。〔註55〕

文章清楚地交代了春秋諸國的地理位置，而各國特殊的物產與環境之險固，
亦得到廣泛而且紀實的敘述，讀者見之實可勾勒出一清晰的地理圖像。又如
卷四講「食忌」，其說如：

啖榆則眠，不欲覺。〔註56〕

啖麥稼，令人力健行。〔註57〕

飲眞茶，令人少眠。〔註58〕

人常食小豆，令人肥肌粗燥。〔註59〕

飲食之於人，其關係甚大，張華對於這種日常卻也瑣碎的事物，提出一整全、
仔細的歸納，賦予了其書實用的價值。而既要能提供讀者取資採用，則其書
知識性敘述的核實程度想必亦高，然後才能自信地期待其書能使「覽者鑒
焉」。張華曾任著作郎，與修國史，史學的基本要求，應該也是他不敢放鬆的。
《博物志》於《隋志》中入於子部雜家，但其中有〈史補〉一章，自其章名
便能見到張華對於此作言出得實，且能補史的自信。但其書所記者自今觀之，
實則去史甚遠，讀來令人頗覺奇謬怪異。例如：

燕太子丹質於秦，秦王遇之無禮，不得意，思欲歸。請於秦王，則
不聽，謬言曰：「令烏頭白，馬生角，乃可。」丹仰而嘆，烏即頭白，
俯而偕，馬生角。秦王不得已而遣之，爲機發之橋，欲陷丹。丹驅
馳過之，而橋不發。遁到關，關門不開，丹爲雞鳴，於是眾雞悉鳴，
遂歸。〔註60〕

詹何以獨繭絲爲綸，芒斜爲鈎，荊筊爲竿，割粒爲餌，引盈車之魚
於百仞之淵，汩流之中，綸不絕，鈎不中，竿不撓。〔註61〕

〔註54〕《博物志校證》，頁8。
〔註55〕《博物志校證》，頁8。
〔註56〕《博物志校證》，頁49。
〔註57〕《博物志校證》，頁49。
〔註58〕《博物志校證》，頁49。
〔註59〕《博物志校證》，頁49。
〔註60〕《博物志校證》卷八〈史補〉，頁95。
〔註61〕《博物志校證》卷八〈史補〉，頁95。

其實，六朝志怪小說中正不乏此類看來怪力亂神的記述。對此，魯迅在討論
六朝小說的特質時，曾提出一經典性的意見。他在《中國小說史略》中說：

> 中國本信巫，秦漢以來，神仙之說盛行，漢末又大暢巫風，而鬼道
> 愈熾，會小乘佛教亦入中土，漸見流傳，凡此皆張皇鬼神，稱道靈
> 異，故自晉訖隋，特多鬼神志怪書。其書有出于文人者，有出于教
> 徒者，文人之作，雖非如釋道二家，意在自神其教，然亦非有意爲
> 小說，蓋當時以爲幽明雖殊塗，而人鬼乃皆實有，故其敘述異事，
> 與記載人間常事，自視固無誠妄之別也。〔註62〕

於此，魯迅扼要地提點出六朝小說之所以多「鬼神志怪書」的原因。當時小
乘佛教傳入中土，匯流了中國本有的神仙之說與相信巫術的文化心靈，交織
成鬼神靈異之說方興未艾的思想背景。所以，若論及六朝小說，須知其中有
一部份的作者是想要「自神其教」的教徒，藉由「張皇鬼神、稱道靈異」的
表述，烘托並鼓吹其宗教之可信。除此之外，還有文士一類的作者，他們之
所以寫作那些後世看來荒誕不經的人鬼異事，其實並不出於一種姑妄言之的
心態，而就如同載錄日常情事一樣。作者既不是特意虛構其事，當下的著作
心態當然也就只是如實地記述其所聞見，而沒有或誠或妄的考量。今日所說
的六朝小說如《搜神記》、《漢武洞冥記》於《隋志》中入於史部雜傳；《拾遺
記》入於史部雜史，而《西京雜記》入於史部舊事等等的部次編排，都可見
這一類後來被歸爲六朝志怪小說的書籍，在當時的眼光中都還是屬於史的一
類。儘管所記有仙凡幽明之殊異，〔註63〕但基本上作者的心態都合於魯迅的
剖析，只欲記載人間常事而非有意爲小說。以下略舉幾例。《搜神記》之序云：

> 雖考先志於載籍，收遺逸於當時，蓋非一耳一目所親聞睹也，又安
> 敢謂無失實者哉。衛朔之國，二傳互其所聞；呂望事周，子長存其
> 兩說，若此比類，往往有焉。從此觀之，聞見之難，由來尚矣。……
> 今之所集，設有承於前載者，則非余之罪也。若使採訪近世之事，
> 苟有虛錯，願與先賢前儒分其譏謗。及其著述，亦足以發明神道之
> 不誣也。〔註64〕

干寶於此說明，若以「綴片言於殘闕，訪行事於故老」爲著述方法，而又要

〔註62〕　〈中國小說史略〉，《魯迅小說史論文集》，頁35。
〔註63〕　魯迅，〈六朝小說和唐傳奇文有怎樣的區別？〉，頁12。
〔註64〕　干寶《搜神記》，（臺北，里仁書局：1982年），頁2。

嚴格地要求「事不二迹，言無異途」，那麼，前史其猶病諸，而況以此責其述作？換言之，干寶已經先行了解了《搜神記》可能會因其所記虛錯而落人口實。但他將著作的格局上比史著，史書猶難使其聞見事事核實，那麼，承續史書之記載及其考稽之事而來的《搜神記》，當然也難以避免這樣的差錯。不過，干寶在自序中所強調的是，苟其記述有虛錯，也並不是他矯造其事而有的闕失，而是在史的記述中本就存在的困難；更清楚地說，那是因為時代久遠而來的考信問題，並不是在虛構的寫作中的誠妄問題。

此外，如《漢武洞冥記》說：

> 或言浮誕，非政教所同，經文史官記事，或略而不取。蓋殊國偏方，並不在錄。愚謂古曩餘事，不可得而棄，……今籍舊史之所不載者，聊以聞見，撰《洞冥記》四卷，成一家之書，庶明博君子，該而異焉。

其書所記錄者乃作者私心以為不能棄之的遺風餘跡，「今籍舊史所不載者」，是其補史的意向十分鮮明無疑。又如葛洪《西京雜記》，《史通·雜述》說它的成書乃因「國史之任，記事記言，視聽不該，必有遺逸，於是好奇之士，補其遺亡。」〔註65〕凡此，都可作為魯迅之說的註腳。

除了志怪小說具有視鬼怪為真實，欲「明神道之不誣」的寫實傾向之外，我們今日所謂六朝志人小說，無論就作者而言，或就讀者的反應視之，都可見其中也呈現了類似於史的特質。東晉處士裴啟，將漢魏以降至於東晉「言語應對之可稱者」〔註66〕撰錄為《語林》一書。據《世說·文學》篇說，其書寫成之後，「大為遠近所傳。時流年少，無不傳寫，各有一通」，〔註67〕廣受矚目的程度可以想見。然而，裴啟此書卻因一事而聲價大損，不復受到重視與推崇。《世說·輕詆》中有這麼一條記載：

> 庾道季詫謝公曰：「裴郎云：『謝安謂裴郎乃可不惡，何得為復飲酒？』裴郎又云：『謝安目支道林，如九方皋相馬，略其玄黃，取其儁逸。』」謝公云：「都無此二語，裴自為此辭耳！」庾意甚不以為好，因陳東亭〈經酒壚下賦〉。讀畢，都不下賞裁，直云：「君乃復作裴氏學！」於此《語林》遂廢。今時有者，皆是先寫，無復謝語。〔註68〕

〔註65〕《史通·雜述》
〔註66〕《世說·輕詆》注引《續晉陽秋》
〔註67〕《世說·文學》第 90 條，頁 269。
〔註68〕《世說·輕詆》第 24。

裴啓因所記謝安語不實而受到輕詆，其書地位一落千丈，時人不復作裴氏學。
謝安出一言而能左右《語林》的評價，當然有來自於其位高勢盛的影響力，
但此一事件同時也更凸顯了，當時讀者對於此類記錄時人言語的小說，也有
一種趨近於「史」的要求。胡寶國先生說，「由裴啓《語林》被廢一事可以看
出，不僅作者，就連讀者也是把小說看成了眞的歷史」。〔註69〕相較於前云當
時志怪小說的作者有排斥虛構的心態，此處那種以「史」檢視書籍良窳的特
殊眼光和判準，在志人小說讀者的心態中，亦如出一轍。

又如殷芸《小說》一書，在《隋志》中次於子部小說家中，魯迅在談論
《世說新語》及其前後的志人小說時，除引《語林》之外，亦及此書。〔註70〕
今雖只能在《續談助》及原本《說郛》中見其遺文，但亦足能藉以勾勒當時
「或者掇拾舊聞，或者記述近事」，〔註71〕那一種記敘「人間言動」的風尚。
劉知幾在《史通》中對於此書寫作的不夠嚴謹頗有微詞，甚至認爲由於後來
唐修《晉書》未察其疵而逕錄其文於正史之中，「摭彼虛詞，成茲實錄」，就
像三人市虎一樣，造成了歷史記載中的謬誤：

> 夫學非該博，鑒非詳正，凡所修撰，多聚異聞，其爲蹖駁，難以覺
> 悟。……劉敬叔《異苑》稱晉武庫失火，漢高祖斬蛇劍穿屋而飛，
> 其言不經。梁武帝令殷芸編諸《小說》，及蕭方等撰《三十國史》，
> 乃刊爲正言。既而宋求漢事，旁取令升之書，唐徵《晉語》，近憑方
> 等之錄。編簡一定，膠漆不移。故令俗之學者，說鳧履登朝，則云
> 《漢書》舊記。談蛇劍穿屋，必曰晉典明文。摭彼虛詞，成茲實錄。
> 語曰：「三人成市虎。」斯言得之者乎！〔註72〕

劉知幾所據以掎摭其失者，自是對於史學著作嚴格的標準，然已是自後視前
的觀點。當時作者或並無意造假，所謂「異聞」之蹖駁難徵，不一定是合於
實際的批評。這一點，從《小說》一書的成書緣由，亦可觀其書與史密切相
關的性質。前面的引文中說，如晉武庫失火及漢高祖斬蛇劍穿屋而飛等事，
都已見於劉敬叔《異苑》一書，而殷芸所以再度載錄這些事蹟於《小說》一
書中，乃應梁武帝之命令而作；姚振宗考證此事的背景說：

〔註69〕 胡寶國〈文史之學〉，《漢唐之間的史學發展》。
〔註70〕 魯迅，《中國小說史略》，頁54～55。
〔註71〕 魯迅，《中國小說史略》，頁51。
〔註72〕 《史通通釋》，頁480。

此殆是梁武作《通史》時事，凡此不經之說爲《通史》所不取者，

皆令殷芸別集爲《小說》，是此《小說》因《通史》而作，猶《通史》

之外乘也。〔註73〕

是則他又進一步說明了殷芸《小說》與梁武帝之《通史》幾爲同時寫就，且
《小說》所收錄者，實爲梁武帝撰著《通史》時所未取用的「不經之說」。姚
振宗認爲殷芸別集「不經之說」的意見，未知是否受到劉知幾以爲《小說》「其
言不經」說法的影響；但姑且不論其書內容之虛實，這裡姚氏所謂《通史》
不取而另置諸說於《小說》之中的推測，以及《小說》「猶《通史》之外乘」
的斷語，實殊可探索。

《隋志》將殷芸《小說》置於子部小說家，而《隋志》對於小說家的界
定乃延續著《漢志》小說家「如或一言可採，此亦芻蕘狂夫之議也」之觀點
而來。是以，如若梁武帝雖不肯載錄諸說於《通史》之中，但卻又不忍遽棄
其說，則諸說應自有其可以保存的價值；《隋志》部次其書於子部小說家，可
說是一恰如其分的安置。而如果我們再進一步看看《通史》屬史與《小說》
屬子的學術性質，則梁武帝自作《通史》，而責成殷芸編其所不收之說入於《小
說》，其實就形成了這兩部書籍之間「子成史餘」〔註74〕的態勢。於此，當時
子史關係之密切再次獲得證明。同時，從另一個角度說，是梁武帝撰作《通
史》時對於材料的分判，造就了《通史》與《小說》不同的面貌，若溯其本
源，則這兩部著作當初其實面對相同的材料；這也就說明了，我們今日所謂
的六朝志人小說，其實也和志怪小說一樣，在著作的時候，具有一定程度的
史的色彩。前述《語林》從讀者要求的角度證明了這一點，而這裡以殷芸《小
說》爲例，則從書籍著作之實況勾勒了當時此種著作心態。

經由上面的討論可知，左思《三都賦》雖爲文學作品，但作者流露於文
章中的寫作動機及其文章風格，都可見其受到史學方法的影響。而六朝文士
著作志怪小說，自視其所記述不啻人間常事；《隋志》屬之於史部雜傳，乃相
應於其寫作意識。此外，志人小說的寫成，無論究其著作緣由，或察其讀者
之好惡反應，亦可了解當時普遍認爲小說具有「史」之實錄傳眞的性格。凡
此，都可見到史學大興於當世，文學受到了它的暈染，而表現爲著作中的歷
史性格。

〔註73〕姚振宗，《隋書經籍志考證》，頁 243。

〔註74〕姚振宗，《隋書經籍志考證》，頁 243。

第四節　文學寄跡於史學的新發展

　　前曾引蕭統《文選・序》討論一「以文別史」的傾向，那說明的是，文、史當時雖常並稱，其意義卻更在於映現一種文自文、史自史的發展趨勢；而且在這之間，其實是文學性格的益發清晰，才帶動了文、史分離的結果。換言之，當我們可以在文學的形式中見到史學的影跡時，同樣地，亦能在史學著作中，看到越來越往文學靠近的風貌。在這兩者同時並進的情況之下，文、史互有重疊、各有天地，也就使其各自的面目越見清晰。上一節討論了歷史性對於文學的影響，這一節，則欲從史學的作品中，觀察其文學性格的增強。這是文學發展亦發蓬勃的表徵，也有史學盛行之後的延展的足跡。

一、虛構傳記之轉進

（一）〈桃花源記〉——一則特殊的異聞

　　干寶《搜神記》是六朝志怪小說極富代表性的作品。續此而作者，有《搜神後記》一書，相傳是陶淵明所作。其中〈桃花源記〉一篇，歷來更為讀者所樂道；無論是其中寄寓了什麼樣幽微的「烏托邦」式的理想，或者文章藝術性的翻新出奇，都引起很多的討論。此文出自《隋志》劃為史部雜傳類的《搜神後記》，除了許多學者按圖索驥地考察「桃花源」的確址〔註75〕之外，魯迅對於此等志怪作者寫作態度的分析，也獲得了大多數的認同，似乎它毫無疑問可以看作是一種如實的記述。但是，如上所述，亦多有讀者關注其中蘊涵的飽滿寓意，以及文章所傳達的美感意象；事實上，這一篇章實則有著比「核實與否」更為鮮明、更為搖曳生姿的文學意象。文章的屬性之所以有這樣由史而文的轉折，其實可以從〈桃花源記〉的虛構性開始說起，看它如何虛構、為何虛構，才能了解為什麼這樣的筆觸終能促使它走出史學實錄的封印，轉而踏上文學美感的台階。為求討論的方便，以下先錄〈桃花源記〉全文：

　　　　晉太元中武陵人，捕魚為業，緣溪行，忘路之遠近；忽逢桃花林，

〔註75〕據張亨先生〈桃花源記甚解〉一文分析，「自唐宋以降，大多認為桃源實有其地，而且相信就是現在湖南桃源縣境內。」又，陳寅恪先生所作之〈桃花源記旁證〉，亦自云「止就紀實立說，凡關於寓意者，概不涉及」，對於桃花源的真實位址提出應於北方之弘農，或上洛，而不在南方的武陵的意見。張亨先生一文見《鄭因百先生百歲冥誕國際學術研討會論文集》，陳寅恪先生文則見《金明館叢稿初編》。

夾岸數百步，中無雜樹，芳草鮮美，落英繽紛；漁人甚異之。復前行，欲窮其林。林盡水源，便得一山。山有小口，彷彿若有光，便舍船，從口入。

初極狹，纔通人；復行數十步，豁然開朗。土地平曠，屋舍儼然。有良田、美池、桑、竹之屬，阡陌交通，雞犬相聞。其中往來種作，男女衣著，悉如外人；黃髮垂髫，並怡然自樂。見漁人，乃大驚，問所從來；具答之。便要還家，設酒、殺雞、作食。村中聞有此人，咸來問訊。自云：「先世避秦時亂，率妻子邑人來此絕境，不復出焉；遂與外人間隔。」問今是何世，乃不知有漢，無論魏、晉！此人一一為具言所聞，皆歎惋。餘人各復延至其家，皆出酒食。停數日，辭去。此中人語云：「不足為外人道也。」

既出，得其船，便扶向路，處處誌之。及郡下，詣太守，說如此。太守即遣人隨其往，尋向所誌，遂迷不復得路。南陽劉子驥，高尚士也，聞之，欣然規往，未果，尋病終。後遂無問津者。〔註76〕

桃花源中之人，「乃不知有漢，無論魏晉」，藉由他們對於朝代更迭的淡漠無知，陶淵明首先將桃花源抽離於時間運行的常軌之外。他們既無感於朝代的推移，想亦無有時日的算計，其中的生活遂產生了一種日復一日的凝滯感，陌異於常人的感知。而太守和劉子驥接連的欲尋之而不得，則又進一步以地理位置的神秘未知，架起了桃花源與外界空間的隔閡。文末劉子驥尋之未果而「尋病終」的事件，也像是異界一種迷障式的詛咒，意在儆示外人桃花源不應尋訪、不可窺探，似乎擬真地表露桃花源實有其地，武陵人之奇遇實有其事。然而，或正因為虛構想像，所以故作擬真之筆，其實此文時間與空間的先行抽離，已頗不同於極力詳其時地的史傳書寫。文章淡化時空的作法，也許亦可解讀成故作神秘的紀實，但如若洞察內文的寓意，則便更能知道，「或者這本就是陶淵明的想像之作，如還要實指其事、其地，則不免膠柱鼓瑟。」〔註77〕關於其文為何虛構、又欲藉由想像寄寓什麼樣的理想，留待後文再作闡發。

　　魯迅曾說，六朝人並非不能想像和描寫，如〈桃花源記〉及阮籍〈大人先生傳〉二文，便被他舉為六朝「想像之作」。〔註78〕不過，如果說〈桃花源

〔註76〕袁行霈，《陶淵明集箋注》，北京：中華書局，頁479～480。
〔註77〕張亨，〈桃花源記甚解〉，鄭因百先生百歲冥誕國際學術研討會。
〔註78〕他同時也說，此二者，都與後來唐代傳奇文相似。見〈六朝小說和唐傳奇文

記〉只因有著虛構想像的文字描述，就攫取了讀者的矚目，那不啻是太過簡單的概括；因為，就在《搜神後記》〈桃花源記〉一則前後，也有相似的透過洞穴意象所開啓的虛構式的奇遇，但其內涵殊不能與〈桃花源記〉相比。先看此例：

> 嵩高山北有大穴，莫測其深。百姓歲時遊觀。晉初，有一人誤墮穴中。同輩冀其儻不死，投食於穴中。墮者得之，爲尋穴而行。計可十餘日，忽然見明。又有草屋，中有二人對坐圍棋。局下有一杯白飲。墮者告以飢渴，棋者曰：「可飲此。」遂飲之，氣力十倍。棋者曰：「汝欲停此否？」墮者不願停。棋者曰：「從此西行，有天井，其中多蛟龍。但投身入井，自當出。若餓，取井中物食。」墮者如言，半年許，乃出蜀中。歸洛下，問張華，華曰：「此仙館大夫。所飲者玉漿也，所食者龍穴石髓也。」〔註79〕

相較於桃花源中人設酒、殺雞、作食的日常宴請，這一則故事中誤墮穴中的主人翁在穴中所飲所食者，都是仙家物事。此外，張華原爲博物之士，此處託言張華之指點，一經他肯認墮者所遇爲仙館大夫，也就更有力地證明了需要穴行十餘日方能到達、需經過蛟龍護井始能得出之處，實是神仙居地。然而，據此所見，則墮者此行，除巧遇仙人、偶得仙食之外，別無他義，洞穴內外僅只仙凡之別，而讀者觀之，或亦只驚豔於墮者之奇遇，想見仙人之閒逸風貌而已。

又如此則，亦屬超出於凡人日常經驗之外的洞穴故事：

> 會稽剡縣民袁相、根碩二人獵，經深山重嶺甚多，見一群山羊六七頭，逐之。經一石橋，甚狹而峻。羊去，根等亦隨渡，向絕崿。崿正赤，壁立，名曰赤城。上有水流下，廣狹如匹布。剡人謂之瀑布。羊徑有山穴如門，豁然而過。既入，內甚平敞，草木皆香。有一小屋，二女子住其中，年皆十五六，容色甚美，著青衣。……見二人至，欣然云：「早望汝來。」遂爲室家。忽二女出行，云復有得壻者，往慶之。曳履於絕巖上行，琅琅然。二人思歸，潛去歸路。二女追還已知，乃謂曰：「自可去。」乃以一腕囊與根等，語曰：「慎勿開也。」於是乃歸。後出行，家人開視其囊。囊如蓮花，一重去，一重復，至五蓋，中有

有怎樣的區別？〉一文，收於《中國小說史略》，頁126。

〔註79〕《搜神後記》卷一，北京中華書局汪紹楹校注本，頁2。

> 小青鳥，飛去。根還知此，悵然而已。後根於田中耕，家依常餉之，
> 見在田中不動，就視，但有殼如蟬蛻也。〔註80〕

山羊引袁相、根碩二人入於穴中，而青衣女子「早望汝來」之語，顯見她們已預知袁、根二人的到來，像是穴中之人有意的引入一樣；故事之文字透露了一種冥冥中支配人們際遇的力量，奇異宿命之感流洩而出。而出穴之後，根碩如蟬蛻殼，魂魄隨腕囊中青鳥飛去的故事結尾，更添讀者對於穴中青衣女子神仙色彩之想像。

下面這則故事亦從洞穴中人引人入之開始：

> 滎陽人姓何，忘其名，有名聞士也。荊州辟爲別駕，不就，隱遁養志。常至田舍，人收穫在場上。忽有一人，長丈餘，蕭疏單衣，角巾，來詣之，翩翩舉其兩手，並舞而來，語何云：「君曾見《韶舞》不？此是《韶舞》。」且舞且去。何尋遂，徑向一山。山有穴，纔容一人。其人命入穴，何亦隨之入。初甚急，前輒開曠，便失人，見有良田數十頃。何遂墾作，以爲世業。子孫至今賴之。〔註81〕

這一則故事，不同於前面兩則濃厚的神仙異聞之氛圍，主人公是滎陽地方「隱遁養志」之人，只知何姓而不詳其字；而強命其入穴者，則是一不請自來的舞《韶》之異人。之所以說此則故事氛圍頗異於前，乃因「隱遁養志」與「韶舞」二者，其實都各自有其文化上的豐厚意涵：「隱遁養志」的避世之舉，對於身處六朝闇昧政治時局中的士人而言，是一習見的抉擇；而《韶樂》所代表的雅樂之聲，是西周政治昇平時期禮樂之治的象徵。這裡以舞《韶》之舉且舞且去地引導隱遁的何姓男子入於洞穴之中，似乎隱微地指涉了當時百姓的苦不堪言，及其期待在或道或儒，或道儒同用的治世中安身立命的心緒。就如同故事結尾，何姓男子入於洞穴後，得良田數十頃而能世業墾作以自持，所勾勒的正是一種最平凡卻也最難得的生活樣貌。這一段洞穴故事，已隱然涵攝了對於理想生活的嚮往，在精神意義上與〈桃花源記〉最爲接近。頗值玩味的是，故事中標明主人公「姓何」，其實就整個故事而言，並沒有非詳其姓不能推動情節轉進的必要性，之所以點明其姓，或正欲藉「何」字在姓氏與文字上的兩指，轉移其人「姓何」的背景資料，並且擴大成爲另一層意義上的暗指。也就是說，詳其姓而不知其字的人物側寫，符於故事中人欲避世

〔註80〕《搜神後記》卷一，北京中華書局汪紹楹校注本，頁2～3。
〔註81〕《搜神後記》卷一，北京中華書局汪紹楹校注本，頁3。

隱遁的人生選擇；但另一方面，何姓之人不欲出仕，而步踵舞《韶》之人並安於穴中躬耕墾作生活的鋪述，其實隱涵了「當時天下何姓之人不作此想？」的詰問，天下之人誰在混沌的時局中不想避世養生？但是誰又不想在《韶》樂悠然、政治清平的境地，開始他們安居樂業的生活？這裡，故事其實反映了當時百姓的心聲。

　　關於〈桃花源記〉中漁人經過洞穴後所看到的景象，下面這一段文字的描述與之最爲接近：

> 長沙醴陵縣有小水，有二人乘船取樵，見岸下土穴中水逐流出，有新斫木片逐流下，深山中有人跡，異之。乃相謂曰：「可試如水中看何由爾？」一人便以笠自障，入穴。穴纔容人。行數十步，便開明朗然，不異世間。〔註82〕

如果〈桃花源記〉的文字也和這則故事一樣，只停在豁然開朗的洞穴入口，那也就只是昭示了一種洞天福地可能的存在而已；〈桃花源記〉之所以歷久不衰地投射了人們心中對於理想國度的嚮慕，還需由漁人進入洞穴之後的種種體驗才能完成全部的構設。

　　上面引錄了《搜神後記》中〈桃花源記〉前後的四則故事。前兩則故事藉由洞穴意象，開啓了神仙異聞的奇異色彩，主人公或者巧遇仙者、偶得仙食，或者命定式地與洞穴中人完其室家，然後，又在旁人揭開了禁忌的腕囊之後，蟬蛻而與象徵洞穴中人的青鳥俱去。這些遭遇成就了他們奇幻的旅程，卻沒有在主人公或者讀者心中留下深刻飽滿的人文意涵；因此，如果只是這樣的描繪，謂虛構亦可，但就如同《隋志》歸《搜神後記》於史部，而我們相信六朝志怪小說有其一定的實錄成份一樣，那樣的虛構實則還很難跳脫於史的框架之外。換言之，這樣的虛構或想像的意趣，還不夠深沉到足以翻出近於文學的新局。第四則故事便類似於傳寫一則奇遇，故事性相對而言更不完整。至此，我們看到這幾則故事都有與〈桃花源記〉類似的洞穴情節；雖然故事中人都經此而過渡到了一個看來虛構的時空，但後來讀者卻不打算亟亟否定其眞實性。究其原因，一種可能的解釋是，神仙異聞的傳寫雖亦足以令人一新耳目，但其卓然可觀者，卻正好是想像的逼眞鮮活。於是，原屬虛構其事的神仙軼事，在經過小說的生動摹寫之後，恰好填補了人們對於神仙世界的懵懂無知，反而願意相信那種神仙境地眞實存在的可能。魯迅以爲六

〔註82〕《搜神後記》卷一，北京中華書局汪紹楹校注本，頁7。

朝時期，教徒寫作志怪小說有一「自神其教」的動機，而陶淵明世奉天師道的家世信仰，〔註 83〕更使我們可以大膽地逆臆，他認為神仙世界的洞天福地確有其事；則這樣的寫作背景，便又再次加乘、肯認了這些故事虛構反成紀實的弔詭現象。猶有甚者，就讀者而言，如若相信那樣的神仙故事的真實性，那麼便根本談不上是什麼虛實之際的弔詭了。因此，當我們注意到六朝小說開始發展出文學性的虛構想像時，這樣的故事，並不會成為討論中的焦點。

　　不過，在上述四則故事中，頗可注意者是，第三則故事裡，滎陽何生的隱遁養志，與出詣何生之人的演繹《韶舞》。篇章對於他們形象的勾勒，都點明了一種文化的、時代的符碼，其中蘊蓄著一個動盪的大時代中，百姓思治的渴求。而這一點，亦正是後來讀者在解讀〈桃花源記〉這個「虛構」〔註84〕的文本的時候，所著意探討的焦點。可以說，在〈滎陽何生〉的故事裡，身份奇異的舞《韶》之人似也具有仙人的特質，但故事卻透過隱遁與《韶》舞兩個文化符碼，將故事拉回現實人世的氛圍中，使其蘊涵了一種貼近時局人心的理想意義；不過，卻也因為作者將大時代百姓的理想投射其中，故事的虛構性於焉展現。於是，這正好形成與其他三則故事相反的情況：故事越貼近人事，卻越有一種虛構想像的意味。之所以如此，精準地說，乃在於小說運用了人事的素材進行寫作；因為，當讀者對於人事的狀況瞭若指掌時，任何非實然之描寫的虛構性便很容易凸顯出來。〈滎陽何生〉的故事中異人《韶》舞的橋段，尚有神仙異聞的意味，相較之下，〈桃花源記〉幾全為平凡場景的文字描寫，自又有別於此，更有一層深沉的意趣可以探索。

　　今見《陶淵明集》中，〈桃花源記〉文後尚附一詩，可與〈桃花源記〉參看，而更豁顯其旨意。先錄之於下：

　　　　嬴氏亂天紀，賢者避其世。黃綺之商山，伊人亦云逝。往跡浸復湮，
　　　　來徑遂蕪廢。相命肆農耕，日入從所憩。桑竹垂餘蔭，菽稷隨時藝。
　　　　春蠶收長絲，秋熟靡王稅。荒路曖交通，雞犬互鳴吠。俎豆猶古法，

〔註83〕 見陳寅恪先生〈陶淵明之思想與清談之關係〉一文的分析，《金明館叢稿初編》，（北京：三聯書店），頁 201～229。

〔註84〕 後來的文章選集多直截了當地將〈桃花源記〉視為一篇陶淵明虛構其理想世界的文章，出於幻想。如《古文觀止》中近人所作導讀便云：「作者把心中虛構的桃花源，當作一個與世隔絕的和平安寧的村落來描寫。……因為作者不滿意於當時的紊亂黑暗的社會，暴虐迫害的政治，而假設一個理想的極樂世界，來諷刺現實的環境。」見《古文觀止》，臺北‧三民書局，頁 369。

衣裳無新製。童孺縱行歌，斑白歡游詣。草榮識節和，木衰知風屬。
雖無紀歷志，四時自成歲。怡然有餘樂，于何勞智慧。奇蹤隱五百，
一朝敞神界。淳薄既異源，旋復還幽蔽。借問游方士，焉測塵囂外。
願言躡清風，高舉尋吾契。〔註85〕

「土地平曠，屋舍儼然。有良田、美池、桑、竹之屬，阡陌交通，雞犬相聞。
其中往來種作，男女衣著，悉如外人；黃髮垂髫，並怡然自樂。」桃花源中的
社會型態，乍看之下是類似於老子「小國寡民」，「甘其食、美其服，安其居、
樂其俗」的理想國度，然細繹詩中「俎豆猶古法，衣裳無新製。童孺縱行歌，
斑白歡游詣」之語，卻可了解這看來最平凡的生活場景，並不是一種全然道家
原始社會的構設。「俎豆」所示的祭祀禮儀，仍然保留了儒家慎終追遠的倫理儀
節，而「黃髮垂髫，並怡然自樂」的側寫，更勾勒了一種能夠安置百姓，使長
幼得所的社會秩序。〔註86〕桃花源中「男女衣著悉如外人」，衣著與桃花源外的
世界殊無異致，而「相命肆農耕，日入從所憩」的往來種作，也是農業社會習
以為常的生活方式。陶淵明在〈記〉中的這些描寫，所塑造者並非一種人們無
法想像的社會樣貌，甚至可說，他是刻意傳寫了一種依照人情自然所可能存在
的生活圖像；然而，就在這樣看似平凡無奇的場景中，與真實生活大相逕庭的
一些敘述，一下子就凸顯出它們的想像性與虛構性來了。

王安石〈桃源行〉云：

望夷宮中鹿為馬，秦人半死長城下。避時不獨商山翁，亦有桃源種
桃者。此來種桃經幾春，採花食實枝為薪。兒孫生長與世隔，雖有
父子無君臣。漁郎漾舟迷遠近，花間相見因相問。世上那知古有秦，
山中豈料今為晉。聞道長安吹戰塵，春風回首一霑巾。重華一去寧
復得，天下紛紛經幾秦！〔註87〕

張亨先生以為，「〈記〉和〈詩〉原是構想一個不需要完糧納稅的『無君臣』
的社會，王安石一句點明出來，將退避逃隱的意思轉換成積極的政治理念。」

〔註85〕 袁行霈，《陶淵明集箋注》，北京：中華書局，頁480。
〔註86〕 張亨先生在〈桃花源記甚解〉一文中，曾仔細討論了〈記〉中所示不同於道
家原始社會的地方，以為「陶淵明雖希求純樸的自然，卻不排斥人情自然發
展出來的文化」，除了俎豆之事的保留與童孺斑白的各得其所，都說明了桃花
源中存在的倫理關係與社會秩序外，他還從村中之人「設酒、殺雞、作食」
的舉動所流露的人情味，看到了桃花源之與道家社會異趣之處。
〔註87〕 《王臨川集》卷四，轉引自張亨先生〈桃花源記甚解〉一文。

〔註 88〕也就是說，王安石詩「雖有父子無君臣」之句，其實一語道破陶淵明寄寓於桃花源中的政治理想。他書寫「天下紛紛經幾秦」的慨嘆，更直接揭露了，桃源中人之所以渴求一個不必完糧納稅的政府，實則因為懼怕暴虐的現實政治所帶來的迫害與威脅。〈桃花源詩〉說，「雖無紀歷志，四時自成歲」，桃源中人「乃不知有漢，無論魏晉」，前面曾說陶淵明於此構築了一個時間凝滯的場域，其實更精確地說，其所欲凍結者，乃是因著政權動盪而來的頻繁之朝代更迭。泯除了那樣的政治紀歷，在「四時自成歲」的自然時間過渡中，桃源中人的生命得以在最自然的死生循環裡，獲得一種前所未有的自由。「『一部虛構的本文，必然出於其本質向人們熟悉的常規的可靠性提出疑問』，向政府統治這種「常規」提出質疑乃至否定，然後才有〈桃花源記〉的『設計』」。〔註 89〕〈桃花源記〉對於尋常人事生活的寫實披露，較之於前述《搜神後記》中的神仙異聞，看來更像真實；但是，卻也正因為那樣原本可能的情境與現實大相逕庭，於是桃花源的存在就成了最痛切深沉的虛構想像，而深藏於其中的寫作題旨，便在於訴說一種對於詳和之人文秩序的集體嚮往。

關於欲復尋桃花源而未果的南陽士人劉子驥，《搜神後記》中曾有這麼一段故事，勾勒此人好尋訪仙事的性格：

> 南陽劉驎之，字子驥，好遊山水。嘗採藥至衡山，深入忘反。見有一澗水，水南有二石囷，一閉一開。水深廣，不得渡。欲還，失道，遇伐弓人，問徑，僅得還家。或說囷中皆仙方靈藥及諸雜物。驎之更欲尋索，不復知處矣。〔註 90〕

於此，他所尋索者，是曾經遇之而未知其妙，藏有仙方靈藥的山中石囷。神仙境地之不得探求，於理實然，雖或扼腕嘆惜，卻也尚能寬解；然而，如若不可企及的是一個人文化成的社會，恐怕那樣的想像之失落，會在「不為也非不能也」的期待中，發酵成一種難以弭息的控訴。當陶淵明在〈桃花源記〉裡以好尋仙事的劉子驥形象鋪寫了一個「外人」欲尋求桃花源，卻不得其道而入的結局時，所封閉的不是一個曇花一現的神界，而是，現實的無力感，終究讓那樣對於理想世界的期許，不得不成為一個永恆的虛構想像。反過來說，也正由於那個不可企及之現實理想的虛構性顯而易見，才能夠真正完足

〔註 88〕張亨，〈桃花源記甚解〉，鄭因百先生百歲冥誕國際學術研討會。
〔註 89〕張亨，〈桃花源記甚解〉，鄭因百先生百歲冥誕國際學術研討會。
〔註 90〕《搜神後記》卷一，北京中華書局汪紹楹校注本，頁 6。

了〈桃花源記〉的深刻內涵。

梁啟超將〈桃花源記〉視為唐以前的第一部小說。〔註91〕既能以後來的小說觀點視之，則對其虛構性的肯認自可想見。簡而言之，陶淵明的〈桃花源記〉所勾勒的人文化成之社會，就人情自然的發展而言，並非遙不可及，但就在百姓對於現實人事的失望中，小說的虛構性於焉被撐架起來。桃花源中那些看來紀實的人事情狀與現實世界大相逕庭，但人們在現實中所面臨的政治壓迫，都在「秋熟靡王稅」、「雖有父子無君臣」的源中世界，得到一種美好的轉圜與安置。換言之，小說的確承載了一種對於詳和的人文秩序的嚮往。於是，在這種故露虛構痕跡的鋪陳之下，〈桃花源記〉一文也就從貌似紀實的史傳，轉以它烘顯、刻劃、承載時代心靈的文學筆觸，受到更多的關注。

(二)〈五柳先生傳〉── 一篇另類的人物別傳

魏晉南北朝史學的發達，從這個時期人物別傳種類繁多的情況就可見其一斑。《隋志》史部下有「雜傳」一類，僅從書目中就可對其傳主身分得一粗略的概括，有先賢、耆舊、逸民、高士、忠臣、良吏、列女、孝子、高僧、幼童，以及神仙、靈鬼、冤魂等等；可以說，六朝好尚人物的時風表現為全面為各種人物立傳的史傳書寫。然而，在這些蜂出並起的人物傳記當中，陶淵明〈五柳先生傳〉的出現，為人物別傳開啟了另一種表現的新局。沈約《宋書·陶淵明》本傳云：「潛少有高趣，嘗著〈五柳先生傳〉以自況。」並在引載錄〈五柳先生傳〉後說，「其自序如此，時人謂之實錄。」〔註92〕而梁時昭明太子作〈陶淵明傳〉，也有幾乎全同的描述。之所以說〈五柳先生傳〉為當時的人物傳記別開生面，乃因雖則沈約等人視此篇章為陶淵明自傳之實錄，但究其內容，卻未如一般史傳文字詳細地交代傳主的姓字、爵里等等背景；其文以看似虛構的人物側寫，使讀者視其為陶淵明的自傳書寫，這不能不說是當時蔚為風尚之人物傳記的一種變格。同時，這樣的改變，也在史學的外形上，加強了文學筆觸的力道。以下先引〈五柳先生傳〉全文：

先生不知何許人也，亦不詳其姓字，宅邊有五柳樹，因以為號焉。
閒靜少言，不慕榮利。好讀書，不求甚解；每有會意，便欣然忘食。
性嗜酒，家貧不能常得。親舊知其如此，或置酒而招之。造飲輒盡，
期在必醉。既醉而退，曾不吝情去留。環堵蕭然，不蔽風日；短褐

〔註91〕梁啟超《陶淵明》。
〔註92〕袁行霈，《陶淵明集箋注》，北京：中華書局，頁607。

穿結，簞瓢屢空，晏如也！嘗著文章自娛，頗示己志。忘懷得失，
以此自終。

贊曰：「黔婁有言：『不戚戚於貧賤，不汲汲於富貴。』其言茲若人
之儔乎！銜觴賦詩，以樂其志，無懷氏之民歟！葛天氏之民歟！」
〔註93〕

故事的主人公不詳姓字，亦未知爵里，得名五柳之隨性，與閑靜淡泊的基本
情調，在傳文的開頭就呈現了一個隱者的圖像。好讀書，性嗜酒卻既醉輒退，
側寫了傳主的任眞性格；而即使簞食瓢飲也不以爲意的態度，則烘顯了一種
君子固窮的不改其樂。最後，則藉由史書贊語，確定了一個安貧樂道，如上
古逸民般的生命型態。後來的讀者之所以多視此篇爲陶淵明的實錄自傳之
作，乃因陶淵明在其他作品中關於自我心跡的剖白，確實頗與〈五柳先生傳〉
中所勾勒的傳主形象重疊吻合。

譬如陶淵明〈讀山海經〉十三首之一云：

孟夏草木長，遶屋樹扶疏。眾鳥欣有託，吾亦愛吾廬。既耕亦已種，
時還讀我書。窮巷隔深轍，頗迴故人車。歡然酌春酒，摘我園中蔬。
微雨從東來，好風與之俱。汎覽周王傳，流觀山海圖。俯仰終宇宙，
不樂復何如？〔註94〕

一個坦然沉浸於耕讀生活的陶淵明，在覽觀《山海經》的時候，鮮活地躍現
於詩中紙上。雖只是一個「窮巷隔深轍」的僻靜居處，但他在其中歡然酌酒，
然後和著微雨好風展書而讀。若云眾鳥欣喜地託巢於其上，那麼，細繹陶淵
明自己於廬中所寄託者，實乃是在耕種自持、讀書自養的心滿意足中，所凝
鍊而成一個的「不樂復何如」的逍遙時空。陶淵明這樣的自我寄託，正好爲
好讀書的五柳先生之所以面對「環堵蕭然，不蔽風日；短褐穿結，簞瓢屢空」
的生活條件，卻仍能晏如自處的原因，作了一個最貼切的詮解。而〈五柳先
生傳〉對於五柳先生嗜酒任情，不吝去留之行止的披露，則又像是寫詩作文
「篇篇有酒」的陶淵明，另一種的夫子自道。〈飲酒詩〉二十首，詩前有一并
序。文云：

余閑居寡歡，兼秋夜已長。偶有名酒，無夕不飲。顧影獨盡，忽焉
復醉。既醉之後，輒題數句自娛。紙墨遂多，辭無詮次。聊命故人

〔註93〕 袁行霈，《陶淵明集箋注》，北京：中華書局，頁502。
〔註94〕 袁行霈，《陶淵明集箋注》，北京：中華書局，頁235。

書之，以為歡笑耳。〔註95〕

淵明自云在痛飲酒中歡笑度日，醉中筆墨無所點定，取以自娛娛人而已；這樣的舉止，正符於五柳先生之「嘗著文章自娛，頗示己志。忘懷得失，以此自終」。雖然，陶淵明在序首所綴「閑居寡歡」四字，看似輕描淡寫，但也已經表露了一種稍異於五柳先生而更為真實的自我心聲。這一點容後再探。又，〈五柳先生傳〉末，陶淵明仿照史書論贊的筆法，以「無懷氏之民歟！葛天氏之民歟！」嘆賞五柳先生其人其事之能不泥世俗常情，今觀其〈與子儼等疏〉，亦可見其自比上古逸民的描述，文云：

少學琴書，偶愛閑靜，開卷有得，便欣然忘食。見樹木交蔭，時鳥變聲，亦復歡然有喜。常言：五六月中，北窗下臥，遇涼風暫至，自謂是羲皇上人。〔註96〕

樹林陰翳而鳴聲上下的田園自然風光，與開卷有得的喜悅，再一次交織而呈現陶淵明在耕讀生活中，一種閑靜自適的心境。這一段文字的情境，以及他自謂是羲皇上人的比喻，若與五柳先生傳贊合而視之，其實正可交疊呈現陶淵明與五柳先生互相類似的生命型態。五柳先生豁達放曠的「忘懷得失，以此自終」的生活態度，其實也就是陶淵明在〈歸去來兮辭〉中所謂的「寓形宇內復幾時，曷不委心任去留？」〔註97〕唯有忘卻得失之際的種種紛擾，然後才能真正的「聊乘化以歸盡，樂夫天命復奚疑！」〔註98〕

　　凡此，我們可以很容易地就在陶淵明的文學作品中，找到能夠疊合他和五柳先生之形象的蛛絲馬跡；讀其文而想見其為人，讀陶淵明之文字，自不能無感於其中汨汨流洩的恬淡自適；而當五柳先生那樣的生命型態本就合於我們從文學作品中所模塑出的淵明樣貌時，則將〈五柳先生傳〉比附為一篇陶淵明的自傳文字，亦並不難。由傳後史贊可知，〈五柳先生傳〉採用了史傳書寫的形式。如若我們能夠承認五柳先生其實講的就是陶淵明自己，且傳主的事蹟性格與陶淵明本人的動止云為亦確實殊無二致，那麼在這裡，史傳對於記事實錄傳真的要求，似乎也沒有疑議地獲得完成了。然而，細究此處所謂的史傳書寫形式，卻又不那麼嚴謹。因為，傳首「不知何許人也，亦不詳其姓字，宅邊有五柳樹，

〔註95〕袁行霈，《陶淵明集箋注》，北京：中華書局，頁 393。
〔註96〕袁行霈，《陶淵明集箋注》，北京：中華書局，頁 529。
〔註97〕袁行霈，《陶淵明集箋注》，北京：中華書局，頁 461。
〔註98〕袁行霈，《陶淵明集箋注》，北京：中華書局，頁 461。

因以爲號焉」這樣不以爲意的描寫，一開篇即牴牾了史傳詳究傳主背景的習慣。在前面的討論中，我們之所以說〈五柳先生傳〉是紀實的，其實來自於陶淵明其他的文字對於傳中所述產生了印證的作用。但既然是自傳性質的作品，卻又刻意忽略了史傳必須翔實記載的姓字爵里等資料，看來竟像是有意爲之的虛構筆法了。而這種刻意爲之的虛構筆觸，實頗可探究。

在這之中，可能的解釋是：其一，處身六朝政治動盪而門第林立的時局，未詳其姓字的隱士形象之存在，一方面反映了時勢的嚴苛，另一方面，則隱含一種對於當時互重世家大姓之成習的挑戰。其二，抹滅了自傳原該具有的對於身世背景的貼切記錄，使得陶淵明能夠從史贊側寫的角度，比較客觀地肯認所欲確立的自我形象，同時，也更有說服力地爲讀者拉開一個見證傳主性格的距離。雖然讀者能夠從陶淵明的其他文字筆墨中，尋得相應於五柳先生的生命形象；然而，就如同前面曾云陶淵明亦曾輕描淡寫地提點出生活的「閒居寡歡」一樣，他的心境雖有閒適恬淡的一面，卻並不全面。因爲，他終究不能全然抽身自一個詭譎的政治時局，也終究必須在一派自適的不喜不懼之外，別有深意地提點子弟：「違眾速尤，迕風先蹶」。此所以他讀董仲舒〈士不遇賦〉不能無慨然惆悵之感，而在〈感士不遇賦〉中亦吐露關於「自眞風告逝，大僞斯興，……懷正志道之士，或潛玉於當年；潔己清操之人，或沒世以徒勤」〔註 99〕的感慨。也就是說，當陶淵明的心境在現實生活中不能只是一種全然的放曠任眞，而還有不得不然的潛玉沒世之心緒夾雜其中的時候，單純以五柳先生的形象來推概陶淵明，便難免顯得有些以偏概全。反過來說，前云不詳傳主姓字是一種刻意的虛構筆法，在這樣保留了一些想像意味的書寫中，陶淵明爲自己、也爲讀者打開了一個更容易肯認五柳先生之性格的空間；那麼，當他選擇用一個姓字爵里模糊未明的五柳先生形象，來更爲活潑地寄寓、投射一種自我生命型態的樣貌時，是否也就同時表露了對於這種樣貌的心嚮往之？之所以嚮往，或正著由現實的壓迫而來的，一種自我寬解的心緒。如此一來，則〈五柳先生傳〉這一篇自沈約以下被看作實錄的自傳作品，雖然具有傳後史贊的基本史傳書寫形式，但開篇對於傳主的不詳姓字、不明爵里，其實便說明了作者寫作的用意並不在完成一篇嚴謹的人物傳記；反之，那卻在拉低史學形式之完整性的同時，暗含了一種刻意虛構的筆法，然後在一個背景模糊的五柳先生身上，寄寓一種清晰的自我生命理

〔註 99〕袁行霈，《陶淵明集箋注》，北京：中華書局，頁 431。

想。作者對此本甚瞭然，而讀者藉由那樣側寫的筆觸，亦可產生認同。在這之中，我們也許看到了史學形式的不完整，但也可以察覺的是，敲落史學之完整性的，其實正是承載著士人理想心緒的文學價值。

　　陶淵明的〈桃花源記〉與〈五柳先生傳〉兩篇文章，一則從屬於史部雜傳之書，一則援用了史書人物別傳的形式，原本都可說是六朝史學大盛之下的產物。但是，在史應存眞紀實的要求中，它們卻反而都有著虛構的特質；而探究陶淵明所以虛構的原因和如何虛構的筆法，都可見其寄寓其中的理想。〈桃花源記〉呈現了對於人文秩序的嚮往，〈五柳先生傳〉表現了他對於自我形象的勾勒，這兩篇虛構傳記的轉進；在史學的外形下，文學的心靈於焉展現出來。

二、史書中的山水描寫

　　《隋志》史部之下類目繁多，其中除了人物雜傳之鼎盛之外，地理一類作品實亦頗有特色。究其原因可知，若爲純粹記錄地理景物變遷之文字，其考證與實錄之準確性的要求，自可展現其史書寫作的特質；然而，一地之地理，除了自然的形勢、地貌、環境之外，所不能抽離者，乃生活於其間的人事所賦予它的人文意涵。要怎麼樣交代交織於其中的自然地理、人文地理，也就牽涉到了一種文學地理的形成。因此，地理類史書其實先天上就不能排除文學的因素於其外。而另一方面，在文學史的脈絡中，劉勰《文心雕龍・明詩》中「莊老告退，山水方滋」一語，一般都藉以說明劉宋元嘉時期以後卓然興起的一種文學風格。然而事實上，我們從《世說新語》中，已可見到一種審美心靈的浮現，對於山水有所感受，並展開思索。這種由山水的美感所激起的文學心靈，若置之於前述地理類史書中，便能夠在自然地理中嵌入具有文學美感的種種表述。以此，我們實亦可見到當時文學影響史書的一個側面。

　　以下便先藉《世說・言語》中的一些記載，闡明當時漸次成形的易感於山水物事之文學心靈；然後，再從《隋志》史部地理類作品的文字中，嘗試考見史書寫作中，文學心靈與文學表述的影跡。

　　《世說・言語》記王子敬云：「從山陰道上行，山川自相映發，使人應接不暇。若秋冬之際，尤難爲懷。」〔註100〕所以應接不暇，所以尤難爲懷，都來自

―――――――――――――――――

〔註100〕《世說・言語》第 91 條，頁 145。

於對於外在山川景物變化不能無感。山川之自相映發，於人本無涉，但王子敬無可自抑地湧現種種來不及領受的心緒，則人對於自然山川，於此已可看到一分親近。因此，如郭景純有詩云：「林無靜樹，川無停流。」阮孚讀之而予「神超形越」的評語；〔註101〕於此觀之，不只作者第一手的書寫原就蘊蓄了人與自然靜謐的、心領神會的互動，而就是讀者，也能藉由作者的文字，真切地體悟一種超越的精神境界。那麼，無論作者或品者的表述，都表露了這個時代已能從精神上敏銳感知自然的美感。下面這幾條資料亦可作為旁證：

> 荀中郎在京口，登北固望海云：「雖未覩三山，便自使人有凌雲意。
> 若秦漢之君，必當褰裳濡足。」〔註102〕

人處身自然，是怎樣的情景相依，才能驅使一種在登覽之際想要抒發懷抱的心緒？這裡可見，時人已慢慢懂得欣賞風景，並且，由覩景以寄己，進而思及古人的一連串心緒，實有一漸次騷動的美感意識貫穿其中。又如：

> 袁彥伯為謝安南司馬，都下諸人送至瀨鄉。將別，既自悽惘，歎曰：
> 「江山遼落，居然有萬里之勢。」〔註103〕

離別的悽惘愁緒，凝於眼前江山遼落的萬里之勢，此不只是即情見景或因景興情，而是在情景之際，已自有相融互涉的味道了。下一條的意緒則又稍異於前：

> 王司州至吳興印渚中看。歎曰：「非唯使人情開滌，亦覺日月清朗。」
> 〔註104〕

於景物之中，先感受到人情之開滌，而後察覺其中日月清朗的明媚風光，置身山水物事之間，反倒是人情之感受來得更為強烈了。後來的史部地理著作，是否也寄託了作者在自然中所展開、以及所凝鍊得更為深刻的反思？或者是否也在山川物事的紀實當中，流洩了一些經由美感意識觸發的敏銳感受？都是值得注意的地方。

　　感受既自深刻，則提筆書之或者發言詠之，又當是何種樣貌？《世說・言語》中，也留下了一些關於自然風光、關於山水物事，十分精彩的傳寫與對話。譬如這一則：

〔註101〕事見《世說・文學》第76條，頁257。「神超形越」一語，乃阮孚讀郭璞詩之感。
〔註102〕《世說・言語》第74條，頁135。
〔註103〕《世說・言語》第83條，頁140。
〔註104〕《世說・言語》第81條，頁138～139。

> 道壹道人好整飾音辭，從都下還東山，經吳中。已而會雪下，未甚
> 寒。諸道人問在道所經。壹公曰：「風霜固所不論，乃先集其慘澹。
> 郊邑正自飄瞥，林岫便已皓然。」〔註105〕

對於景致的描寫信手拈來，渾然天成；「郊邑正自飄瞥，林岫便已皓然」一語，
為雨雪霏霏的那一剎那，作了最傳真的速寫。再如顧長康之發言狀物，《世說‧
言語》便有此下兩條記錄：

> 桓征西治江陵城甚麗，會賓僚出江津望之，云：「若能目此城者有賞。」
> 顧長康時為客，在坐，目曰：「遙望層城，丹樓如霞。」〔註106〕

> 顧長康從會稽還，人問山川之美，顧云：「千巖競秀，萬壑爭流，草
> 木蒙籠其上，若雲興霞蔚。」〔註107〕

桓溫遠望汀陵城之壯麗而欲徵其目、人知顧長康還自會稽而追問山川之美，
山水景物之可描摹言傳，於此二者似已視為應然。較之對於外在景物的純粹
觀覽，這種形之於言的欲望，又將人對於自然的領受，更進一步地推往了山
水文字的美文展現。相應於旁觀者的期待與要求，顧長康這兩處即興的創作，
其實都已吐言藻拔，他越過了勾勒景色輪廓的層次，而將山川景物之壯麗，
恰如其份地用華美的藻采呈現出來。即興吟之而能成此作，顧氏的才情自不
必多言；但除此之外，是否可能也因為當時開始了嘗試以文字言語來述說山
川物事之景況，再加上六朝華麗文風的推波助瀾，才終究織綴成文人雅士的
錦心繡口呢？前引道壹道人之作還透露了一些遊戲文字的意味，其實也更凸
顯了時人對於描寫山川物事之文字、語言，已頗熟習而能輕鬆以對。

　　至此可知，晉宋之際，時人對於山川物事，無論是在情懷的領會，或者
是在語言文字的描摹上，都已有了一定程度的發展。這就像是一個前備性的
了解，對於當時這種文學風氣先有掌握之後，再來看《隋志》史部地理類書
籍中，在史書寫作之外所流露的關於山川景物的體會，其實便正可以找到類
似此種文學心靈、美感意識的影跡。下面先由謝靈運的著作開始討論。

（一）謝靈運《遊名山志》

　　《隋志》史部地理類收了謝靈運的《遊名山志》一書，所以令人側目者，
在於作者謝靈運本以文學家見稱，卻著作了此一史書。山水詩作蔚然勃興，

〔註105〕《世說‧言語》第 93 條，頁 146。
〔註106〕《世說‧言語》第 85 條，頁 141。
〔註107〕《世說‧言語》第 88 條，頁 143。

儘管前引《世說新語》諸條目已可見其隱隱將出的伏流，但畢竟要到謝靈運的出現，才使其成為文學史上一個鮮明的標誌。這樣在文學領域舉足輕重的人物，何以寫作了一部被歸類於史部地理類的書籍？其內容所呈現的是對於地理物事的翔實記載嗎？或是承接上文所說的，一種文學心靈置身山水，有所感發的脈絡心緒？這些，都是此處藉謝靈運《遊名山志》所要討論的焦點。以下先引《宋書·謝靈運傳》的一些文字，藉以了解在出處窮達的遭遇間，謝靈運好尚山水的性情偏好。文云：

> 靈運出爲永嘉太守，郡有名山水，素所愛好。出守既不得志，遂肆意遊遨，徧歷諸縣，動踰旬朔，民間聽訟不復關懷。所至輒爲詩詠，以致其意。……靈運父祖並葬始寧縣，……遂移籍會稽，修營別業，傍山帶江，盡幽居之美，與隱士王弘之、孔淳之等，縱放爲娛。及爲侍中，以病東歸，而游娛宴集，以夜續晝，復爲御史中丞傅隆所奏，坐以免官。與族弟惠連、東海何長瑜、潁川荀雍、太山羊璿之，以文章賞會，共爲山澤之游，時人謂之四友。……鑿山浚湖，功役無已，尋山陟嶺，必造幽峻，巖障千重，莫不備盡。〔註108〕

謝靈運身爲東晉重臣謝玄之孫的家世血緣，以及曾經效力於劉裕之死敵劉毅的政治背景，預示了他在劉宋初興的政治時局中，仕途的困窮不遇。本傳說他「自謂才能宜參權要，既不見知，常懷憤憤」，未得善賈而沽的抑鬱不平，全見於此。由此我們再來看上面這段文字中，他對於吏事的漠不關心，或是「民間聽訟不復關懷」，或於任內「游娛宴集，以夜續晝」，似乎都帶有一點由憤憤之情而來，「既不得志，遂肆意遊遨」的心態轉折。在這一心態的轉折上，他與一般史家所展現的入世關懷，便已有了些差距。然而，謝靈運之好尚自然，寄情山水，卻也不能全然將其歸因於仕途不遇之際的避世抉擇；因爲，他「傍山帶江，盡幽居之美」的恣情、四友對於山水自然的文章賞會，甚至是他願意跋涉、尋訪崇山峻嶺的不辭千里，這些都在仕途不遇的抑鬱之外，從另一方面凸顯了他對於山水自然能夠賞玩謳歌的才能與閒情。

《遊名山志》雖爲史部書籍，然觀其志前小序，卻亦可看到和上引本傳那段文字類似的，在宦途與山水自然之間的去取辯證。其文云：

> 夫衣食，生之所資；山水，性之所適。今滯其所資之累，擁其所適之性耳。俗議多云，歡足本在華堂，枕石漱流者，乏於大志，故保

〔註108〕《宋書·謝靈運傳》，待查，先引姚振宗考證所錄。

其枯槁，余謂不然。君子有愛物之情，有救物之能，橫流之弊，非
才不治。故有屈己以濟彼，豈以名利之場，賢於清曠之域耶？語萬
乘，則鼎湖有縱戀；論儲貳，則嵩山有絕控。又陶朱高揖越相，留
侯願辭漢傅，推此而言，可以明矣。〔註109〕

他以「陶朱高揖越相，留侯願辭漢傅」之喻，表白自己亦能步踵范蠡、張良
不留戀權位的瀟灑生命姿態，然後縱身自然，藉著徜徉山水來遣滯關於生存
的、官場的種種衣食榮辱的爭鬥。之所以能如此，也是因爲山水自然能夠提
供一個清曠的場域，使人寄身其中便能順性適情，忘卻種種世俗官場之紛擾。

　　這樣的小序有幾個層次可探：其一，最直接可以注意到的，是他在表述
自己所以縱身自然之時的一番辨證。順性之所適？或者，泥於追求生之所資？
在這兩種對立的考量中，他反駁了一般對於寄身山水之人「枕石漱流」、「保
其枯槁」的形容；並點明名利場中，公侯將相雖得衣食豐厚無虞，然亦多須
「屈己以濟彼」，遭遇未必較佳。於此，他賦予了自己的好遊名山大川，一個
「擁其所適之性」的抉擇動機。其次，前已藉本傳明其仕途不遇之鬱憤，而
這裡所謂「滯其所資之累，擁其所適之性」，其實講的就是出處進退之際的斟
酌思量。那麼，合此二者而觀之，這裡的序中所表現的安於山水之間的好尚，
其實較之本傳所呈現的謝靈運漫不經心的吏事形象，又更清楚地表明了他在
仕途困窘之餘，寄身山林的最終抉擇。再者，《遊名山志》一書見收於史部地
理類，但他在小序之中，雖略有地理類史書名物辨析的敘述，卻隻字未提史
學性質的著作方法；而同時，我們又已能從前面的討論中，了解他之所以泛
覽名山大川，悠遊山水自然，其實或還蘊蓄著自我寬解的心緒，那麼，這樣
的一部著作似乎不能就簡單地以史部書籍來看待它，其性質如何值得關注，
可以稍作討論。

　　以下，便從《遊名山志》的幾段文字開始看起。

破石溪，南二百餘里，又有石帆，修廣與破石等度，質色亦同。傳
云古有人以破石之半爲石帆，故名彼爲石帆，此爲破石。〔註110〕

永寧安固二縣中路東南，便是赤石，又枕海巫湖，三面悉高山枕水，
渚山溪澗，凡有五處。南第一谷，今在所謂石壁精舍。〔註111〕

〔註109〕《謝康樂集》，（臺北：臺灣商務印書館），頁 57。
〔註110〕《謝康樂集》，頁 57。
〔註111〕《謝康樂集》，頁 57。

華子岡，麻山第三谷。故老相傳華子期者，祿里先生弟子，翔集此
頂，故華子為稱也。〔註112〕

今書所記地理風貌僅八處，實不為多。而謝靈運所用以敘寫造至之處的筆墨，
大抵如引文三則可見，都是簡潔明快的勾勒形容。「破石溪」一段，擴寫至南
二百里的石帆，並引古人傳說，解釋石帆與破石之所以得名。「石壁精舍」一
段，藉鏡頭由遠至近的推移，敘明其地理位置；先寫赤石腹背所臨地理環境，
然後才在五處溪澗中定焦於石壁精舍之上。而「華子岡」的記錄，則專注於
其所以得名的舊聞傳說，此外只淡筆略記其為「麻山第三谷」。作為史部地理
書籍，由此觀之，若欲說如何可見其史學書籍「紀實」的性質，則記錄地理
景物所以名此的原因、敘寫自然景觀地貌的情況，以及載錄地名所從何來的
歷史意義，應都能視為一種對於名山地理的寫實與傳真。然雖能云此，細究
其文，卻無法看見一細密的考證功夫；謝靈運似乎只是聞則記之、見則書之
而已，寫作的當下似並沒有一個強烈的史學紀實的動機。於此同時，一個值
得玩味的現象是，《文選》中收錄的「游覽」詩中，多收謝靈運的詩作，而其
詩作中所登覽遊歷的主角，亦不乏《遊名山志》中所述之景點物事。游覽詩
與《遊名山志》，二者其實可能是同一時期、同一境遇下的作品。雖然那些文
字在相同境地被書寫出來，但卻也發而成為兩種屬性不同的文字：一屬史部
地理類記載，另一則屬南朝宋以後蔚為大觀的山水遊覽詩。以下便互相參看
二者之文字，期能發現其中的一些互相關涉的線索。

前引文字語及赤石，亦及破石、石帆，謝靈運有詩即云：

首夏猶清和，芳草亦未歇，水宿淹晨暮，陰霞屢興沒。周覽倦瀛壖，
況乃陵窮髮。川后時安流，天吳靜不發。揚帆采石華，掛席拾海月。
溟漲無端倪，虛舟有超越。仲連輕齊組，子牟眷魏闕。矜名道不足，
適己物可忽。請附任公言，終然謝天伐。〔註113〕

詩自開頭以至「虛舟有超越」一聯，摹寫遊赤石時所見的自然景物變化，也
敘寫作者在水上舟中的種種經歷。自謝靈運清新的文字中，讀者可以體會他
遊覽山水、悠遊自然的況味。他那些對於景物經歷的敘述，遣詞用句既貼切
可感，而又孕有一種藝術的美感韻致。其中「周覽倦瀛壖」一句，可知謝靈
運在仕途失意而寄情山水時，難免也湧現倦怠；但從他後來自「仲連輕齊組」

〔註112〕《謝康樂集》，頁57。
〔註113〕謝靈運，〈遊赤石進帆海〉，收於《昭明文選》，（臺北：三民書局），頁945。

以至「終然謝天伐」的思考轉折中，我們也可了解，他確實在浸淫山水而靜心思慮的經驗中，獲得了心情的抒解和超越。從景物的描寫，到懷抱的興發，這樣感物興懷的過程，是常見的文學內涵，表現於詩中，更是餘味無窮。而詩人在詩末的獨自思辨與抉擇的過程，在仕途否泰的煩擾，與順適己性於山水之間，有一擺盪、衡量，以至最後浮現爲一超然物外的篤定。這樣的心緒轉折，意思就同於他《遊名山志》前小序的表白。可見，仕隱之際心態的波折起伏，正是謝靈運生命中不容易開解的糾結，於是當他發而爲文時，這自然成爲其中重要而且一致的命題。然而，其詩雖與《遊名山志》抒發的是類似的懷抱，但《遊名山志》切實地記述了當地地理景象所以得名之故，被歸爲史書。雖然，其中的紀實性文字僅寥寥八則，且篇幅文字亦多短小，作爲一部史部地理書，內容還是稍顯單薄，而史學的特徵也並無一清楚的展現。

　　再看下面這首詩：

　　　　昏旦變氣候，山水含清暉。清暉能娛人，遊子憺忘歸。出谷日尚早，
　　　　入舟陽已微。林壑斂暝色，雲霞收夕霏。芰荷迭映蔚，蒲稗相因依。
　　　　披拂趨南徑，愉悅偃東扉。慮澹物自輕，意愜理無違。寄言攝生客，
　　　　試用此道推。〔註114〕

這裡，幾已不見求仕與歸隱的自我詰問，取而代之的，是他在山水雲霞的開闊之際，恬淡愜意的生活。仕途的煩擾於此未見其跡，而倒可見有一自我滿足的況味，以及一個已然超拔物外的境界。總而言之，同樣是遊覽名山大川，將詩的內容與《遊名山志》對比而觀，《遊名山志》在於記述山川地物的形貌名稱，而詩則著重敘寫置身在那樣的山林之間時，心情的轉折變化。如果《遊名山志》是用短小的文字速寫山川景物的地理位置、歷史文化背景；那麼，謝靈運一系列的遊覽詩，則是在細細地品味山水所給人的精神啓發與情緒舒放之後，將那樣深層的旅遊經驗形諸文字。兩者不同的表述，有趣地形成了一個現象：《遊名山志》之於詩作，其作用正好像是一本可供按圖索驥的導覽手冊，他於志中只標出所遊何地，而至於在那些地方他所獲得的一切成長與洗禮，都須轉於詩中方能得之；但反過來說，也正是《遊名山志》的記錄，詩中所說的一切經歷，才能眞實鮮活了起來。

　　只就文字上看，我們正好可以依照其屬性的不同，對《遊名山志》與謝

〔註114〕謝靈運，〈石壁精舍還湖中作〉，收於《昭明文選》，（臺北：三民書局），頁
　　　　946。

靈運的其他遊覽詩作這樣的分判：《遊名山志》屬史，故多紀實之錄，而詩作乃爲純粹的文學，故其中多見其性靈懷抱之抒發，兩者之間隱含一種文史分判之轍跡。但是關於《遊名山志》可以再作討論的是：這並不是一部符合嚴格標準的史部著作；整體而言，直接標明其書的史學特質是有疑問的。雖然此書被置於史部，但就其志前自序便能得知，謝靈運寫作此書的目的，並不在爲足跡所至的名山大川留下翔實的記載；而是，山水的存在寓託了他對於自我生命的抉擇。究其精神，實更仍如其詩作所示，是一種情緒憂思的漸次寬解，與生命意義的越顯清澄。因此，若欲論其書所以隸屬史部之史學性質，也只能說是某種程度上有所形似而已。準此而言，《遊名山志》作爲地理類史書，其中所記雖可說是實地經歷，但只是略記各地地理方位、地標景貌；讀之雖可知地形物事得名之緣由，但似也只是速寫頗堪知曉的歷史背景而已。讀其所記，我們只能得到零碎的、隨機的印象，而不是一個系統的、經過規畫的地理考察；無論是自然地理或是人文地理，這樣一本小書的骨架顯然還不足以支撐一個紮實的內容。也因此，它的史學性便顯得薄弱，而使人不免有疑。另一方面，合觀兩者之文字，則《遊名山志》的文字，更像是對詩中敘述作出一種補充式的說明，指出了詩人那樣的情緒究竟在什麼樣的地理環境中開展出來。在相同的精神內涵之下，透過《遊名山志》，讀者可以更好地了解到謝靈運當時所經歷的種種情境，進而更爲貼近其心緒之轉折。這麼說來，《遊名山志》的地理價值更是要在詩的文學表現上才能凸顯出來了。

在政治昏昧的六朝政局常態之中，士人之所以「寄情乙部，一意造史」，有藉以抒其胸臆的期待；其中往往而在者，是士人對於時政的針砭或者批判。而《遊名山志》作爲地理類史書很特別的是：其一，它雖有地理記述，但用意不在完成一嚴謹的地理考察著作，故雖置史部，但性質已有所轉變。其二，它與詩作一樣反映了作者謝靈運轉趨超越的精神人格。因著作者的性情傾向，它也異於當時多數史書，並非承載作者望治心切的社會政治批判，反倒是蘊蓄了一種文學的色彩，而可與詩作互相參看。就謝靈運當下的寫作動機而言，也許並未意識到一種寫作史學書籍所需的嚴整性，但當這樣的作品後來被放到了史部的範圍之中，而其基本情調卻是符於文學詩作的時候，我們也就看到了當時史學書籍性格的悄然變化。

關於史部書籍隱然可見一種文學的意味，還可以《水經注》爲例。

（二）酈道元《水經注》

　　錢穆先生在講述東漢到隋的史學演進時，以爲其中雜傳及地理兩類書籍最具代表性。他以《高僧傳》作爲雜傳的例子，而至於地理的部份，所舉便是北魏酈道元的《水經注》。酈道元爲幾百年前的桑欽《水經》作注，足跡遍至各地，《隋志》置《水經注》於地理類殆無疑義。同時，酈道元對於中國古史「水上交通、物產、文化種種變遷」的種種考辨記錄，成就其書極爲重要的歷史價值，〔註115〕亦爲六朝史學發展不可或缺的一塊拼圖。關於這本書的寫作方法及寫作目的，可以藉酈道元的〈自序〉知其梗概，以下茲引其文：

> 昔《大禹記》著山海，周而不備；《地理志》其所錄，簡而不周；《尚書》、《本紀》與《職方》俱略；都賦所述，裁不宣意；《水經》雖粗綴津緒，又闕旁通。所謂各言其志，而罕能備其宣導者矣。今尋圖訪蹟者，極聆州域之說，而涉土游方者，寡能達其津照，縱仿佛前聞，不能不猶深屏營也。……竊以多暇，空傾歲月，輒述《水經》，布廣前文。《大傳》曰：大川相間，小川相屬，東歸於海。脈其枝流之吐納，診其沿路之所躔，訪瀆搜渠，緝而綴之。《經》有謬誤者，考以附正文所不載，非經水常源者，不在記注之限。〔註116〕

酈道元看到了自《大禹記》以下地理書籍的疏漏之處，或者過於簡略而不周備，或者只粗淺綴記了單一水道的二三事，未能與其他水流旁通，形成一個完整的水域地理面貌。那些書籍成書年代的久遠，以及記述之不周，窒礙了後來讀者按圖索驥的可能；故酈道元起而爲《水經》作注，並提出一套自己縝密的考察方法。「脈其枝流之吐納，診其沿路之所躔，訪瀆搜渠，緝而綴之」，他仔細地訪察了水道吐納的脈絡、細加訪查水道沿路的地理景貌，進而以此改正《水經》之謬誤。簡而言之，他以水流爲線索，不僅介紹了流域的自然地理景觀，還在人文地理的記述上，深刻地呈現了地理環境的歷史文化意義；而這些，透過他自然清新的文字筆墨表現出來，又自然散發出一種旅遊文學般的韻味。《水經注》也因爲這樣的功夫，故其書之篇幅遠遠倍增於原本薄薄

〔註115〕錢穆，《中國史學名著》，頁 127～128。錢先生以爲，「在什麼地方曾發生過什麼事，那是歷史。所以酈道元的這部《水經注》，固然是一部地理書，實際上是一部極有價值的歷史書。」蓋《水經注》隸屬《隋志》史部，其作爲歷史書的性質本不待言，錢先生此處所以作此強調，乃因後來的人往往不一定清楚這書的價值。

〔註116〕酈道元《水經注》自序。

的《水經》。以下便擇引《水經注》的文字，藉以凸顯其書兼涉史學考證與文學筆觸的特色。

鐘乳石，是一特殊的地理景觀，《水經注》講到溳水時，便於此處多加筆墨，文云：

> 溳水出縣東南大洪山，山在隋郡之西南，竟陵之東北。……山下有石門，夾障層峻，岩高皆數百許仞。入石門，又得鐘乳穴，穴上素崖壁立，非人跡所及，穴中多鐘乳，凝膏下垂，望齊冰雪，微津細液，滴瀝不斷，幽穴潛遠，行者不極窮深，以穴內常有風熱，無能經久故也。溳水出於其陰，初流淺狹，遠乃廣厚，可以浮舟筏巨川矣。〔註117〕

自「穴中多鐘乳」以至「穴內常有風熱，無能經久故也」，酈道元觀察入微地描摹了鐘乳石洞穴中的景致。其細膩貼切的筆觸，將鐘乳石洞穴中的景觀、溫度等自然地理環境特色，清晰地展演在讀者眼前；使人讀之如身歷其境，而鐘乳石凝結下墜的樣貌如在目前。只此一段便可知悉，酈道元觀察、書寫自然地理樣貌的周詳功夫；而這樣對於地理景觀的如實記錄，也等於是為水經之處的風光留下難得的歷史圖像。

在酈道元之前，地理一類的著作並非全然闕如。就像他在序中所舉列的一樣，《大禹記》或是《地理志》雖有缺疏之失，但已有關於地理的記述文字；而有些書或者不屬地理專著，但就算是只有輕淺地帶過，終都有一些後來可用的地理資料。若能將關於某處的記載兜攏言之，則或能稍見其地之景物地貌之變遷。這種將當時所見與先前典籍作一印證的作法，《水經注》中亦可見之。如這裡關於黃河行至龍門瀑布的一段文字：

> 河水南徑北屈縣故城西，西四十里有風山。上有穴如輪，風氣蕭瑟，習常不止，當其衝飄也，略無生草，蓋常不定，眾風之門故也。風山西四十里河南孟門山，《山海經》曰：「孟門之山，其上多金玉，其下多黃堊、涅石。」《淮南子》曰：「龍門未闢，呂梁未鑿，河出孟門之上，大溢逆流，無有丘陵，高阜滅之，名曰洪水，大禹疏通，謂之孟門。」故《穆天子傳》曰：「北登孟門九河之隥。」孟門，即龍門之上口也，實為河之巨阨，兼孟門津之名矣。〔註118〕

〔註117〕《水經注選譯》，〈溳水〉，頁247～248。
〔註118〕《水經注選譯》，〈河水〉，頁24。

酈道元此處引《山海經》的文字，補充了孟門當地豐富的地理資源；又引《淮南子》，以大禹疏通洪水的舊事，直接提點了當地自古以來洪災頻仍的地理特質。他的引用，將歷史典籍的記錄與親身的履跡作了一極佳的結合。於是，在讀萬卷書和行萬里路的聞見之際，《水經注》的陳述敘寫有了歷史典籍文字的印證，其記錄的真確性與完整性也就越高。

除了這種歷史典籍跨越時空的呼應之外，《水經注》也專注於敘寫地理環境的歷史變遷。如此段文字：

> 鮑丘水入潞，通得潞河之稱矣。高梁水注之。水首受㶟水於戾陵堰。……水自堰枝分，東徑梁山南，又東北徑劉靖碑北。其詞云：「魏使持節都督河北道諸軍事、征北將軍、建城鄉侯沛國劉靖，字文恭，登梁山以觀源流，相㶟水以度形勢，嘉武安之通渠，羨秦民之殷富，乃使帳下丁鴻，督軍士千人，以嘉平二年，立遏於水，導高梁河，造戾陵遏，開車箱渠。其遏表云：『高梁河水者，出自并州，潞河之別源也。長岸峻固，直截中流，積石籠以為主遏，高一丈，東西長三十丈，南北廣七十餘步，依北岸立水門，門廣四丈，立水十丈。山水暴發，則乘遏東下；平流守常，則自門北入。灌田歲二千頃，凡所封地，百餘萬畝。』至景元三年辛酉詔書，以民食轉廣，陸費不瞻，遣謁者樊晨更至水門。……水流乘車箱渠，自薊西北徑昌平，東盡漁陽潞縣，凡所潤含四五百里，所灌田萬有餘頃。高下孔齊，原隰底平，疏之斯溉，決之斯散。導渠口以為濤門，灑滮池以為甘澤，施加於當時，敷被於後世。……」〔註119〕

鮑丘水入潞之後，得高梁水相與浸灌，走筆至此，酈道元以其中的高梁渠作為一個敘寫的焦點。他歷敘車箱渠自始建以至改制的變遷，反映當地地理環境與時推移的不同問題；反而言之，那些問題，實都能收攏在以車箱渠作為出發點的視角當中。魏時劉靖所以建車箱渠，乃因歆羨武安之通渠能夠帶給當地百姓的富足生活，故他才始建此渠，並立表誌其疏洪灌溉之效。其後至景元間，更見此渠所發揮的灌溉潤澤之功，影響了多麼廣大的腹地。一個地方，無論是地貌景觀滄海桑田的自然變遷，或者建物工程的人為興建，都具有值得記錄的歷史意義。酈道元以諸水為經，傳寫沿途的特殊景物地貌，其實也就為那些地方留下了一幅幅難得的歷史圖像。此亦所以錢先生說，若欲了解中國古史的水上

〔註119〕《水經注選譯》，〈鮑丘水〉，頁 137～138。

交通、物產、文化等種種變遷，必得參考此書而能有許多豐富的資料。

　　無論在地理學上或是史學上，《水經注》固然有其不可磨滅的意義；但其書受到後人關注的焦點，卻更在文學的成就之上，如它對於後來的山水遊記文學所造成的巨大影響。〔註120〕之所以如此者，實因其書除了自然地理與人文地理的寫作記錄之外，其用以描摹各地景觀風光的筆墨清新自然，隨著景物給人的不同感覺，能夠給予或磅礴或情韻婉轉的形容。因此，在歷史地理的如實記錄之外，這種文學的表述，也就使人眼睛爲之一亮，不得不注意其文學上的成就了。試由以下兩段文字觀之。

　　《水經注》記黃河壺口瀑布一段的景觀云：

> 此石經始禹鑿，河中漱廣，夾岸崇深，傾崖返捍，巨石臨危，若墜
> 複倚。古之人有言：水非石鑿而能入石。信哉！其中水流交沖，素
> 氣雲浮，往來遙觀者，常若霧露沾人，窺深悸魄。其水尚崩浪萬尋，
> 懸流千丈，渾洪贔怒，鼓若山騰，浚波頹疊，迄於下口。〔註121〕

前面曾引河水行至孟門一段的文字，酈道元以《山海經》、《淮南子》、《穆天子傳》所云，指出當地地勢自古險峻。承於其後者，便是這裡酈道元自己對於壺口瀑布水勢如何驚心動魄的描述。只此一段話，便使人如臨壺口瀑布之下，迎面對上了水流交沖而來的漫天雨露。「崩浪萬尋，懸流千丈」，講其一洩千里的奔騰水勢；「渾洪贔怒，鼓若山騰」，則以人情之暴怒比擬洪水的劇力萬鈞；並以天崩地動的誇張形容，狀寫處於此段瀑布之下所會領受到的驚怖氛圍。藉著譬喻或者誇飾的修辭，酈道元將壺口瀑布生動地呈現在讀者的面前。然而，儘管所云皆實，這樣的筆墨卻更像一篇筆力遒勁的遊記，而不使人覺其作爲史書的性格了。酈道元以水經之處的各種物事作爲描寫的對象，在呈現地貌環境的時候，原就需要一些描摹的筆墨，只是，他於此騁其才能，卻反使讀者目不暇給地聚焦在他的文學筆觸上了。

　　又如這一段，講的是船行長江三峽所能聞見的種種景致。文云：

> 自三峽七百里中，兩岸連山，略無闕處；重巖疊嶂，隱天蔽日：自
> 非亭午夜分，不見曦月。至於夏水襄陵，沿泝阻絕，或王命急宣，

〔註120〕錢穆先生便指出，「唐代柳宗元的文章，最受人歡迎的在其山水遊記方面，如永州八記之類，大家說柳宗元這一類的文章，就是學著《水經注》，於是《水經注》就變成文學家所注意的一部書。」見《中國史學名著》，頁128。

〔註121〕《水經注選譯》，〈河水〉，頁24。

有時朝發白帝，暮到江陵，其間千二百里，雖乘奔御風不以疾也。
春冬之時，則素湍綠潭，迴青倒影。絕巘多生檉柏，懸泉瀑布，飛
漱其間。清榮峻茂，良多趣味。每至晴初霜旦，林寒澗肅，常有高
猿長嘯，屬引淒異，空谷傳響，哀轉久絕。故漁者歌曰：「巴東三峽
巫峽長，猿鳴三聲淚沾裳！」〔註122〕

這一段遣詞鋪陳優美而清爽的文字，傳寫了長江三峽隨著季節的變化而各有
所異的風情；讀之可以望其文詞隨之俯仰，進而想見其大觀。這裡或寫夏日
水急，或寫春冬之時江水清澈映景，或寫三峽兩岸猿啼不住的淒愴之感，其
引人入勝的筆觸，幾乎可說是一篇意興遄飛的山水遊記佳作。

　　錢穆先生舉《水經注》為六朝時期重要的一部史著，誠為卓見；在後世
讀者大多看重此書文學筆墨的價值時，錢先生注意到了其書原初作為地理
書，乃以考察山川地物之變遷為要的史學特質。簡而言之，《水經注》乃是以
水為經，以人事地物為緯所架構起來的一部巨著。其書一方面記述自然地理
的景觀地貌，一方面援引前代典籍的記錄；又或者，考究各地特殊建物及風
土民情，凸顯人文地理的歷史變遷。凡此，都為後世讀者保存了各地難得的
歷史資料。而當上述這些特質又融鑄於酈道元映發著文學之美的筆觸中，也
就成其書為一部引人矚目的文學地理書。《水經注》作為《隋志》史部的書籍，
由此觀之，竟又可說是兼涉文史，甚而更是清楚地映發著文學的意趣了。這
是史學受到文學影響的又一例證。

三、詠史詩的詠懷內涵

　　詩是文學的一個重要形式，而以史入詩的「詠史詩」，則又在文學的形式
中加入了史學的元素。就「詠史詩」的名目而言，應是在探討史學與文學的
互動交涉之際，可以注意的一個焦點。前亦曾云子家論事有一援史的取徑，
簡言之，其「假事證道」乃引史以作為論據，藉著展陳歷史舊事的前車之鑑，
印證並強化一己擘畫得宜的治平之方。比類思之，則詠史詩之以史入詩，或
亦應與子家援史一樣，都以歷史作為基石；所異者在於，詩乃以文學的形式
表述出歷史的意義。然若細究之，子之援史與詩之詠史，除了子多議論而詩
屬文學的形式差別外，「史」於其中扮演的角色也各有不同。子家取鑑歷史舊

〔註122〕《水經注選譯》，〈江水〉，頁 260～261。

事，雖結穴於一己面對政治社會種種問題的對治之道，但歷史舊事本身所懸示的意義，往往鮮明並有力地成為子家論說之所據。換言之，作為「假事證道」的「事」，歷史舊事自身所代表的意義，必須是清晰的。反觀「詠史詩」，則並不如此。《文選》中開「詠史」一目，下收九家詠史詩作，〔註123〕然詩中所述卻多不屬「事」的論評，而乃「情」的抒發。〔註124〕換言之，「詠史詩」雖以史入詩，然「史」之於詩，其所包孕的教訓意義卻並非詩義的焦點。故嚴格說來，詠史詩不算寄跡於史的文學，但因其是表象上似之，故此亦連及之，探討歷史舊事在詠史詩中的角色究竟如何？以下便以班固及左思兩人的詠史詩來作為討論的例證。

（一）班固〈詠史詩〉

今言最早的詠史詩，可溯自東漢班固，其詩所云乃西漢孝女緹縈救父故事。《史記》卷一零五〈倉公列傳〉中記其事之始末，說淳于意獲罪後有「生子不生男，緩急無可使」的氣憤；而其女緹縈傷父此言，遂為其父營營奔走，上書痛陳死者不可復生之理，並欲入身官婢以贖父罪。文帝哀矜其意，遂於歲中除肉刑法。班固詩云：

> 三王德彌薄，惟後用肉刑。太倉令有罪，就逮長安城。自恨身無子，困急獨煢煢。小女痛父言，死者不可生。上書詣闕下，思古歌〈雞鳴〉。憂心摧折裂，晨風揚激聲。聖漢孝文帝，惻然感至情。百男何憒憒，不如一緹縈。〔註125〕

其詩以簡潔的筆墨陳述了緹縈救父故事，但那並非全然就事論事的冷靜筆調。與其說班固旁觀而清楚地交代了事情的始末，毋寧說是他站在讀者的角度，領受並凸顯了事件當中，淳于意、緹縈及孝文帝各自的情感轉折如何推進了事情的演變。以緹縈上書為例，司馬遷在《史記》中，原原本本地記錄了緹縈上書的內容。云：

> 妾父為吏，齊中稱其廉平，今坐法當刑。妾切痛死者不可復生而刑者不可復續，雖欲改過自新，其道莫由，終不可得。妾願入身為官

〔註123〕其中收錄王仲宣、曹子建、左太沖、張景陽、盧子諒、謝宣遠、顏延年、鮑明遠、虞子陽等九家詠史詩。

〔註124〕胡寶國先生以為，「詠史之作……重點不在於歷史而在於當今，不在於『事』而在於『情』。」頁52。

〔註125〕班固〈詠史詩〉，《文選》。

婢，以贖父刑罪，使得改行自新也。〔註 126〕

讀者讀《史記》，可知緹縈據何說服孝文帝，並知她自願以身贖父罪的孝親之情。而班固作詩則不由此徑。班固並不細引緹縈說詞，而直接以詩句表達她心情的焦慮：「憂心摧折裂」，誇張地表現了緹縈內心的糾結；而「晨風揚激聲」，更以藉由一種當風揚聲的情境，強化了緹縈救父奔走呼號的孝女形象。簡言之，《史記》要在實錄，讀者讀之，在了解歷史事件的來龍去脈後，能感緹縈之至誠；但班固此詩，則訴諸孝親的同情共感，讀之則情緒亦隨之起伏波動。詩末「百男何憒憒，不如一緹縈」的句子，即是班固自己遺留於詩中的感嘆。可見，在其「詠史詩」中，雖然事件是歷史的，但筆觸是文學的；而情調，更是一種讀史之後心有所感的悽悽愴愴，這也是全詩的重點所在。鍾嶸《詩品》云：「孟堅才流，而老於掌故。觀其《詠史》，有感嘆之詞。」〔註 127〕所謂「感嘆之詞」，正說明了班固詠史詩焦點乃在抒發讀史之後，掩卷興嘆的心緒。由此觀之，則詠史詩自其初始，實便不是以討論歷史故實的意義為要，情感的抒發與流洩，才是其中可觀之處。

（二）左思〈詠史詩〉

在班固之後，左思翩然繼起。臺靜農先生以為：

> 以歷史人物為題材始於班固，但班固詩只陳述一人一事，不見作者
> 的思想情感，殊不足貴。太康詩人左思，取前賢史實，寓自家感慨，
> 後世詠史之作，奉為宗派。〔註 128〕

在這一段話中，顯可注意者是，臺先生所據以評斷詠史詩之高下優劣者，乃在於能「取前賢史實，寓自家感慨」，故班固詠史「殊不足貴」。這樣的意見全然表露了一種以文學的觀點來品賞詠史詩作的觀點。可見，雖則詠史詩形式上的「以史入詩」看似牽連了其於史學與文學中的擺盪；但就其內容情調而言，似乎無疑還是屬於文學的一種表述。臺先生以為，「建安詩人曹植、王粲、阮瑀都有詠史詩，都是運用歷史題材，寫自家感慨。左思之詠史或亦受其影響。」〔註 129〕左思詠史八首，是詠史詩作中的代表作品；在承接了

〔註 126〕《史記》。
〔註 127〕《詩品》。
〔註 128〕臺靜農，《中國文學史》，頁 175。
〔註 129〕臺靜農，《中國文學史》，頁 175。又，臺先生以為「寓自家感慨」的手法
　　　　起自阮瑀，然其詩作今可見者不多，有詠荊軻詩一首云：「燕丹養勇士，荊
　　　　軻為上賓。圖擢盡匕首，長驅西入秦。素車駕白馬，相送易水津。漸離擊

建安以下益發寄寓自家感情的寫作方向之後，終於底定了一種後世奉爲宗派的詠史風格。故以下便舉左思兩首詠史詩爲例，以觀其詠史詩風究是如何。其詩云：

> 弱冠弄柔翰，卓犖觀群書。著論準〈過秦〉，作賦擬〈子虛〉。邊城苦鳴鏑，羽檄飛京都。雖非甲冑士，疇昔覽〈穰苴〉。長嘯激清風，志若無東吳。鉛刀貴一割，夢想騁良圖。左眄澄江湘，右盼定羌胡。
> 功成不受爵，長揖歸田廬。〔註130〕

賈誼著論〈過秦〉，是漢代之醇儒；而司馬相如著有〈子虛〉、〈上林〉等賦，也是當代備受矚目的漢賦大家。左思自云欲準擬其二人，表露的是他對於自己博觀泛覽且能爲文的自信與期待。除此之外，他對於司馬穰苴兵法的熟習，以及對於班超「鉛刀貴一割」之語的心有戚戚，則又再藉著他們的謀略若定、志在爲國的形象，訴說了自己期盼報效國家、馳騁良圖的心緒。在歷史的長流中，無論是高才能文，或者是事功輝煌，許多歷史人物都使他們的生命經歷，成爲各自精采的典型。於是，他們的生命形象都成爲一種文化符碼，無庸贅言便能鮮明地代表士人共通的心緒。在這一首詠史詩中，賈誼、司馬相如等歷史人物所擔當的，便是這樣的地位：他們的形象匯聚了左思的眼光，在左思顧盼自期的時候，成爲一種「有爲者亦若是」歷史典型，也代替左思訴說了他的豪情壯志。不過，雖然這些歷史人物形象鮮明，但是，「長嘯激清風，志若無東吳」、「左眄澄江湘，右盼定羌胡」，這樣意氣昂揚的左思形象，其實才是全詩的重點所在。換言之，其詩名雖爲詠史，但全詩所誦詠的，毋寧更在左思自己思欲一展長才的襟懷。因此，清人張玉穀《古詩賞析》便以爲：「太沖詠史，初非呆衍史事，特借史事以詠己之懷抱也。」〔註131〕

下面這首詠史詩，可以更清楚地見到，左思雖多引歷史人物爲例，但其意不在論究這些歷史人物及歷史事件的意義，而乃在「寓自家感慨」。詩云：

> 主父宦不達，骨肉還相薄。買臣困樵采，伉儷不安宅。陳平無產業，歸來翳負郭。長卿還成都，壁立何寥廓。四賢豈不偉？遺烈光篇籍。
> 當其未遇時，憂在填溝壑。英雄有屯邅，由來自古昔。何世無奇才？

筑歌，悲聲感路人。舉坐同咨嗟，嘆氣若青雲。」雖或有寄寓自家思想感情的影跡，然不明顯，故直接以左思詠史詩爲例，討論詠史詩作承載了詩人怎樣的自家感慨與心緒。

〔註130〕《文選》，頁893。
〔註131〕張玉穀《古詩賞析》。

遺之在草澤。〔註132〕

詩一開始，左思歷舉主父偃、朱買臣、陳平，以及司馬相如「四賢」，敘述他們高才未遇的困頓處境。待賈而沽原就是從來士人所須面對的難題，雖則主父偃等人後來「遺烈光篇籍」，但在未得見用之時，卻也無能為力而不免憂懼。「英雄有屯邅，由來自古昔」，左思講出自古以來士人難解的習題；而這樣的感士不遇，正亦是他自身的憂思。「何世無奇才？遺之在草澤」，這是他為前代賢人發出的不平之鳴，但也有以之自況，暗示自己亦待賞識，卻可能落空的感嘆。

總而言之，「詠史詩」看似援史入詩，但其中之「史」，並不以其自身的意義，成為詩篇論述的主題。「史」，於其中更像是一種媒介，傳達詩人見賢思齊的壯志豪情，也是一種鮮明的典型，不言而喻地承載詩人自家的胸懷心緒。「史」作為一種人皆知之的文化符碼，烘顯了詩人的形象，而其意義也唯有在詩人的詠懷中才益發地鮮活。因此，詠史詩並非「以詩論史」的作品，而應是借事抒情的吟詠；只是，詩人之情重而歷史之事薄。同時，在這樣的文學體裁中，詩人能否抒詠其獨特的懷抱，甚至遠比歷史故實的豐厚真實來得重要許多；此亦所以臺先生從能否「寓自家之感慨」來評定詠史詩之甲乙優劣的原因。那麼，既然詠史詩多為「情」的抒發而非「事」的論議，則在文學與史學相涉之際，其性質毋寧是更屬文學而遠史學了。

第五節　結　語

文學與史學，都在六朝蔚然成風，大有發展。但文、史同屬人文制作，都是心智活動，難免於互淆；且當時文、史互動密切，它們之間的牽繫於是更為複雜。然而，或正因為這樣的淆亂，也幫助了它們學術界線的澄清。文能抒情，而史長敘事，這是他們互異的基本學術特質；本章開頭所討論的劉知幾與蕭統之文史區隔觀，正能把握它們各自的特質，故能發論以區隔、釐清兩者的糾葛。其中，劉知幾所欲維護的是史學的純粹，而蕭統所著眼的，是文學的性格。但劉知幾作為史學大家，乃自唐回顧六朝史學中，文士著史的歧出；而蕭統則處於六朝文、史互動的當下，代表了時人益發看重文學的眼光。此種區隔觀之存在，正可印證其時文、史互動之密切。

〔註132〕《文選》。

　　其後，我們藉由當時文、史著作的實例，探討其互有影響的內涵，更清楚地呈現當時文學與史學互動交涉的情況。以袁宏與范曄為例，我們看到文才輔佐著史，且不礙著史的情況，這是文學對於史學不能否認的正面影響。其後的討論，則益發可以見到一種文學的風尚越見強烈的趨勢。因為，雖則藉著分析左思《三都賦》及六朝志怪、志人小說的性質與著作動機，我們看到了文學作品中的歷史性，見證了史學對於文學隱約的影響；但文學的興起與風行，亦改變了史學的風貌。陶淵明兩篇性質屬史的著作，藉由虛構的筆法，寄寓的是士人的理想心緒與文學心靈。而史書中關於山水的文學筆觸，自《世說・言語》以下，如謝靈運及酈道元，雖所著都是史書，但描摹的筆觸與吐露的心聲，都是文學作品中常見的格調與情感。此外，本章討論亦連及「詠史詩」，剝顯它雖題名與史相關，且亦多引史實，但其內涵實則更重抒發其情，而非詳究其事。

　　總而言之，史學在六朝大盛的時期，遭遇了同時朋興的文學，兩者之間互有關涉，其中可見史學觸角的延伸；但究其大勢，則不能不注意到，在六朝文學的心靈益發敏銳，而文學的筆墨越顯精鍊的時候，我們也越能見到史學受其影響的痕跡了。

第五章 結 論

就《隋志》觀之，史學在六朝時期「出附庸而成大國」，是一清楚而且重要的學術現象，殊值注意。本文即著眼於此，而欲探究當時爲什麼出現了這樣史學大盛的運會。事實上，若我們觀察史學興起的外圍學術環境，便可知道，當時除了史學以外，經、子、集也都建構起了各自的學術面貌；簡言之，四部之學在當時正式分立並架構完成。同處一個時代，學術之間本當有所互涉，而六朝既處於一個各種學術俱成氣候的階段，其時整個學術環境亦煥發著一種彼此交涉、互有進退的活潑氛圍。史學在這樣的學術環境中蔚爲大觀，其運會之形成，與其他三種學術的交涉互動，必是一個重要的學術因緣；這不但使其在與他種學術的交涉中益發確立其學術面貌，同時也延展其觸角而影響及於其他學術。本文取徑「學術交涉」，就是希望藉由分別鉤稽史學與經學、子學及文學之互動狀況，豁顯史學之所以能卓然自立於六朝的因緣際會；然後，也嘗試提出史學何以大盛於此時，而又能幅射其學術影響的現象與原因。

一、經衰史盛，史繼經起

六朝時期，經學的中衰可由當時經生格調的低落講起。漢朝的經學家多爲平民起家，較爲純樸，且其行事之典重，深爲時人推崇，如鄭玄。相較於此，六朝經學家多爲權貴之後，門第的庇蔭保障了他們仕途的順遂；卻也使其因爲浮誇的舉止，而漸次不受看重，更沒有德高望重的形象而能受到尊崇，成爲典範。簡言之，六朝經生的社會地位低落，既無足輕重，便無法以其研深專精的經學引導時政。而當時經學講法多元，缺少一個足資評準的影響力，亦削弱了經學的影響性。再者，當時世局動亂，士人惶惶終日，無暇也無緣

參與建構政府制度，是其學術又不與社會人生結合，連「通經致用」的重要學術特質亦有所失落。統而言之，時至六朝，經學的崇高性與其學術性質的典正性，都已大不如前；經學中衰的趨勢由此可知。正當經學漸次轉衰的時候，其本身原就蘊涵的歷史性，越來越受到看重。自西漢末期的劉歆以至東漢轉盛的古文經學之中，他們所看重的，都是古文經典較能保存先王實跡的特質；於此，已可見到經學的歷史性意味益見發揚。甚且到了後來孫權的言談中，經學竟更以其保存了歷史舊事的性質，受到肯定。是則經的地位，因為歷史意識的清晰而漸次降低；且其價值，甚至落於能夠揭示先王實跡的史學之後。由此觀之，經、史之間，大抵呈現一種經衰史盛的趨勢。

而在這之間，又可分別從經、史與政治關係的鬆脫或緊密，來見出史之所以繼經而起的關鍵。大致說來，處在六朝險惡的政治環境，以及更迭迅速的政治局面中；當時經生即使意欲力挽狂瀾，其壯心或亦可能漸漸消解於難以施力的政治時局中，這就造成了六朝經學與政治的疏離，使得經學與政治原本因為「通經致用」而來的緊密關係，漸次鬆解。同時，經學導正時俗的典正性亦自經生形象中失落；經學著作，只不過成為經學家生活的一部分，是可資浸淫、足堪探究的高深學問，卻不與社會人生相涉。然而，就在同樣的政治局勢中，史學與政治的關係卻越來越緊密。究其實際，乃因當時朝代更迭頻仍，新朝奠基之際往往需要禮儀制度的規畫以奠定其初基；當此之時，自經而出的史部職官、儀注之學，便以其學術的特性，正好承接上經學退後所留下來的空缺，成為政治上迫切需求的一種學問。章學誠說這是「史而經」的學問，其實正表示史學這樣符於時用的表現，其實也是某種程度上的「通經致用」。若如錢穆先生所說，史學乃由經學落地生根之後轉化而來，那麼，六朝政治不可或缺史部職官、儀注、舊事之學，正是經學轉為史學後，開枝散葉的最好說明。而這亦說明了，史學出經學附庸而自成大國，其實汲取了經學經世致用的養分；於此，史繼經起的軌跡便十分清晰。只是，史學雖然發展出符應世用的價值，但職官、儀注、舊事之學，畢竟只有一種禮儀「具文」的性質。且若考察當時練悉舊事、朝儀的學者行止，則可見其並無甚望治心切的熱情。合而觀之，可以說，雖然史學繼經而起地擔當了指導時政的要角，但就其學術性質與學者的形象而言，卻並不是全然地回復到經學的高度。這一點，從經史之學到了南朝後期，越來越像士人之一藝的性質，便可知之。

　　此外，史學雖從經部的附庸分而出之，自成大國，但其與經學卻也還有相近相關的連繫。考諸「經史」一詞在史書中的語境，雖則有時只像一種古典知識，但大抵仍是足堪頡頏玄學，維持社會秩序的一種學術範疇。大抵而言，甫興之史學仍舊與漸衰之經學，共同足成了一種維繫社會之安定平穩的作用。

二、子衰史明，史以繼子

　　子學與史學，都有其繼經而來的脈絡，無論是子學的佐翼經典，因事抒議，或是史學更以其事呈顯經義，都有著眼於興王致治的期許。而若從子學「假事證道」、「依興古事」的學術路徑觀之，只要其表述方式轉而偏重於事的鋪排，史的存在便會更加清晰；是則子學之中，又原就蘊涵了史學發軔的可能。其實，就劉向《說苑》、《新序》兩書在後來所引起的子史爭議，以及《列女傳》往後開啓了史書中〈列女傳〉之發展的情形觀之，無論藉由目錄，或只用普通讀者的眼光，都可看出這一點。換言之，讀者若忽略了作者的子學心緒，便可能對於其書產生是子或史的疑問與爭論。那麼，反過來看，後來六朝子家欲著一子，反多淪於史事的堆疊，亦正是因為落失了子家原本應當立一宏闊之議論的高格。所以如《隋志》子部雜家中的許多子書，便因其類纂的形式，幾乎只有史的積累，而無子的識見。史學書籍的大幅增加，這是其中一部分的原因；亦即，過分工於事實的子書，終致失落其子學精神而淪為史，這是史繼子起的消極意義。

　　子的滑落還可自專致於立名不朽的心態上觀之。司馬遷「成一家之言」的理想，很早就樹立了一種立言的典範；他意欲上繼《春秋》，在檢討歷史、關懷政治，並期於治平的心緒上，展現一種成家立言的高蹈精神與格局。他《太史公》的寫成，以其亦「子」亦「史」的性格，同時揭櫫了取徑子、史，而後立名不朽的可能。然而，後來子家既多太過著眼於不朽的追求，而忽略了原應寄意深沉的子家要義，整體而言便顯現了一種在子學議論上力有未逮的表現。此亦可見子學精神的轉衰。而另一方面，司馬遷所揭示的以史成家的可能，也為後人所注意；故如曹植等人亦便有以「采庶官之實錄」以求不朽的想望。這便又暗伏了史家蔚然興起的一個原因。

　　除此之外，實則史繼子起，亦有其深刻轉承子學精神的積極意義。子論曾有可喜的高度，如賈誼〈過秦〉；但當六朝子家已漸轉衰，不能開展宏闊的議論的時候，「著論準〈過秦〉」的心緒便反倒於史論中得到了很好的展現。

如史家干寶的《晉紀》，正有其襲自〈過秦〉而來的議論眼光。這種史論繼子而來，踵事增華的情形，亦可從《文選》「史論」一目的出現，得其一二。簡言之，若從子學「假事證道」的舊規觀之，則六朝子家如傅子的「評史論政」，仍可見其餘緒；但當史家越來越能以其「備明興衰，究洞往事」的眼光，糾弊當時社會政治種種問題時，史學便因為承載了士人的社會關懷，而逐漸成為有識之士寄寓興王致治之心緒的場域。子學精神落於史學發揮，這是史學大盛於當時所不能忽略的重要意義。

三、文學的歷史性與歷史的文學性

六朝時期，除了史學的蔚為大觀，文學於當時亦大有進展。當此之時，兩種學術的互動所碰撞出的火花，亦甚有可觀。而這其中，我們可以在文學作品的歷史性中，看到史學大興之時，學術觸角的延展；同時，在史學文字中，亦可看到映發得越來越清晰的文學心靈與筆觸，這則是史學面貌不可自外於文學風氣之拂染的表現。

史學與文學的互動頻繁，可先從文士著史的現象觀之。劉知幾以一史家的身份，自唐回顧其前史學發展時，對此頗有微詞；這其中，當然有其維護史學之純粹的眼光，但六朝史家多善屬文的這種「歧出」，卻未必不是六朝史學蔚然成風的一種原因。因為，就文自文、史自史的想法來說，兩者界線應該清楚而不能淆亂，但就當時文學風尚熾盛，且史學亦蓬勃興起的時風而言，文士著史、史家擅文的表現，卻正好說明了在那樣的學術情況下，一種必然的結果。從劉知幾意欲區隔文、史，廓清史學面貌的意見，我們正可看到六朝史學與文學的密切互動。而另一方面，蕭統《文選·序》的選文標準，簡擇了「事出於沉思，義歸乎翰藻」的史書文字入於《文選》。這種眼光能夠深入史書，見出其中的文學性，一方面說明了一種能夠辨別文、史的清晰判準；但另一方面，也說明了當時蔚為大觀的史學著作，確也在文學風尚的盛行中，引彼以助此。蕭、劉兩人的文、史區隔觀，似乎都面對並欲究明淆亂的文、史糾葛；但其實，正是在這種淆亂與辨證之中，文、史的此疆彼界才越能澄清。

本文討論史學的形成與延展，實則在文史的互動中，更多見到的是史學向外的延展。此可由文學作品中蘊涵的歷史性觀之；如左思〈三都賦〉所展現的史學方法，以及六朝志人、志怪小說著作暗藏的實錄意識，都可見到史學特質的展現。但於此同時，史學中亦愈可見到文學寄跡的情況。六朝時期文學心靈

的成形與美感意識的日漸清晰，都是史學大盛之際所面對的情況；既不能自外，故亦可於史學著作中，愈來愈見到文學的筆墨。陶淵明兩篇史傳文字，藉著虛構的筆法，深有文學意涵地寄託了一己的理想心緒，此是其一。此外，如謝靈運看似寫作地理類史書，卻並不著眼於地理名物的深刻考察，而更重一種自我寬解與抒發；他在著作中所展現的，無疑更是一種文學性的詩意與詩情。再如，酈道元的《水經注》雖有自然地理、人文地理的鉤稽考察，卻以其清新深刻的文學筆觸，攫取了更多後人的注意。凡此，都是史學的表象之下，揉入越多文學色彩的顯例。這種史學與文學的結合展現，或者也某種程度說明了，《隋志》史部著作中，之所以有著數量龐大的地理類史書的原因。

四、學術交涉中所呈現的史學面貌

簡而言之，自經學與史學、子學與史學，以及文學與史學的互動中觀之，史學的形成，有其繼經而來，某種「通經致用」的作用。在經學與政治日漸疏離的時候，史學鬱然興起，既富理想性，亦具現實性，在當時政治社會上，實有著不可或缺的地位。而史學與子學都繼經而來，它原就是子學的相對產物；當子學的議論到了六朝已經不能有一番大見地的時候，史學的記錄性更顯重要，而史學的批判性也轉承了子學失落的重要精神。至於史學與文學，它們同樣示現了著作傳世的觀念，但文學以抒性靈，史學用表思想，它們的朋興造成了彼此之間複雜的互動與牽繫。史學歷史性的觸角向外延伸，而影響了文學作品的某些著作方法；但當時因著文學興盛而起的抒情懷抱與美感意識，亦濡染了史學，而給史學帶來了新的生面。

參考文獻

一、古籍原典暨其校注：略以四部分類及時代編排

（一）目錄類

1. 《景印文淵閣四庫全書》，〔清〕永瑢、紀昀等撰，臺北：臺灣商務印書館，1983 年。
2. 《欽定四庫全書總目》，〔清〕紀昀、陸錫熊、孫士毅等著，北京：中華書局，1997 年。
3. 《四庫全書總目提要》，〔清〕永瑢、紀昀等撰，臺北：臺灣商務印書館，1965 年。
4. 《四庫全書總目提要補正》胡玉縉撰、王欣夫輯，上海：上海書店，1998 年。
5. 《四庫提要辨正》，余嘉錫著，雲南：雲南人民出版社，2004 年。

（二）經　部

1. 《詩三家義集疏》，〔清〕王先謙撰，吳格點校，臺北：明文書局，1988 年。
2. 《尚書集釋》，屈萬里著，臺北，聯經出版事業公司，1983 年。
3. 《春秋左傳注》，楊伯峻，北京：中華書局，2000 年。
4. 《四書章句集注》，〔宋〕朱熹撰，臺北，大安出版社，1999 年。

（三）史　部

1. 《史記會注考證》，〔漢〕司馬遷撰，瀧川資言考證，臺北：大安出版社，2000 年。
2. 《漢書》，〔漢〕班固撰，北京：中華書局，2002 年。
3. 《後漢書》，〔劉宋〕范曄撰，北京：中華書局，2001 年。
4. 《兩漢紀》，〔漢〕荀悅、〔晉〕袁宏撰，北京：中華書局，2005 年。

5. 《三國志》，〔晉〕陳壽撰，〔劉宋〕裴松之注，北京：中華書局，2002年。

6. 《晉書》，〔唐〕房玄齡等奉敕撰，北京：中華書局，2003年。

7. 《九家舊晉書輯本》，〔清〕湯球輯，楊朝明校補，鄭州市：中州古籍社，1991年。

8. 《宋書》，〔梁〕沈約撰，北京：中華書局，1974年。

9. 《南齊書》，〔梁〕蕭子顯撰，北京：中華書局，1988年。

10. 《梁書》，〔唐〕姚思廉奉敕撰，北京：中華書局，1973年。

11. 《陳書》，〔唐〕姚思廉奉敕撰，北京：中華書局，1972年。

12. 《南史》，〔唐〕李延壽撰，北京：中華書局，1976年。

13. 《隋書》，〔唐〕魏徵奉敕撰，北京：中華書局，2002年。

14. 《隋書經籍志考證》，〔清〕姚振宗撰，北京：北京圖書館出版社，2005年。

15. 《舊唐書》，〔後晉〕劉昫等奉敕撰，北京：中華書局，1975年。

16. 《明史》，〔清〕張廷玉等奉敕撰，北京：中華書局，1974年。

17. 《史通通釋》，〔唐〕劉知幾撰，〔清〕浦起龍釋，上海：上海古籍出版社，1982年。

18. 《博物志校證》，〔晉〕張華撰，范寧校證，臺北：明文書局，1985年。

19. 《搜神記》，〔晉〕干寶撰，（臺北，里仁書局：1982）年。

20. 《搜神後記》，〔晉〕陶潛撰，汪紹楹校注，北京：中華書局：1981年。

21. 《水經注校釋》，（北魏）酈道元撰，陳橋驛校釋，浙江：杭州大學出版社，1999年。

（四）子 部

1. 《墨子閒詁》，〔清〕孫詒讓撰，北京：中華書局，2001年。

2. 《韓非子集釋》，陳奇猷撰，高雄：復文圖書出版社，1991年。

3. 《韓非子集解》，〔清〕王先慎撰，北京：中華書局，1998年。

4. 《法言》，〔漢〕揚雄撰，臺北：臺灣古籍出版社，2000年。

5. 《論衡校釋》，〔漢〕王充撰，黃暉校釋，北京：中華書局，1990年。

6. 《世說新語箋疏》，〔南朝宋〕劉義慶著，〔南朝梁〕劉孝標注，余嘉錫箋疏，臺北：華正書局，1993年。

7. 《抱朴子外篇校箋》，〔晉〕葛洪撰，楊明照校箋，北京：中華書局，2004年。

8. 《抱朴子內篇校箋》，〔晉〕葛洪撰，王明校箋，北京：中華書局，2002年。

9. 《金樓子校注》,〔梁〕梁元帝撰,許德平校注,台北:嘉新水泥公司文化基金會,1969 年。

10. 《廣弘明集》,〔唐〕釋道宣撰,臺北:臺灣中華書局,1981 年。

11. 《太平御覽》,〔宋〕李昉等奉敕纂,石家莊:河北教育出版社,1994 年。

12. 《百川學海》,〔宋〕左圭輯,臺北:新興書局,1969 年。

13. 《玉海》,〔宋〕王應麟撰,上海:江蘇古籍,1990 年。

14. 《直齋書錄解題》,〔宋〕陳振孫撰,(上海:上海古籍出版社,1987 年。

（五）集　部

1. 《文選》,〔梁〕蕭統選,〔唐〕李善注,上海:上海古籍出版社,1986 年。

2. 《文心雕龍校釋》,〔梁〕劉勰撰,劉永濟,臺北:華正書局,1981 年。

3. 《文心雕龍注釋》,〔梁〕劉勰撰,周振甫注,北京:人民文學,1981 年。

4. 《文心雕龍注》,〔梁〕劉勰撰,范文瀾注,臺北:臺灣開明書店,1993 年。

5. 《文心雕龍義證》,〔梁〕劉勰撰,詹鍈義證,上海:上海古籍出版社,1999 年。

6. 《詩品注》,〔梁〕鍾嶸撰,陳延傑注,北京:人民學出版社,1980 年。

7. 《陶淵明集箋注》,袁行霈撰,(北京:中華書局:2003)年。

8. 《少室山房筆叢》,〔宋〕胡應麟撰,臺北:世界書局,1963 年。

9. 《詩藪》,〔宋〕胡應麟撰,《中國詩話珍本叢書》,北京:北京圖書館,2004 年。

10. 《王臨川集》,〔宋〕王安石撰,臺北:世界書局,1966 年。

11. 《古詩賞析》,張玉穀撰,收於《續修四庫全書》,上海:上海古籍出版社,2002 年。

12. 《全晉文》,〔清〕嚴可均輯,北京:商務印書館,2006 年。

13. 《全梁文》,〔清〕嚴可均輯,北京:商務印書館,1999 年。

14. 《魏晉南北朝文論全編》,穆克宏、郭丹編著,江蘇:江蘇教育出版社,2004 年。

15. 《全唐文及拾遺》,〔清〕董誥奉敕編,陸心源補輯拾遺,臺北:大化書局,1987 年。

16. 《古文觀止》,謝冰瑩編譯,臺北,三民書局:1992 年。

二、近、今人研究專著:依姓氏筆劃順序及出版年份次第排列

1. 王瑤,《中古文學史論》,北京:北京大學出版社,1986 年。

2. 皮錫瑞,《經學歷史》,臺北:藝文印書館,2004 年。

3. 白壽彝,《中國史學史論集》,北京:中華書局,2001 年。

4. 田漢雲,《六朝經學與玄學》南京:南京出版社,2003 年。

5. 朱一新,《無邪堂答問》,北京:中華書局,2000 年。

6. 杜維運,《中國史學史》,臺北:三民書局,2002 年。

7. 沈剛伯,《史學與世變》,臺北:仙人掌出版社,1970 年。

8. 余嘉錫,《目錄學發微》,北京:中國人民大學出版社,2004 年。

9. 金毓黻,《中國史學史》,上海:商務印書館,1957 年。

10. 周一良,《魏晉南北朝史論集》,北京:北京大學出版社,1997 年。

11. 昌彼得、潘美月合著,《中國目錄學》,臺北:文史哲出版社,1986 年。

12. 吳麗娛,《唐禮摭遺》,北京:商務印書館,2002 年。

13. 郝潤華,《六朝史籍與史學》,北京:中華書局,2005 年年。

14. 胡寶國,《漢唐間史學的發展》,北京:商務印書館,2003 年。

15. 徐復觀,《兩漢思想史》,臺北:學生書局,1982 年。

16. 徐復觀,《徐復觀論經學史二種》,上海:上海書店出版社,2002 年。

17. 徐興無,《劉向評傳》,南京:南京大學出版社,2006 年。

18. 章學誠撰,葉瑛校注,《文史通義校注》,北京:中華書局,2004 年。

19. 章學誠,《章氏遺書》,臺北:漢聲出版社,1973 年。

20. 張之洞撰,范希曾補正,《書目答問補正》,臺北:漢京文化事業有限公司,1984 年。

21. 梁啓超,《中國學術思想變遷之大勢》,臺北:臺灣中華書局,1956 年。

22. 梁啓超,《要籍解題及其讀法》,臺北:華正書局,1989 年。

23. 梁啓超,《陶淵明》,臺北:臺灣商務,1996 年。

24. 逯耀東,《魏晉史學的思想與社會基礎》,臺北:東大圖書公司,2000 年。

25. 逯耀東,《魏晉史學及其他》,臺北:東大圖書公司,1998 年。

26. 張蓓蓓,《魏晉學術人物新研》,台北:大安出版社,2001 年。

27. 張蓓蓓,《中古學術論略》,台北:大安出版社,1991 年。

28. 張桂萍,《史記與中國史學傳統》,重慶:重慶出版社,2005 年。

29. 陳寅恪,《金明館叢稿初編》(北京:三聯書店,2001)年。

30. 陳其泰,《史學與中國文化傳統》,北京市:書目文獻出版社,1992 年。

31. 賀昌群等,《魏晉思想》,臺北:里仁出版社,1992 年。

32. 雷家驥,《中古史學觀念史》,臺北:學生書局,1990 年。

33. 萬繩南,《魏晉南北朝文化史》,臺北:雲龍出版社 2002 年。